中国传媒大学青年学者译丛

媒介与艺术系列 段鹏 主编

关玲 副主编

数字媒体与社会

[瑞典]西蒙·林德格伦（Simon Lindgren） 著

王蕾 译

Digital Media & Society

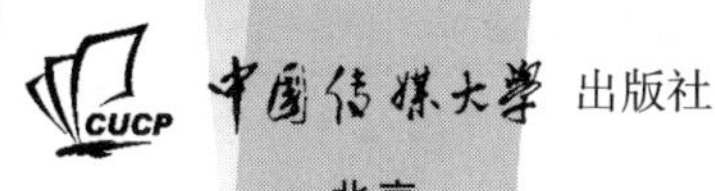

·北京·

图书在版编目(CIP)数据

数字媒体与社会 /（瑞典）西蒙·林德格伦（Simon Lindgren）著；王蕾译. -- 北京 ：中国传媒大学出版社，2020.11（2023.12重印）
（中国传媒大学青年学者译丛. 媒介与艺术系列）
ISBN 978-7-5657-2815-0
Ⅰ. ①数… Ⅱ. ①西… ②王… Ⅲ. ①数字技术—影响—社会生活—研究 Ⅳ. ①C913.3

中国版本图书馆 CIP 数据核字(2020)第 216485 号

数字媒体与社会
SHUZI MEITI YU SHEHUI

主　　编　段　鹏
著　　者　[瑞典]西蒙·林德格伦
译　　者　王　蕾
责任编辑　井彩霞
责任印制　阳金洲
封面设计　运平设计

出版发行　中国传媒大学出版社
社　　址　北京市朝阳区定福庄东街 1 号　　邮　　编　100024
电　　话　86－10－65450528　65450532　　传　　真　65779405
网　　址　http://cucp. cuc. edu. cn
经　　销　全国新华书店

印　　刷　唐山玺诚印务有限公司
开　　本　787mm×1092mm　1/16
印　　张　22
字　　数　423 千
版　　次　2022 年 9 月第 1 版
印　　次　2023 年 12 月第 2 次印刷

书　　号　ISBN 978-7-5657-2815-0/C·2815　　定　　价　88.00 元

本社法律顾问:北京嘉润律师事务所　郭建平

中国传媒大学青年学者译丛

总序

从广播电视到互联网、移动互联网，传媒让这个世界变得绚丽多姿、神奇诡秘。传媒正在急速地改变这个世界，通过新闻传播，人类分享现实中的信息资讯，通过艺术，人类分享脑海中的想象力。基于传播科技百年激荡的新闻传播和艺术学，推动着历史发展，也影响着历史发展。

中国传媒大学是中国传媒人才的摇篮，建校六十多年来，为信息传播领域输送了大批高层次人才。从培养高层次、复合型创新人才的社会责任出发，中国的传媒事业亟须高校培养出一批谙熟新闻传播规律和艺术传播规律并具有创新意识和创作才能的新闻人才和艺术人才。

在全国众多高校中，中国传媒大学以在信息传播领域“小综合”的学科特色而闻名，2017年入选首批“世界一流学科建设高校”，新闻传播学、戏剧与影视学入选教育部“双一流”建设学科名单。同年12月，在教育部学位与研究生教育发展中心公布的全国第四轮学科评估结果中，新闻传播学、戏剧与影视学这两个一级学科均拿到了A+名次。从“双一流”学科建设的教育使命出发，中国的传媒事业亟须高校在媒体融合发展的顶层设计下，推进理论体系、教学理念、教学内容、方法手段、体制机制等全方位的创新研究，成为国家传媒事业发展强有力的理论支持和智力支持力量。

因此，在整个世界传统媒体与新兴媒体融合发展的时代大背景下，我校文科科研处于2015年着手组织翻译出版一套“中国传媒大学青年学者译丛”，借此整理西学前沿著作，以期对当代中国新闻传播和艺术学在理论建设和成果创新方面提供借鉴，帮助广大传媒学者和媒体一线从业者寻找解决问题的途径。

此套丛书的译介工作由中国传媒大学与新闻传播领域的国际权威出版机构SAGE国际出版集团合作，遴选了两批共计18册由SAGE出版并经过教学与实践严格检验的优秀书目，力求全面、系统地反映出当下新闻传播和艺术学在理论研究、方法研究以及实务研究等方面所进行的最新探索。译丛是我校与SAGE国际出版集团继合作出版《全球媒体与中国》（*Global Media and China*）英文期刊之后，又一个重要的合作项目，前后筹备四载有余，最终完稿、付梓，倾注了新闻传播学和艺术学领域的知名教授和青年学者的大量心血，力争为每一本书做出“信、达、雅”的翻译。

自“五四”以来，译丛便是中国知识分子和青年学生获取西方最先进理论知识的重要桥梁之一。中国传媒大学在20世纪80年代就已开始译介、学习和研究国外新闻传播学、艺术学的方法和成果，建立与世界新闻传播学、艺术学界对话的共同经验范围。毋庸置疑，我们的工作是卓有成效的。

正如习近平总书记在哲学社会科学工作座谈会上所强调的，“不忘本来，吸收外来，面向未来”。借船出海、借梯登高，主动接轨，优势互补，共同发展，为尽快赶上国际先进水平，尽早实现“双一流”学科建设争创世界一流的伟大目标，我们应该虚心学习和推介国外前沿的新闻传播理论与优秀的实务指导教材，以培养出更多国际化的新闻传播人才和艺术人才。译丛带来的新鲜理论和鲜活实务，也有助于我校在“双一流”学科建设中，进一步优化学科结构，凝练学科发展方向，突出学科建设重点，增强学校在国际上的竞争力。

但值得注意的是，我们应当以批判的态度保持与西方新闻传播和艺术学对话的姿态，在借鉴西方优秀教材和经典专著时不妨思考，有哪些是缘木求鱼，有哪些是举一反三，想想本土社会中产生的经验与问题在哪里。我们应该明确，我们的目标是制定具有中国特色的新闻传播和艺术学学科标准，积极建设和探索新闻传播学、艺术学本土化发展的道路。

所以，在译丛工作完成之后，我们还要推进“西方理论—中国问题”向“中国实践—中国理论”的转型，立足本土，跨越东西，高效地将科研成果结合当代中国传媒行业发展诉求，转化为服务社会发展的实在生产力，最终实现“中国特色，世界一流”。

最后，希望本译丛还可以成为一个促进思想交流、激发智慧灵感的载体，增进东西方在新闻传播和艺术学领域的深度学术交流，接收来自全世界新闻传播和艺术学领域多元化的声音，促进新闻传播和艺术学研究在媒体融合时代更大的繁荣，让新闻传播和艺术学成为改变世界的最大正能量。

丛书主编

作者序

在提笔写这篇序言的时候，我们社会的数字化进程仍在加速度地向前发展着。

近些年来，我们目睹了世界数据通信和传播的快速增长，人们的生活轨迹被记录被追踪——无论是自愿的或非自愿的，还是直接的或间接的——有越来越多的个人数据被捕获。而关于谁来掌控这些数据以及应该怎样将它们投入应用，也一直处于争论之中。

与此同时，我们也见证了社交媒体和其他数字技术在全球政治选举中所扮演的越来越重要的角色。一方面，像“我也是”（#Me Too）、“黑人的生命也很重要”（#Black Lives Matter）这样的大规模公民运动离不开数字技术的作用力，另一方面，它也见诸与日俱增的自动化政治和推动竞选活动的计算方式。社交媒体被不同的行动者和参与者所运用，由此带来了一系列或好或坏的影响。

在新冠肺炎疫情肆虐蔓延的迷雾之中，我们仍然可以看到数字媒体通信在传播消息和扼制谣言等方面所起到的作用。社会处理这些问题的方式是危机管理的关键。

总之，毫无疑问的是，我们仍需要持续分析数字平台以及它们对于社会和政治的逻辑功能。《数字媒体与社会》被中国传媒大学王蕾博士翻译为中文版本，我感到非常荣幸和幸运，也很期待迎来更多新的读者。

西蒙·林德格伦

2020年10月19日

目　　录

第一部分　理　论

第二部分 主 题

第三部分 工 具

第四部分 结 论

第一部分

理　论

1
数字社会

3

核心问题

- 什么是数字社会?
- 技术与社会变迁之间存在什么关系?
- 从社会视角而言,怎样理解事物是数字化的?
- 互联网在怎样的社会和历史情境中诞生?它又是怎样进化发展的?
- 怎样理解“媒介即社会环境,社会环境即媒介”?

核心观点

数字社会　数字媒体　互联网　社会变迁　后工业社会

信息社会　媒介生态　媒介逻辑

今天,我们有互联网,我们拥有智能手机,我们有App、社交网络服务、博客以及众多媒介分享平台。一个个惊人的统计数据告诉我们,海量的信息和知识——大多是由“普通人”创造生产的——流经天上地下所铺设的硅、铜电缆、光导纤维以及无线基础设施,也被存储在我们的笔记本和掌上电脑中。的确,大多数人都是高度连接在一起

的，我们也逐渐拥有一个数字化的社会，而不仅仅是享有社会中数字化的产品。然而，
4 事情并不总是这样。正如车轮、打印机、蒸汽机、电话、电视一样，数字媒体也在当今社会留下了它们的印记。与此同时，生活在社会中的人们会继续以他们惯常使用、适应或抵抗的方式来塑造全新的媒体。总之，这种社会自主转型和经由媒介转型的过程，一般是按照技术历史学家克兰兹伯格（Melvin Kranzberg，1986：545–546）所提出的“克兰兹伯格第一定律”（Kranzberg’s First Law）所揭示的轨迹发展的。如下所述：

> 技术没有好或坏，也不是中立的……技术与社会生态的互动，意即技术的发展常常包含环境、社会和人类自身的变化，其结果总会超出技术设备及其在操作中的即时目标，并且同样的技术被引入不同情境或条件之中时，也会得到非常不同的结果。

本书的主题是数字媒体与社会，我通篇选择使用“数字社会”（digital society）这一概念来指数字化媒体和社会的叠加结果。正如你很快感知到的，还存在其他潜在的建议，都用于说明什么才是描述当今社会最佳的等式，也同时阐述怎样才能对其做出最好的解答。其实，这是因为社会学家喜欢给事物命名。我们喜欢开发一系列的概念——理论——以此我们以为可以捕捉到现实生活片段中的些许核心要素。在众多事物中，我们最爱为社会历史进程和阶段命名。以往社会学家相互间进行辩论，为刚刚萌芽的工业化社会、早期现代性以及在这些框架中的社会范式和现象贴上标签。这样的角逐大约在半个世纪之前就已经开始了，其目的是为了描述这个人口众多、碎片化、电脑计算和全球互联的时代。正如你会在本书前5章所看到的那样，肯定是不缺乏各方建议的，但是，却比较缺乏对于最佳观点的共识。所以时至今日，还是让我们称当前的社会为“数字社会”吧。我的意思是，我们所生存的社会被形形色色数字化的网络通信工具和平台（如：互联网和社交媒体）所影响。

在本书第1章，我会讨论什么是“数字化”（digital），以及它是如何影响社会（society）的。我会探索网络的历史背景，即位于较为新型社会中心的一系列技术形式——我称其为数字社会，可还记得？基于你所咨询对象的不同，同一社会也可能被称为后工业社会、信息社会、网络社会或是很多其他的名字。在此章中，我还会介绍媒体（media）的定义，而这种界定是从将它们视为社会互动的环境出发的，而非仅仅将其视

为信息传输的渠道。工具技术总是在推陈出新，所以，现如今的媒介环境也日益纷繁复杂了。

因特网（Internet）或 互联网（internet）？ 5

用于描述全球范围内相互连接的计算机网络的单词，其首字母时而大写（为“I”），时而小写。在本书中，我选用小写版本的单词，也就是会探讨互联网，而非因特网。早在20世纪70年代，用来描述这种新型网络的名词在多数情况下被写为“因特网”（the Internet），这种情况就是在当今也十分普遍。事实上，互联网（the internet）这种说法也是非常好的。其实，在直至20世纪90年代的一些文件中，互联网也常被称为因特网（the INTERNET），并且所有字母都是大写的。虽然各方视角不同，也可能确实有一些关于保留大写“I”的合理说法，但是在写这本书之时，还是必须从中择一的。我认为比较合适的看法应该是，当今互联网已经犹如广播和电视那般嵌入人们的日常生活当中。我也运用同样的逻辑来撰写互联网（the web），而非因特网（the Web）。

❖ 媒介无处不在

目前，对于大多数人而言，运用数字工具去处理一些社交事务已经不是什么陌生或新奇的事情了。但是，对于我们这些在互联网取得重大突破之前出生的人而言，仍倾向于把互联网以及与之互动的小工具和软件视为永远新鲜的事物。这是因为存在一种在媒介与社会变革（social change）之间建立联系的趋势。媒介是工具、渠道、平台和策略，而我们将其用于获取、生产和分享关于我们所生存世界的知识，这些行为均是经由传播和互动所实现的。媒介的核心作用是我们作为群体和个人得以联系全体社会（作为一个框架）以及在其间发生的许多社会活动（作为我们生活的环境）。所以，关于人们的生活感知、社会性以及他们与媒介关联的历史场域方面，已经没有什么值得奇怪或惊讶的地方了。纵观历史，不同形式的媒介，譬如岩石画、电视机，或是网络和移动手机，它们均在我们如何与世界建立联系、如何理解社会发生转型以及正在持续转型等方面扮演着特定的角色。

然而，媒介不只是让我们去诉说、思考和做事。它们涉及我们行动和互动的可能性和局限性。这正是当媒介被称为框架（structures）的时候所蕴含的意思。如果我们将
6 媒介仅仅看作电视、广播、网络等信息传送载体，那么在媒介之外还有生活，人们可以思考、创造和做其他事情。对于媒介较为宽泛的定义包括：我们所运用的口头语和书面语，以及更为抽象的文化性和符号性的“神话”（mythocogies）和思维方式。正如20世纪80年代的电视生产者没法向观众传送气味或触感一样，20世纪90年代的博客主也不能像YouTube视频时代的博主那般嵌入视频，语言依然能够“决定”什么话可以说以及什么事情可以做，反之亦然。根据我们所能使用的关于媒介较为宽泛的定义，一些事情相较于其他而言，更容易被创造、想象、营造或获取。这就是社会科学为何必须研究与其对应的时代中所存媒介的原因。除了诸如电影特征或新闻公约分析那些专门性的媒介研究之外，还需要社会学家在更为一般的意义上去审视媒介的作用。不论是否坚持研习马克思主义，或是类似韦伯（Weber）、涂尔干（Durkheim）、西美尔（Simmel）那样的经典社会学理论，抑或诸如符号互动论、结构主义、后结构主义那样的社会理论传统，对于社会现实建构和维持中所要应用的工具和结构总是能激起人们的兴趣。

练习

我们使用不同的工具和平台来获取或传播信息，并通过它们各自特定的方式进行交流、支持和限制我们所能胜任的事情。所使用的媒介会改变我们观看、讲述和做事的方式。思考一下通过大数据整合与通过社交媒体软件Facebook和Twitter所了解的新闻动态之间的差异。看电视和看YouTube的方式相较而言，哪些方面是相似的？哪些方面是不同的？你给同一个人打电话和发短信时的行为又有什么差异？试想想其他关于不同的媒体带来不同思考和行为方式的例子。

纵观历史，技术能力和实践方面的关键性变化，已经转变了人们与他们所生活的社会环境和世界之间的关系。公元前3000年，苏美尔人对于写字的发明，促进了从依赖语言和记忆到通过书写文本来保存法律、故事以及其他事项的过渡。媒介理论学

者马歇尔·麦克卢汉（Marshall McLuhan）记述，在20世纪60年代从口述到书写文化的演进过程中，人们社会行为最为重要的转型之一就是将思考和行为分离开来。麦克卢汉声称，这是因为将语音外化到媒体（如字母）的过程改变了人们的"思维过程"（mental process）。随着其他技术在历史进程中的持续性发展，如：打印机、广播、电 7
话、电视以及计算机，麦克卢汉（1962：32）认为一种朝向"我们感知外向化"的发展趋势创造了：

> 一种面向全世界的技术型大脑。这个世界已经进化为一台计算机，类似于科幻小说中萌生的电子大脑那般，而非发展成为庞大的亚历山大图书馆。并且，当我们的感官超脱于自身时，"老大哥"（big brother）就会乘虚而入。因此，除非意识到这种动态，否则我们应该会立即进入惶恐阶段，这完全相适于一个小世界，在那里驻扎着各种原始部落，它们之间保持着相互依存、高度共生的关系。

所以，即使麦克卢汉对于社会"电子大脑"之内的生活状态抱有非常悲观的态度，他依然做出了重要的论述，即对社会文化变迁转型进行分析和阐释但不去关注人们的传播互动如何被他们所使用的媒体所影响是不太可能的。正如他在书中提及（1962：64）的，"字母表是一个激进的文化吸收者和文化改变者""一个游动型的社会无法体验密闭的空间"，任何数字媒体应用——Facebook，Twitter，YouTube或其他软件——将会影响和形塑社会性，会影响我们能说能做的内容。与此同时，就像我此前所说的，人们对于数字设备或软件程序的应用，还会反过来对他们的自身塑造构成影响。

因此，社会科学需要关注主流媒体模式在社会发展中的作用，以及这种作用是如何演变和转变的。这对于任一领域的新媒体而言都是特别重要的，因为在我们熟悉这些技术并将它们融入日常生活的时候，批判性地对待它们可能会更加困难。正如麦克卢汉（1962：40）所写的，作为学者，我们必须努力去捕获与新媒体技术的诞生相伴发展的新型"文化传译"（translation of culture）。其中一项特殊的挑战是：

> 每种发明的技术……在其最初的内化阶段都有麻痹人们意识的能力。

现如今，我们生活在一个数字化的社会，会滋生一种感触，即在这个时代中，我们的生活、关系、文化以及社会性都被数字化且被数字化进程所影响。当我们重复地以这种感觉讲述着“数字化”，就会将其作为理解我们当前社会生活体验的一种全面性的概念。但是，到底什么是“数字化”呢？它是一种纯粹的技术现象吗？它怎样与人类建立联系呢？通过传播和互动吗？“数字化”是否有可衡量的品质，还是与更微妙或渐
8 进的过程有所关联？怎样理解社会“变得数字化”？数字媒体会让我们互动交往的方式方法以及我们所生活的世界有什么改变？此外，如何分析这些转变呢？

❖ 零和壹

从一开始，数字化就与数学有关。数字化生存（Being digital），就意味着对数字的简单性运用，而非使用类似的对象去进行信息传播。当一些输入形式是数字编码的时候，就可以通过在软件程序中定义的算法（计算机执行数据的过程）进行数据处理，如加法、减法、乘法或除法。在计算处理时，输入值可以被转化为二进制数值，即0和1，而非使用从0到9的全部数字。这种二进制系统是由17世纪的哲学家和数学家戈特弗里德·莱布尼茨（Gottfried Leibniz）所发明的。他运用这个系统进行编码、计算以及信息控制，当有这个想法之时，就发明了一些可以做运算的机器，比如通过使用到位或不到位的鹅卵石，和用有穿孔或没穿孔的卡片来进行计算。这就是我们目前所使用的计算机进行工作时所运用的相同算法原理，而这种计算机制也可以嵌入从智能手机、移动笔记本到电冰箱、遥控飞机的任何机器之中，但它们是通过配备取代鹅卵石的精细微型电子仪器进行工作的。

用来构造计算机、小工具、机器人以及其他电子器材的二进制数字的作用是与电子类应用相关联的，比如：电子邮件或电子民主。在数字化电子设备中，数字“0”表示电流量被暂时阻断，相反，“1”则表示电量处于流通状态，并且，不同形式的计算设备在电子脉冲“0”和“1”的辅助下进行传播——对指令和信息进行转化。二进制的强大之处在于它能与最小、最有效的计算机程序或电路一起工作，这些程序或电路经由一系列事先被排列好的1/0开关创建，所以它们可以执行各种各样的逻辑或数学操作。从技术层面而言，这种二进制系统为我们所做的任何数字化工作打下了基础。

19世纪，类似于莱布尼茨所从事的实验被科学家查尔斯·巴贝奇（Charles Babbage）所发展，他最早创建了一种“差异性引擎”（Difference Engine）（不同之处在于二进制

0/1的概念)，尔后又发明了更为复杂的“分析性引擎”(Analytical Engine)。埃达·洛夫莱斯(Ada Lovelace)为这种分析性引擎制作指令，她被认为是世界上首位计算机程序员。虽然计算机和代码既没完成也没被检测，但这些早期的尝试为晚期现代历史中计算机和软件的持续发展铺垫了道路。洛夫莱斯是有远见的人，她在笔记中记载了关于计算机具备数字计算之外功能的可能性。她在多种数值、运行操作以及预期运算结果之间做出了重要的区分。她在自己其中一本日记中撰写了有关分析性引擎的描述： 9

> 分析性引擎或许可以对数字之外的事物起作用，发现这些对象之间的基本关系可以用抽象的运筹学来表达，并且它们还应该可以适应分析引擎的操作符号和机制……例如，假设在有关和声和音乐创作的科学中，音高的基本关系可以被这样表达和改编，那么分析引擎就可以创作出符合任何复杂程度的精细而又科学的音乐篇章(Toole, 1992：178–179)。

因此，发明和发展计算机的核心是解决数学问题，但它们的实际能力显然远远超出了数学运算的范畴。在20世纪晚期，数字化的发展已经超出了纯粹的科学性应用，因为文字、声音、图形以及图像都开始变得数字编译化了。现如今，计算机可以存储和传输数据，我们可以凭借此功能处理从家庭照片、食谱到政府文件或商务计划的任何事务。我们还得知计算机可以管理通信网络，这改变了朋友之间的交往以及人与人间的联系互动，而在有些时候，这些行为的发生是横跨万里的。计算机还可以编辑文字、图像和声音，以此改变了作家写作、音乐家演奏以及画家作画的方式。航空飞船和飞机可以受电脑支配在天空中飞翔，各种数字设备日渐融入我们的日常生活，比如：移动笔记本、平板电脑、智能手机以及类似智能真空吸尘器的电子设备。我们自身的数字化和社会性在持续地发展进化，可穿戴设备、智能电子秤、智能淋浴、智能厕所等设备正陆续推出。此外，每台计算机的中枢电路，通过将各种操作程序分解为不同的数字运算，以此促进社会和文化的转型。就像计算机历史学家保罗·克鲁兹(Paul Ceruzzi, 2003：1)所言：

> 安装在电脑中的电路将运算操作转化为数学语言。但是，大多数人并没有见过任何方程等式，仅有少数人可能知晓一点……就公共意象而言，“运算”是电脑所能做的

最不重要的事情。

当我们讲述当前社会向数字化生存方向发展的时候，我们并不总是认为这种数字化就是基于二进制数字运算而言的。我们真正想说的是，随着早期“计算”机器向智能设备的发展，很多方面已经发生了巨大的变化，这些智能设备越来越多地以自动化和人工驱动的方式实现了大规模的网络连接、协调和通信。

10 ❖ 人与人之间的游戏

二进制数字系统和在其基础上的算法进步都可以制作数字信息（可以用0和1序列数字进行存储的信息形式），它是社会生活的重要工具、尺度和力量。这种社会转型在20世纪已逐渐发生，今天也仍在不断演变。20世纪70年代早期，社会学家丹尼尔·贝尔（Daniel Bell）已经对未来社会做出了描述，尽管当前社会中的社交媒体、平板电脑、智能手机以及可穿戴设备可能并没有被他很准确地设想出来，但他预期未来社会的信息处理将会与人们的日常生活息息相关。

贝尔（Bell, 1973）用专业术语“后工业社会”（后来被他用“信息社会”部分代替）来指全新的生产形式和社会团体，他声称这些已经取代了先前盛行的工业社会。并且，他认为所发生的这些变化源于电子通信与计算机技术之间强有力的融合。贝尔谈到不同的工作形式在不同的历史阶段是如何占据主导地位的，并认为这在不同的时期对于不同类型的社会给予了相应的定义。前工业农业型社会被农民们“开采型的工作”所统领，而在其后的工业社会中，对于工作形式的定义转变为由工厂工人从事的制造劳动来主导。然后在20世纪后半叶，西方国家迎来了后工业社会，这种社会的工作形式是以服务业和信息业为主的。贝尔的观点：随着某个时期占主导地位的工作形式在某种程度上变得合理化，下一种形式就会发生转变。当农业变得高度自动化时，人们就开始去城市工作；当工厂变得越来越自动化时，人们也早到别的地方谋生了。

贝尔认为，在20世纪后半叶呈现的是一个信息社会，该社会形态可以满足后工业劳动力的新需求。对于贝尔而言，随之产生的最为重要的事情就是服务，他觉得服务总是人与人之间的游戏。他认为，信息对于大多数人来说已经成为一种工作素材。银行家进行金融贸易，治疗师与患者交谈，教师传送和刺激知识生产，软件程序员编写代码，新闻记者和广告商编辑和传播图像和符号。所有这些工作都在从事服务工作，而服务工作同时也是信息工作。其结果是，贝尔认为“信息专业人士”（information professionals）代表了新劳动力市场上最主要的工作类别。这并不意味着现在每个人都是新闻记者或市场营销员，但几乎每个人都把处理某种形式的信息作为他们工作的关键部分。当贝尔乐观地谈及这一点之时，会冠之以“知识专家的崛起”，但是最近也有较多争议的声音，一些批判学者将数字社会中涉及信息传播工作的专家和消费者视为 11
“数字劳工”（digital labour），这一概念我会在第9章进行讨论。从另一个维度来看，贝尔所看到的机遇、民主化、个人发展、学知求索以及愉悦享受，都可以被看作为资本家谋利而进行的另一种形式的大规模价值生产。

练习

请思考信息工作和信息专家概念。

现如今，大多数人真的以各种各样的方式从事信息工作吗？请试想一下前数字社会（农业或工业社会）以及当时非信息形态的工作。试着想想这些工作可能仍然基于各种信息形式来被界定。想象一下在当前环境下显而易见地与信息相关的工作。再试着想办法论证这些工作同时与社会现实的物质层面相关。你同意“我们现在生活在一个信息社会”这样的说法吗？与工业资本主义相伴而生的又是什么呢？它已经被取代了吗？

❖ 昙花一现文化的喧嚣

未来学家阿尔温·托夫勒（Toffler, 1970, 1980）是后工业主义观点的支持者，他像贝尔一样声称，以往的媒介化信息正在变得分众化。以前，广播一般经由传统大众媒体渠道从几个把关人那里传送至社会大众，而这种标准化的信息分发模式已经一去不复返了，我们正在走向“窄播”时代。这种观点与作家兼企业家克里斯·安德森（Chris

Anderson）在几十年后所写的《长尾理论》（*The Long Tail*, 2006）不谋而合。安德森认为，拥有小众市场的媒介内容将会存活下来，很重要的是，在数字世界里，人们不可能把注意力放在少数拥有庞大受众规模的内容之上。在20世纪80年代早期，托夫勒就预想到数字媒体会像今天这样运转工作。在撰写有关“昙花一现文化的喧嚣”之时，就像许多作家和研究者在近期多次探讨的那样，他预言：随着时间的推移，通过电子媒介提
12 供的无数点点滴滴的内容，将使人们更积极地自主引导和拼凑内容片段：

> （今天的人们）在这种炫动的内容轰炸中变得更加自在了——90秒的新闻画面中可以穿插一则30秒的商业广告、歌曲片段、头条新闻、卡通、抽象拼贴画、时事通讯、打印资料……人们并不试图把新的模块化数据填充进标准的……类别或框架之中，而是学会自己制作，从所得到的细碎材料中梳理出自己的“字符串”（Toffler, 1980: 166）。

数字社会另一个经常受到关注的特征是压缩时间和空间以及使它们变得不那么重要。举个例子，当我们发送短信、在线聊天或邮寄信件的时候，我们彼此交流的地理位置变得并没有特别重要。并且，沟通反馈对于即时性的要求也不是很高，因为我们可以在合适的时候对数字信息进行回复。在第4章，我会对这些变化进行更加深入的探讨。但是当下我们还是问问自己：是否这些媒介化传播的特征真的具备革命性的意义？难道我们不是从远古时代——实际上从第一种符号语言开始——就已经能够突破时空限制且通过各种不同形式的媒介（从石雕、笔、纸到印刷机和电话）进行沟通交流？这是关于信息社会的到来是否标志着一种渐进的差异，或是否标志着向一种全新社会形态过渡的问题。后面章节会做进一步的讨论。

无论是哪种情况，贝尔都认为，数字技术所带来的日常细微互动的变化，都有助于意义深远的社会变革。以领土为基础的官僚和政治威权的权力和影响力会减弱，而对于历史和传统来说也是一样。在空间和时间上如此强烈植根于工业主义的打孔钟、进度表和时间表将被更加流动和动态的其他时空概念所取代——这使得物理存在变得不那么重要了。

贝尔和托夫勒大体上认为，数字技术所带来的时空变革充满着机遇，并且，他们都对未来发展持有乐观的态度。手工劳动会大量减少；人们会变得更加开明和友好；“激进的政治”也会随之终结（他们认为这是一个健康的趋向）。尽管仍有随处漂移的大量

信息有时让人沮丧，同时也存在短暂性文化造成的压力，但贝尔和托夫勒都心怀希望，用托夫勒的话对此进行描述（Toffler, 1980: 2–3），“工业主义的消逝带来了一种新文明的重生”。社会将会变得“更加理智、可持续以及比我们所知道的任何事物更加美好和民主”。人们将不再被数字所束缚，或者也不再仅以收入多少来作为衡量标准（有意思的是这番言论与今天人们比任何时候都更倾向于使用数据的情形形成鲜明的对照）。我们可能会生活在一个共同体社会当中，那里的环境医疗和教育是受到重视的，相对 13
而言，个人主义、资本主义和相互竞争会减弱（Bell, 1973: 220, 283）。这里存在一种没有独裁者能生存的共识民主（Consensus democracy）。

在本书第9章，我会回到一些关于数字社会权威的新形式和新模式的议题上来。但是，除了需要重视这些变化所产生的实际影响，也有关于是否数字社会（“信息社会”，“后工业社会”）已经完全发生的争议。当然，不可否认的是，这些理论家的许多论断是正确的。我们仅需要审视自身日常生活去找到大量的证据，以此证明数字工具、平台和信息对于我们大多数人而言是非常重要的。数字技术是一个拥有庞大人口基数的社会活动的重要组成部分，如：银行和支付、旅游和传播、文化和娱乐、烹饪和清洁、商业和商务等。人们几乎可以想到任何行业或活动，都会很容易意识到数字信息是其中相当重要的一部分。例如：我们在移动应用软件平台购买车票，在平板电脑上观看全球新闻，汽车和滚筒烘干机中有微型芯片，环境保护积极分子会在社交媒体平台进行社会动员等。简而言之，很容易证明一点，即我们生活在一个充斥着各种信息的高度数字化世界之中。

显而易见地，即使某些人对信息社会理论持有批判性态度，他们还是认可数字信息在当今社会是非常重要的，甚至在明日世界会更加重要。例如，有些马克思主义理论学者非常反对贝尔关于后工业主义的观点。其中有些人建议我们应该谈论“后福特主义”（Lipietz, 1987），即从大规模生产时期过渡而来的“弹性灵活专业化”发展阶段（Piore & Sabel, 1984）。虽然这些作者认为，资本主义就像工业社会一样，将继续是主导力量，但他们的确发现了一些类似于贝尔和托夫勒所探讨到的一些变化。他们认为信息处理已经变得越来越重要，当前会有越来越多的人从事与信息相关的工作，如：分析和操控符号、观念思维管理、持续性地自我训练去应对越来越有弹性和全球化特征的社会现实。同样，有些理论学家用“后现代性”来描绘20世纪晚期所发生的社会转型，他们也一样认为，新时代被标注着越来越多复杂的符号和不断加强的信息流动（Lyotard, 1984）。

❖ 面向新事物：演化、革新和危机

然而，即使每个人都几乎同意我们今天生活在一个信息满溢的社会，那么是否自然而然地就意味着，由技术革新引领的社会和文化发展变化已经足以让我们说出新社会
14 已经来临？这些变化可以和工业革命时期的发展相提并论吗？虽然一些作者明确认为这就是事实，但是还有很多人持怀疑的态度。例如，上述提及的马克思主义评论学者认为，数字信息技术可能会对很多事物造成改变，但不包括资本工业主义的基本延续。在某些方面证实我们确实生活在以信息流动为核心的社会中之后，社会学家曼纽尔·卡斯特（Manuel Castells，1996：520）在书中写道：

> 但是，这种朝向网络化的生产管理形式的演化进程，并未涵盖资本主义的消亡。当前，网络社会在各种制度性表达中仍被认为是一个资本主义社会。并且，资本主义生产模式，在历史上也是首次在全球范围塑造社会关系。

在这点上，卡斯特在论述的是一个网络社会（network society），而非一个信息社会（information society）。虽然这两个观点在很大程度上是重叠的，我仍会在第5章中深入地分析网络社会观点。不管在哪种情况下，诸如贝尔和托夫勒之类的信息社会学家在历史上仍然会承受很多抨击，说他们目光短浅。那些谴责“信息革命”（information revolution）的人认为，20世纪下半叶的发展并没有引起任何急剧的变化，追溯过去，它只是传播趋势的顶峰。例如，同时作为社会学家和历史学家的詹姆斯·贝尼格（James Beniger，1986：435）认为，我们正在应对自19世纪中期就已经发生的“抵抗革命”（control revolution）运动：

> 信息社会并没有造成近些年的变化……却引起一个世纪以来在物质经济发展和流动方面的提速。同样，相较于目前流行的观点，微型处理和计算机技术并非代表一种崭新的力量，它只是最近才释放于一个毫无准备的社会，并仅仅是“抵抗革命”持续发展的最新部分。

贝尼格的观点，是工业革命浪潮中社会整体处理系统加速运转所产生的“控制危机”。在这些危机当中，信息处理和传播技术很难跟上社会发展的速度。因此，在“抵抗革命”运动之后，在用于采集、存储、处理和传播信息的各种部署中，都存在一系列的技术发展革新。这些发展趋势其实与今天经常讨论的大数据现象十分相仿（第12章会有更多的讨论）。因此，贝尼格认为，表面上看似全新信息社会的到来，其实只是工 *15*
业主义的数字性强化罢了。

在本书的后面章节，我将会讨论一些研究领域，其中进行的研究，至少在某些方面，可以揭示20世纪70至80年代关于新兴的信息社会将会带来何种社会和文化后果的预言是正确或错误的。在大多案例中，我们会发现答案并不是明确清晰的是与否。随着数字社会在实践中发挥作用，现实要远比未来学家们所期望的复杂。最后，对于当今社会而言，应该贴上“后工业化”“后福特主义”“后现代”还是“信息社会”“网络社会”“抵抗社会”之类的标签，倒是显得并不那么重要了。诸如此类的辩论对于那些想要声明自己已经“发现”某一领域并对其命名的理论学者来说，还是比较感兴趣的。但是，到最后还是得对这些标签非常细心关注才行。社会学家克里尚·库马（Krishan Kumar, 2009: 29）写道：

> 标签就好比谣言一样，可以自己决定自己的发展走向。知识话语的标签也不例外。一旦它们被充分地建构起来，就拥有了管理现实的能力……至少是治理学术现实的能力。它们在一些会议、书籍、电视节目中崭露头角。它们可以创造一种批判性研究的整体氛围，尤其是在学术型创业和跨国学术企业盛行的今天，这种话语环境是可以自行生长的。“孤独的大众”“富足的社会”“技术性社会”“潜在的表演者”“权力精英”：这些标签都是让人津津乐道的，近几十年来，已经产生很多有关的活动。

的确，为了进行事物描述而选择一些概念的时候，也可能会存在一些意识形态方面的原因。其实，“信息社会”以及与其相关的概念，会与西方新自由主义观念很契合。技术革新会带来财富和美好世界的观点已经深入人心，它类似于思想启蒙和理性进步。显而易见，如今信息社会理念与大企业和大规模政治活动相关，而关于监控、数字劳工、消费者分析、定制化广告以及网络治理等方面的辩论也已经不是什么秘密。

在本书中，我使用数字社会概念来指所有上述论及的发展。虽然此概念看上去有点不相适宜和另类，但是，我觉得更重要的是不应被承载很多历史包袱的观念所束缚。在应对数字媒介的社会和文化用途及后果之时，我会以一种务实的方式，将“数字社会”作为一种中立的标签，而这与微观和宏观层面上已经实现和尚未实现的转型潜力有关。

16 **数字工具和平台**

现在有很多为交互活动和在线参与环境冠名的方式。当写到这里的时候，我试图在一定程度上改变所使用的词汇，并同时保持一套固定的范式。你会看到我笔下的环境描写有时是“网络和社交媒体”，有时是“数字媒体”或“数字化网络”，还有些时候是“数字工具和平台”。通过相互转换这些词汇，我其实是想综合性地指代一些事物，比如：计算机、智能手机和平板电脑，以及电子邮件、短信、Skype、YouTube、Facebook、Twitter、Instagram、Snapchat、博客、论坛之类的网络服务。有这些数字工具和网络平台，人与人之间就可以建立连接，去从事一些工作。我会记述人们是如何“交流”或“互动”的，他们是如何参与“媒介化的传播”以及这些又是如何“在线”发生的。这突显了在数字社会中，人们普遍越来越多地通过互联网建立相互连接。

❖ 互联网

在更具体地探讨数字媒体的释义之前，我们必须首先关注数字社会的重要发明之一——互联网。这个全球性的计算机网络，使不计其数的社会活动在世界各地得以组织起来，当前也感觉它好像一直存在一样。但事实上，互联网在20世纪90年代中期凭借一种名叫万维网（World wide web）的崭新协议，才开始被广泛地投入应用。事实上，互联网的历史可以追溯至20世纪90年代以前，牢记这点很重要，即互联网的出现是由各种各样特定具体的情境促成的。互联网并不是凭空出现的，它也是某些努力和项目促成的产物。

1959年，在冷战爆发的高潮时期，在美国军方智库RAND集团工作的一位名叫保罗·巴兰（Paul Baran）的计算机科学家，被委托施行一项能承受核能攻击的通信系统。至少故事是这样讲述的。这项战略是为了搭建一个可以不依赖中枢控制的计算机网络，这样就不易受到针对中心枢纽的攻击（Galloway，2004）。巴兰的网络是在分组交换技术的基础上建构的，通过这项技术，信息可以被细分成小包分发，在接收端再进行重组。该系统最终在20世纪60年代末，通过美国高级研究计划局（ARPA）的资助得以实现，这是艾森豪威尔总统对苏联发射人造卫星的回应。该机构的阿帕网（ARPANET）是第一个基于分组交换的计算机网络，被军事界和学术界用来传输和交换信息。卡斯特（Castells，2002：24–25）描述了在20世纪60年代后期从事阿帕网 17
设计的网络工作组（Network Working Group），是由一些研究生组建的，他们先在美国南加利福尼亚州同一所中学，而后又成为加州大学洛杉矶分校莱纳德·克莱因罗克（Leonard Kleinrock at UCLA）的学生。1969年，该工作组的一个成员史蒂夫·克罗克（Steve Crocker）引进了所谓的RFCs（Request for comments）——成为互联网作为开放交流空间后续发展的重要元素：RFCs是关于工作进程的备忘录，它们所具备的“智慧、友好、合作、共识”为网络的发展奠定了基础（Naughton，1999：135）。这群年轻的阿帕网的开发者所彰显的学生文化以及20世纪60年代后期抵抗性文化的蔓延，都对全球网络的兴起起了很重大的作用。卡斯特（Castells，2002）在书中提及，互联网的诞生产生于科学、军事利益以及自由主义文化之间一个不太可能的交界处。有一种常见的误解，认为互联网仅仅是作为一种军事指挥和控制机制而创建的，而实际上它从一开始就已经被一些学者（和其他人）所借鉴了。

“电子邮件”（E-mail）是在1972年的时候被发明的，它起初被称为网络邮件，而术语“互联网（internet）”则出现于1974年，它是“网络互联”（internetworking）的缩写。该网络的控制权在20世纪80年代末从美国国防部（the Department of Defense）移交给美国国家科学基金会（the National Science Foundation），然后在1995年移交给商业电信公司（commercial telecommunications）。其实，全球电信网络已经具备了该网络进行全球分布的效能。1991年，以往被称为万维网的用户交互界面被一位名叫蒂姆·伯纳斯–李（Tim Berners-Lee）的程序员所更新发展，他在欧洲核能研究组织（European Organisation for Nuclear Research）工作，该部门在1985年就已经在内部采用IP地址连接的方式，尔后于1989年将其推广到外网使用。1993年，首台图像浏览器Mosaic问世，然后在1998年，世界上所有的国家都成为网络中的一部分。

从此以后，诸如网络、社交媒体以及移动App之类的采用互联网基础设施的工具，都开始成为人们信息获取和交流互动途径的重要组成部分。这种数字化的文化生态系统，为我们提供了一种能使万事万物互联互通的语言。从这层意义上来说，互联网就是媒介。

练习

你已经读过互联网的历史，在20世纪60年代，互联网起初是作为一份军事/学术性项目发起的。从20世纪90年代中期开始，互联网已经逐渐变得商业化了，并开
18 始普及开来。现如今，互联网的存在已经到了对用户几乎透明的程度。

在某种程度上，互联网像是我们生活的一部分，以至于我们都不会刻意去想我们是不是在网上。试想一下当网络技术在你面前变得可见之时的情境。有哪些这样的情形呢？你对此有哪些看法？你会如何应对各种各样的情况？你听说过“监控丑闻”（surveillance scandals）吗？如果你由于某种原因而无法连接互联网的时候，你该怎么办？试着思考一下关于网络的其他例子。

❖ 媒介即环境，环境即媒介

从媒介生态学的角度来看，作为数字社会固有组成部分的互联网是一种媒介，因为它就是一个环境。反之，互联网是一个环境，因为它本身就是一种媒介。媒介生态学者麦克卢汉（McLuhan，1964）和媒介理论学家尼尔·波斯曼（Postman，1970）一直认为，媒介必须被界定为某种比广播、电视、报纸、电影、音响、电脑等传统信息设备更加宽泛的事物。但是，他们认为，媒介是一种符号结构或社会环境，在某种情况或条件下用来定义人类互动和文化生产。从此视角出发，报纸也是一种媒介，因为它通过印刷文字、静态图像以及新闻记者的风格和传统，为我们提供一些与世界相连的方式。然而它同时也存在局限性，因为一种传统的老式校园报纸是不允许出现动态图像、声音以及在线评论的。同样，从媒介生态学的视角来看，咖啡屋、保龄球馆和教室也同样是媒介，由于相同的原因：它们赋予了我们与世界相连的路径，但与此同时，它们也为能说

的、能做的、能表达的、能学或能获得的事物设定了界限。就社会学的角度而言，这意味着诸如网络之类的媒介是社会的结构框架。

按照社会学家安东尼·吉登斯（Anthony Giddens，1984）的说法，社会结构包括两个维度：第一，社会系统产生和复制之时所涉及的规则；第二，人们在社会上做事时可以利用的诸如符号之类的资源。同样，社会心理学家欧文·戈夫曼（Erving Goffman，1959）曾用“戏剧理论”（dramaturgical perspective）来描述人们的社会互动。人们在社会中踏上不同的位置且扮演着不同的角色，表现出一定程度的社会能动性，但总是与一定的局限或期望相关。所以，互动氛围影响着我们做些什么以及怎么去做事情。从媒介生态学视角来看，互联网和它多种多样的衍生品和平台就仿若这样的环境：我们置身其中且参与其中的符号性结构。 *19*

这种情境性（situatedness）和嵌入性（embeddedness）发生在两个层面：首先是感官层面，像Facebook页面、Twitter个人资料或Instagram feed阅读器这样的媒体形式，会以不同的方式调动起我们的感官，就像阅读运用的是视觉器官，广播运用的是听觉器官，电子游戏同时运用视觉、听觉和触觉器官。在某种程度上，我们所感觉到的真实是周遭的媒介来构建或重建的。众所周知，麦克卢汉（McLuhan，1964：35）将媒介定义为我们感官的“延伸”，它决定了人们如何体验和感知周围的世界。更让人熟知的是麦克卢汉所说的那句名言——“媒介即信息”。媒介间的转换重建了我们的感官，并且改变了我们理解和重建世界的方式。

其次是符号层面，每一种媒介都由一些综合性的规则和符码组成，它们通常是由单词、语法及其他惯例构成的。虽然电影导演不得不掌握运用某些影视化的语言，但是，就算在Instagram平台上传照片，同样也需要一些约定俗成的知识，比如：贴标签和开滤镜。并且，这并不主要是关于怎样使用滤镜或贴标签，而是与何时使用它们以及怎样用它们表达意思的社会规则相关。由于我们时时都在学习这些技能或态度，我们就会同时被社会化和涵化进这个媒介符号环境中。就此意义而言，媒介与用来理解世界的语言或文化非常相似。

媒介生态学家们讲述了一些历史上出现的重大变化，以及这些变化怎样导致了重大的社会变革。这种从语言文化到书写文化的转变，意味着老年人作为专家和知识权威来源的作用减弱了。印刷机的创造意味着信息的进一步民主化，电子媒介的出现更有助于平衡时间、空间和符号上的限制，即谁能说话、何时何地以及对谁说话。当前，我们生活在一个媒介日益繁茂的世界，这说明我们不仅彼此相互连接，还与各种环境组合相关联。也就是说，将网络想象成部分文字、部分静态图像、部分动态图像、部分声音、部分计算机、部分电话、部分电视等都是不太明智的。反之，网络应该被认为是一个整体，并且这个整体应该大于局部总和。

虽然广播、电视或网络的内容可能是一场足球赛或一场政治辩论，但在麦克卢汉的话语体系中，这些媒介的信息并非如此。信息应该等同于媒介所产生的社会变迁。麦克卢汉（McLuhan, 1964: 20）在书中提及，任何媒介或技术的“信息”都是其引入人类
20 事务的规模、速度或模式的变化。他还认为，一种媒介的内容总是另外一种媒介：电视内容可能是剧场演出的媒介、足球赛的媒介等。他想要说明，通过研究媒介内容，我们有陷入被层层媒介包裹的媒介漩涡之中的风险。因此，最好还是关注媒介改变社会的方式，以此更好地理解媒介。

用户

“用户”这个词也许粘附着负面的含义。这种负面寓意不仅仅体现在一些关于药物和毒品的案例中。在计算机语言中，“最终用户”（end user）的观念与专家、程序员、操作系统的黑客以及所使用的产品或服务是相对立的。“最终用户”可以被认为是比专家能力略低的一方。在探讨“媒体使用”的过程中，使用的概念趋向于唤起一种受众行为的印象，在这种行为中，某物被拿来给人们使用，以使他们获得各种形式的满足。因此，用户不仅看上去较为浅薄，而且还显得比较不那么足智多谋和创意十足。然而，在过去几十年的媒介研究当中，对于积极用户的探讨日益增多。他们就如同内容生产者一般能力卓越。他们所具备的专业技能有时是与众不同的，显示出他们用智慧和出乎意料的方式来使用媒体内容。但是，在越来越多的情况下，他们还常常凭借自己以及为自身创建全新的事物。基于这一点，类似“产消者”（prosumer）、“生产者”（produser）或“参与者”（participant）这样的词，已经在某些情境中比“用户”一词更加流行。在本书中，我在对许多案例的分析中，仍会选择使用“用户”一词。我这样做是出于实践性视角的考量，因为“用户”是一个使用简单和方便理解的干净词语，也因为使用事物也可能意味着使用它们来生产或创造其他

东西。我绝对认同，数字工具和平台的用户，也许的确以他们自己的生产和传播方式在使用这些工具和平台（如：推文、博客、视频剪辑、混音等）。他们可能用这些工具平台进行参与，并且以可以改变它们基本意义和功能的方式去使用它们。

❖ 缠绕的媒介

我们接着探讨关于重新媒介化（remediation）、媒介化（mediatisation）和媒介逻辑（media logic）的一套相关理论，这些理论都涉及媒介如何影响和被我们日常生活所影响的日益增多的复杂性，这些层面纷杂繁多、相互重叠。写到重新媒介化——数字 21
媒介如何持续地吸收和略加改变其他媒介形式——媒介学者杰伊·大卫·博尔特（Jay David Bolter）和理查德·格鲁辛（Richard Grusin, 1999）认为，麦克卢汉嵌套在其他媒介中的媒介观念可能不够精练，不足以描述这一进程在数字社会中的发展方向。一方面，他们展示了这种嵌套或层叠是如何带来一种即时性的。计算机用户也许对于一种特定的交互界面非常熟悉，每当使用它时，用户会渐渐忽视界面本身的存在。同样，一个游戏玩家可能会沉浸在一个独特的世界或故事当中，以至于忘却了故事讲述之时的媒介情境。因此，用户可以用即时性的方式来体验数字媒体内容。另外，博尔特和格鲁辛还提到与之相反的“超媒体”（hypermediacy）观念。“超媒体”出现于（人机）界面呈现得非常清晰可见之时，用户可以通过它来进行交流。比方说，在一个网页上有很多不同的视窗可以被选择或开启，或在任何添加了个人资料照片和信息的平台上，可以自行定制模板等。

还有，数字媒介通过在媒介化进程中的作用来影响社会。媒介化描述媒介如何日益嵌入我们的现实当中，这一过程是被数字化技术所强化的。这不仅仅说明媒介平台和通信工具的绝对数量得以增长，而是更多地展现了媒介传播方式所带来的质变，这些方式在数字社会中一般是时间、空间和社会的形态。现如今，从技术层面来说，媒介传播已经无时无刻、无处不在，因此，有越来越多的社会环境受到它的影响和塑造。

媒介化过程依次与所谓的媒介逻辑相关联。被认为最早提到此观念的是媒介研究学者大卫·阿尔特海德和罗伯特·斯诺（David Altheide & Robert Snow, 1979），提出媒介逻辑理论，是对大众传播研究片面关注媒介内容对受众所造成影响的批判性研究。他们并非将媒介视为“影响变量”（variables of impact），而是认为应该理解媒介的情境化作用（contextualised role）。媒介功能是如何作为传播通信方式的？它们又是怎样改变我们观看、说话和行为方式的？这都类似于麦克卢汉的说法。

为了描述媒介逻辑是什么，阿尔特海德和斯诺提到了知名社会学家格奥尔格·齐美尔（Georg Simmel），他致力于关于社会形式（social forms）的研究。齐美尔（Simmel, 1971）认为，社会形式，如支配、冲突或交换，可以从这些形式具体发生的实际内容中分离出来加以研究。换个说法，对社会学家来说，有趣的事情是冲突的“形式”，例如，关注的是冲突可能会在不同时间和多个地点反复发生，而非只是说明任何一个冲突的具体内容等。同样，阿尔特海德和斯诺（Altheide & Snow, 1979: 15）也谈到，一种媒介逻辑包括一些信息传输的形式。这意味着关注这些逻辑的媒介研究者，不是对具体内
22 容感兴趣，而是关注媒介在组织、演说和传播过程中的运作形式。因此，一种媒介逻辑是一种“社会行为发生之时的过程结构”。例如，有关体育赛事、抗议游行或政治性活动的研究都会运用数字媒体传播的数据，这些研究都可以在体育研究、社会运动研究以及政治科学研究的领域中进行，而不一定是我在本书中所命名的数字社会研究，这点会在第13章至16章中具体说明。这是因为数字社会研究相对独立于传播研究的特定议题，它主要关注（媒介）逻辑，凭借此逻辑，数字媒介可以改变社交、传播和互动的社会环境。媒介研究学者斯蒂格·耶加瓦德（Stig Hjarvard, 2013: 7）给出一个清晰的定义：

> 一般而言，“媒介逻辑”一词用于识别通常能对其他机构、文化和社会造成影响的特殊媒介运作和特征，这是由于它们开始变得依赖于媒介的资源控制和供给……媒介逻辑影响人们互动和传播的社会形式，譬如政治传播是如何在媒体上实施或展现的……媒介逻辑也会影响社会关系的本质和功能，以及传递者、内容和信息接收者之间的关系。

基于以上观点，对于博客的分析，可能不仅仅是关于博客的现实主题——具体而言是指时尚、种族主义、异性恋规范抑或游戏。但是，为了符合数字社会研究，也肯定会是关于互联网的媒介、网络、用户自助出版、博客平台影响社会关系如何组成，以及它们如何起作用之类的议题。数字社会研究也需要去探寻另外一些问题，如：与其他

"逻辑"下的媒介或环境相比，这种特定的媒介对发言者、发言内容和收听者之间的关系有什么影响？

因此，正如你所见，用媒介逻辑进行思考，并不意味着所有媒体都遵循一个统一的理性。这可能是一些关于媒介逻辑研究的案例，其主要关注主流新闻（主要是电视新闻）的生产意义。但是更概括地来说，媒介逻辑观点指的是不同媒介所可能具备的各种工作方式（如耶加瓦德所说的"做法"）。不同的媒介会以不同的方式来进行资源分配，也会遵循不同正式和非正式的规则，以及同时具备不同的机遇和挑战。

因此，尽管20世纪80年代的政治主要面临着媒体化的过程，为了在报纸和电视上获得最大的影响力，他们不得不调整自己的说话方式，但如今数字社会中的政治能够满足大多不同媒介的逻辑，包括主流集团媒体、公民媒体、病毒信息、类似匿名和维 23
基泄露的社会行动者爱好等。

❖ 关于本书

尽管术语有所不同——有人称作在线媒体、新媒体、"新新媒体"（Levinson, 2012）、网络媒体（参见第5章）、社交媒体（参见第2章）、参与性文化（Jenkins, 2006）、扩散性媒体（Jenkins et al., 2013）、聪明的暴徒（Rheingold, 2002）、网络公众（Varnelis, 2008）等——在本章中所说的数字媒介位于社会转型持续进程中的核心位置。该进程不仅是关于0、1和技术，还涉及由软件和硬件引起、进入和运行的社会变化。这些变化包括新型文字体验的风格形式，展示世界的新方式，人与人之间的新关系（生产者与消费者、老师与学生、政客与公民等），身体、本性与技术之间关系的新理念，以及关于组织和生产的新模式。

本书是关于数字社会的——人们对它的想法和看法、它是什么、它可能是什么，以及如何从社会角度来对它进行研究和分析。本书第一部分是"理论"（theories），我会阐释社交媒体概念（第2章），以及对网络和社交媒体之于社会的利弊进行辨析（第3章）。我还会提供一个框架，用来理解数字媒介如何助力改变人们如何互动和社会如何凝聚的参数。总体而言，相似物一般趋于时间上的凝结停滞，而空间、物质性和数字化常趋于流动的状态。该框架可以在空间与地方之间自由穿梭；它可以被编辑、重新编辑以及再次混合。此外，数字化还可以为内容创造和传播提供新颖且低门槛的工具。它会潜在地使新的或转变的社会角色和社会关系成为可能（第4、5章）。

第二部分是“主要议题”（topics），我会分析位于数字和社会交界处的一系列主题。我会探讨网络和社交媒体可能如何创造观看和感知的新方式，或被看和被感知的新方式（第6、7章）。其后还会论述数字网络媒介如何有助于挑战、改变或潜在地产生新的参与、权力和政治形式（第8、9和10章）。第11章致力于探讨空间与地方是如何基于移动媒体在数字社会中的核心作用以一些较新的方式得以阐释的；第12章主要分析了软件、数据和算法日益增长的社会性作用。对于这些主题的解析是为了在数字媒介和社会的社会科学研究中，提供一个关于大量关键议题的综述性概括。社会学家大卫·比尔和罗杰·伯罗斯（David Beer & Roger Burrows，2007）指出三个彼此关联的领
24 域，它们特别需要社会学的介入，如下所示：

- 内容生产和消费之间的转换关系。
- 在公共领域中日渐增长的私人信息。
- 关于民主化和参与的新兴话语修饰。

比尔和伯罗斯呼吁对于社会学描述的兴趣回归，并且，他们认为社会科学家们必须开始重新思考他们应如何构思当前的技术、实践和行为。

第三部分是“工具”（tools），主要是从经验上研究数字社会。随着越来越多的人参与日益增长的数字内容生产，并将这些内容发布到许多网络平台，大量关于策略、选择、情感、观点、偏好之类的数据也被显示出来，并在不同程度上提供给研究人员。虽然这种发展趋势，是与以市场营销或网络监控为目标的数字所有权和数据挖掘问题息息相关的，但它仍然为研究创造了新机遇。在本书方法部分（第13至16章），我将讨论混合方法对于分析新兴快速变化的现象的重要性，例如：分析数字媒体和社会转型相互交集的现象。我们还应该关注一些在进行网络和社交媒体数据处理之时的具体挑战，比如：民族和其他方面的问题。我将介绍一个建立在民族志基础上的数字社会研究框架，它还将扩展到测绘和挖掘数字社会的其他技术中去。在本书的总结性章节（第17章）中，我会展示一个关于数字媒介与社会变迁的理论。

❖ 延展阅读

* Ceruzzi, Paul (2002). Computing:A Concise History. Cambridge, MA:MIT Press.

该书对计算历史提供了一个广泛的阐释，从早期计算机到今天的智能手机，并且对互联网、网络以及社交媒体做了相应的背景性分析。

* Webster, Frank (2006). Theories of the Information Society. London: Routledge.

韦伯斯特介绍了关于信息社会的几种不同的理论观点，但他也主张，不应只关注急剧的历史性转变，而应关注长期存在的社会模式是如何持续且变得“信息化”的。

* McLuhan, Marshall (1962). The Gutenberg Galaxy. London: Routledge.

* Meyrowitz, Joshua (1985). No Sense of Place. Oxford: Oxford University Press.

* Castells, Manuel (1996). The Rise of the Network Society. Malden, MA: Blackwell.

以上由麦克卢汉、梅洛维茨和卡斯特所撰写的书籍是范例——自20世纪60年代、80年代和90年代起，学者们相继撰述有关新媒体与社会转型方面的书籍。

* Altheide, David (1995). An Ecology of Communication. New York: Aldine de Gruyter.

大卫·阿尔特海德是最早提出“媒介逻辑”观点的学者之一，该书主要探讨传播媒介的转型是如何改变社会进程、关系和行为的。他强调媒介逻辑的重要性，不仅要分析媒介内容，还应论述经由不同媒体所产生的不同社会环境。

2

27

社交媒体

核心问题

- 目前流行的社交媒体形式是怎样经过互联网1.0和2.0阶段继而获得发展的?
- 经典社会学理论是如何帮助我们来理解社交媒体中的“社会性”概念的?
- 什么是网络化的公众?为什么他们是重要的?他们又是如何与社会变革相联系的?

核心观点

社交媒体　网络1.0　网络2.0　社会事实　社会行为　社会合作
自我呈现　网络公众　用户创造内容

在本章中,我会探讨互联网及其用户和应用是如何在日益社会化的方向上发展的,尤其是在过去的15年里。我会追溯至一套经典社会学理论,阐明我们应如何理解今天众所周知的社交媒体的社会维度。社会是由各种社会结构联系在一起的,我们从中进行社会活动——合作,形成我们的个性,并以多种多样的方式与他人进行互动。互联网和社交媒体帮助我们以较为新型的方式来做这些事情。虽然经典理论可能对在线活动进行解释,但是,媒介生态系统中的转型也带来了一些变化,它们需要新的研究

视角来理解人们的社会策略和联系。其中一个理论观念是关于网络公众的，该理论 28
描述了数字网络媒体所带来的变化如何以新的方式横跨不同领域、不同文化和不同国家，来对全球范围内的人们进行连接和动员（Ito, 2008）。世界正按照网络研究者李·雷尼和巴里·韦尔曼（Lee Rainie & Barry Wellman, 2012）所说的“网络个人主义”逻辑进行运转（参见第5章）：人们通过个体为核心的网络联系彼此，这些网络比以往任何历史时期的网络都更加松散、更加开放、更加多元。在这些网络当中，人们互动的重要部分是通过数字媒体实现的。

❖ 数字化生存中的数字工具和平台

我们当中会有些人记得在20世纪90年代开始使用网络的时候，那种内容形式非常静态和双向传播相对缺乏的使用经历。然而，当进入千禧年间，越来越多的人开始从早期网络1.0形式转向对于2.0形式的探讨。网络2.0是一个多维度概念。首先，它是商务术语中的一个流行词，某些专家会用此词来承诺人们的网络行为也能赚到难以想象的金钱，这些行为包括人们上传视频到YouTube平台、在Facebook上“点赞”，以及在博客上发布自己喜欢的品牌。其次，该词也指一些技术性解决方案和改革创新——博客平台、RSS讯息订阅、维基百科、社交网站——它们鼓励促进同伴间的参与共享、网络连接和创新创意。另外，更重要的是基于社会学观点，该词是一种特定的关于不同生产和连接形式的思想和行动（Gauntlett, 2011）。

网络1.0时期的缩影，即能容纳极少互动行为的传统网络“页面”，这种互动可能就是向页面创造者点击发送一封电子邮件。网络2.0时期，流行性网站一般是维基百科、YouTube、Facebook和Twitter，这些网站与老网站有很大的差异，主要体现在它们在设计上允许新的用户交互级别，并同时满足完全不同的功能。它们还通过朋友、群组、点赞等理念，为数字媒体引入一种全新的社会学维度。随着网络2.0观念的普及，特别是通过科技型企业家蒂姆·奥赖利（Tim O' Reilly, 2007）的演说和著述后变得更为流行，新老网络之间的显著差异在于新网关注任何作为内容潜在缔造者的参与方。因此，网络1.0技术、服务设想和促进大多用户对内容的消极使用，网络2.0包括大量的工具，并以此将用户创造内容的潜能最大化。人们可以凭借自己的能力做事，并一起获得提高。计算机科学家格雷厄姆·科莫德和巴拉钱德尔·克里希纳穆尔蒂（Graham

Cormode & Balachander Krishnamurthy, 2008: n.p.）诠释了民主化、创造性、重新混
29 合、互动以及复杂网络是如何成为网络2.0的核心部分的，如下所示：

> 网络2.0的民主化本质特征，被大量小众群体（如朋友圈）的发明创造所例证，他们可以相互交换任何类型的内容（文本、音频、视频）和标签、评论，并链接至圈内和圈外的“页面”。网络2.0时期有一项流行的发明，即“插件”，它以新的方式对网络内容进行合并或渲染。

换个说法，网络2.0技术突显并促进了大量在网络1.0时期并不那么显著的社会活动。网络2.0获得发展，是为了比网络1.0时代更好地实现网络在互动和合作方面的潜能。随着像博客、社交网络网站、维基百科、标签以及分享功能的创新发展，网络2.0更加关注人与人之间的社会互动、创新创意和知识生产。它还可以让多个用户联合创作和持续编辑多模式的内容，即混合模式的内容（书面文本、摄影图像、视频、声音等）。当我们今天谈及一些有互动性、网络化和创新性的在线平台——如Twitter、Facebook、YouTube、Instagram之类的平台之时——我们倾向于称它们为社交媒体或社会化媒体（Social Media）。然而，这并不意味着人们没有通过以前的媒介进行社交、创意和分享东西。网络2.0应该被视为一个延伸，而非在它出现之前就存在的社会现象的转变——就像在互联网社交网络出现之前，喜欢彼此的朋友之间的社交网络就已经存在一样，在Facebook的意义上，“喜欢”彼此的“朋友”之间的社交网络也早已存在（Baym, 2011: 386）。

正如前一章所讲的，媒介是用于感知我们周遭世界的工具，因此，如果说所有媒介都是社会性的也是合理的。另外，没有媒介就其自身而言是社会性的，除非人们以各种社会的方式来对它们进行使用。我们所号称的社交媒体，是在其他许多工具的引导和包围下发展起来的，这些工具使在线社交、公共参与和社群建设成为可能。在线论坛、电子邮件、即时信息之类的应用在当前也被广泛使用，尽管它们都来自网络1.0时代。但是，诸如YouTube和Facebook那样的数字社交平台，无疑对信息和通信生态系统的重大变革做出了贡献。我们获得了用于社会转型的新型基础设施，这些设施也变得越来越复杂化。

社交媒体的历史

所有的媒介都有一个社会性层面，但是如果我们仔细审视自2000年中期就出现的号称“社交媒体”的工具和平台，它们的过往历史就是与BBS和Usenet相伴相生的。BBS，即公告板系统，是一种独立的计算机服务器形式，其功能是为用户 30
提供下载文件或游戏以及传送文字短信的地方。BBS流行于20世纪70年代后期至20世纪90年代中期，它以往是通过电话线与调解器相连接，主要由业余爱好者操作，通常喜欢关注与技术相关的事情。社交网络的其他前体是我们所知道的美国计算服务器（1969—2009）和法国的公共信息网终端（1978—2012），它们都是前网络在线服务，包括聊天或与网络论坛相似的其他功能属性。Usenet，是与BBS在同时期流行的应用，二者是较为相似的系统，但是Usenet是没有中央服务器的，也就是说，用户不可以在其中发布各种类别的（新闻组）条目。在20世纪90年代的美国，付费在线服务AOL（美国在线）还提供由成员组建的社群，其中可以搜索到不同成员的个人资料。

在互联网和万维网这些重大突破出现之后，首个社交媒体网站，类似于我们今天对社交媒体的称呼“六度空间”（Six Degrees，1977—2001）。“六度空间”是基于“六度分割”理论命名的（参见第16章），它是建立在用户创建个人资料并“互加好友”的基础之上的。这类似于自1995年起美国用户在同学网（Classmates.com）上与老同学加好友的情况。自此以后，社交网络被博客统领了好些年。博客（比“网络日志”篇幅要短），萌芽于1998年至1999年间，包括一些诸如开放日记（Open Diary）、交友网（LiveJournal）、部落格（Blogger）之类的平台。博客在某种程度上就是社交媒体，即博客平台通过进入“博客空间”（blogosphere）的链接和评论，来与个人博客进行连接。除了博客之外，即时通信（Instant messaging），如很多用户所青睐的ICQ、AOL和MSN即时通信软件，也都流行于20世纪90年代晚期和21世纪初期。

我们今天所知的社交媒体首次出现于2002年的交友网站（Friendster）启用之时，后来比较普及的是MySpace（于2003年上线）。这些都是我们今天所知道的社交网络网站形式。LinkedIn是一个商务人士所用的网站，它也在2003年开通。一年后，马克·扎克伯格（Mark Zuckerberg）开创了著名的Facebook网站，其前身是TheFacebook.com，当时是扎克伯格在他宿舍中建成的，仅供哈佛学生所用。今天，Facebook已经在全世界范围内拥有了16亿月度活跃用户，它被许多人视为“社交媒
31 体”的同义词。Twitter开创于2006年，它有时被贴上“微博客”服务的标签，它能让用户“发微博”（post tweets），此博文可以被评论、回复和转载（‘retweeted’）。现今，Twitter已经拥有3亿多的活跃用户。

从这个意义上来说，社交媒体的重要特性在于它们是基于用户以“加好友”或关注他人的方式来建立账户和档案的，并且，用户所发布的内容可以被点赞、评论和分享。在Facebook和Twitter之后，社交媒体的逻辑被应用于日益增长的应用服务之上，如：Flickr和Instagram（其功能是照片的社会性分享）、YouTube（其功能是视频的社会性分享）以及其他诸如Tumblr、Pinterest和Snapchat之类的应用。当今，社交媒体被视为许多不同社交媒体平台复杂生态系统的最佳名称，这些平台服务于相似的目标，但存在不同的方式和偏好。每个用户会运用他们自己的工具组合来进行联系和互动。一些人喜欢使用电子邮件和即时通信软件，与此同时，另外一些人则青睐网站和类似于Facebook、Twitter、YouTube、Instagram、Snapchat这样的App手机应用软件。

一个重要的方面是，社交平台用户是可以辨识的，他们通过“个人档案”进行展示，这就允许我们做一些实验性的工作，以此决定我们想成为什么样的人、我们想如何向他人展示我们自己。事实上，个人档案的可见性也是不同的，Facebook可以详尽地描述我们的角色，而Snapchat只会提示用户是谁，因此，这就要求人们对他们与谁交流有一些额外的了解。除了查阅个人档案资料之外，还常常会用到一些功能，用于对内容做出反应或与内容进行交互，比如：喜欢、不喜欢、分享、评论、响应，有时还会编辑或重新混合内容。此外，不同平台功能的可接触性和设计风格也是不同的。大多社交媒体平台还包括某些短信或聊天功能，凭借此功能，用户可以进行一对一交流，而不需要进行

更加公开的沟通。

媒体创意研究学者大卫·冈特利特（David Gauntlett, 2011）适当地做出总结：社交媒体很少被简单地定义为工具，一般被认为是广阔的平台。对于冈特利特而言，YouTube视频平台是描述数字创意平台的一个很好的例子，由于三点原因：

- YouTube是一个参与式的架构。从诗人、滑冰爱好者到医生和工程师，形形色色的人在此上传了各种各样的视频，这就是“只是”一个平台而已。没有任何规定说明在此平台上展示的内容应该是怎样的。平台的技术性特征也许会促进一些行为参与（如：点赞、回复等），而一些类似禁止传播色情和隐私的规定，也毫无疑问地对用户行为做出某些限制。 32
  但是从总体上而言，该平台是向大量多元化的内容开放的。
- YouTube平台是内容不可知的（content-agnostic），这意味着它既不知晓也不关心任何用户也许会制作上传的实验和创新内容。YouTube并不关心是否一个大型新闻集团注册了账户并展示其专业内容，它也不在乎是否一个“普通人”在平台上分享游戏攻略视频。
- YouTube平台拥有一些群体传播特性。不同的用户可以相互交流和通信、推广他们自己创作的视频、分享知识和技能、休闲解乏或支持彼此。

数字网络化的社交媒体——无论它们是社交网络网站、手机App软件、网络论坛还是网络博客——都是关于社会性的。从社会学的视角出发，它们是格奥尔格·齐美尔（Georg Simmel, 1950: 10）所说的“社会交往”（sociation），即它们使个体通过“互动连接”形成群体、进而构建社会的中介化过程成为可能。然而，社会交往和社会本身在意义上也有所不同。因此，让我们转向一些关于社会行为、互动、社群和合作的经典社会学理论，来帮助我们描述和解决问题。我会在第5章中更加具体地讨论关于社群和网络的议题。

❖ 社会事实

如上所述，我们通过追溯一些经典社会学的理论，来更加细致地理解数字媒体社会性的内涵。如社交媒体研究学者克里斯蒂安·福柯（Christian Fuchs, 2017: 39–46）将其研究转向埃米尔·涂尔干（Emile Durkheim）、马克思·韦伯（Max Weber）、费迪南德·腾尼斯（Ferdinand Tönnies）和卡尔·马克思（Karl Marx）的思想观点。虽然所有这些学者的理念都帮助我们阐释数字媒体的社会化特征和影响，但我还是想要加上格奥尔格·齐美尔和欧文·戈夫曼（Erving Goffman）的思想理论。这是因为他们都关注一些动态进程，而这些进程在我看来是数字社会互动方式的关键，即我们社会存在的细分过程（齐美尔所述），以及对我们身份符号的管理过程（戈夫曼所述）。

经典社会学家涂尔干对涉及社会事实的社会性（the social）进行过探讨。他在其专著《社会学方法的规则》（*The Rules of Sociological Method*）中做出详细解释，用一系列关于社会——社会性——如何对我们产生影响的例子，来对核心概念进行具体化分析。当我们从事某事的时候，其实并不总是因为我们自己想要自己做这些事情，而是我们有些时候知道我们必须去做这些事情。涂尔干（Durkheim, 1895/1982: 50）
33 在书中写道：

> 当我行使我作为兄长、丈夫或公民的职责以及履行曾经所许下的承诺的时候，我是在践行法律惯例所规定的责任，这些责任或义务都是超脱我自己行为之外的。即使当它们符合我自身情感以及我感受到其真实性的时候，这种感觉上的真实，也不能停止变得客观化，因为这并不是我所规定的义务；我也是通过接受教育才对它们有所知晓……同样，信徒从出生时起就发现了他宗教生活中的信仰和实践；如果这些信仰和实践先于他存在，那么它们必然存在于他之外。

换言之，社会不仅是个体行为的总和，也是超脱于总和之外的更多更广的其他事物。一些超个体（super-individual）的事物——超脱于不同个体的存在，是构建社会的基石。社会有其自身的属性，即我们作为一个有机体共同运作的意义和交流的集体系统。今天，互联网和社交媒体，毫无疑问地成为这个超个体领域的一部分。当从涂尔干理念理解社交媒体之时，福柯谈到——如我之前所讨论的那样——媒介从某种程度上可以被视为社会性的，它们是人们社交过程中的产物。社会结构建构其中，并且通过媒介来呈现。因此，当某人把午餐照片发布到在线照片分享服务平台之时，或者当某人为其博客制作设计方案之时，抑或为一次网络约会整理个人资料之时，他们做的这些事情都与独立于个人而存在的社会结构相关，而此社会结构是与社交媒体紧密相连的。回到1895年，涂尔干（Durkheim, 1895/1982: 51）得出了类似的观点：

> 我用来表达思想的符号系统、用来偿还债务的货币系统、在商务关系中所使用的信用工具、在职业中所遵循的惯例等，所有这些都独立于我对它们的使用而发挥着作用……因此，人们的行为、思考和感知方式，都具备独立于个体意识之外的显著属性。这些行为和思想类型，不仅对个人来说是外在的，还赋予了一种强制性的力量，凭借这种力量，不管他愿不愿意，这些行为和思想都施加在他身上。

如上一章所述，像吉登斯和戈夫曼这样的理论学者重新下了定义，即社会包括经由人们不断生产和复制的一些规则和资源系统。因此，当我们从麦克卢汉的视角审视互联网和社交媒体之时，这些媒介就成了我们自己的延伸，而从涂尔干的观点出发之时，它们就成了个体用其扩展社会领域的工具。

练习 34

如果你惯常性地使用多种社交媒体平台，比如，Facebook和Twitter，或Twitter和Instagram等，请思考你的社交行为是如何因平台的不同而产生差异的？你会依据平台的可能性，进而展示或表达不同的自己吗？平台之间在鼓励用户行为方面有什么不同之处吗？在何种程度上，你能自如地使用作为工具的平台？在何种程度上你会感到被平台规则所束缚，或者甚至以一些方式被强制做一些事情？

❖ 社会行为

如果我们转向韦伯，他的关键思想之一就是社会行为。他曾说，社会关系是由一些不同的行为形式（如：社会性的行为）所组成的，这些行为是人与人之间有意义的交往互动行为。当一个人的行为“指向他人的过去、现在或预期的未来行为”之时（Weber, 1922/1978: 22），这个行为就是社会性的。换言之，我们在社交媒体上所做的大多事情，如：分享、发短信、点赞、订阅、邀请等，都确实类似于社会行为。然而，韦伯明确指出，群体所做的所有事情都不会是社会性的——互联网肯定到处都是不同的群体，如参与者、公众、粉丝、评论员等。他写道：

> 社会行为并不是完全相同的……尽管许多人有相似的行为或者每个行为都受着他人的影响。因此，如果下起了大雨，街上的许多人同时撑起了雨伞，这可能并不是共同导向彼此的惯常性案例，而应该是所有人以同样的方式，对雨中自我保护需求的反应（Weber, 1922/1978: 23）。

换言之，以韦伯的观点来看，大多关于是否将互联网视为社会力量的讨论，都与社会行为和其他形式的（群体）行为间产生的张力相关，这些社会力量包括为人们赋权、使世界变得更美好以及创造一个新的公共领域。一些人认为，数字社交媒体在很大程度上是在推行网络点击行动主义（clicktivism），意即非常缺乏意识性的群体行为，而非附着真切社会基础和影响的行为（Morozov, 2013）。另外一些人认为，即使网络点击行动主义没有按照社会有效行为的传统模式，它对于社会还是有非常重要的作
35 用的（Halupka, 2014）。重要的是思考社交媒体互动是否会导致全新的行为类型，我们必须按照不同于以往的其他标准来解释。第4章对此会做出详细探讨。

❖ 社会合作

腾尼斯的“礼俗社会”（Gemeinschaft）观念和马克思所论及的“合作”是人类存在的基础理念，都有助于用合作视角来理解社会性。对于腾尼斯而言，礼俗社会可以将法理社会（Gesellschaft）团聚在一起。社会仅仅是人们共同生存在一起的地方，而社区或社群（礼俗社会）所拥有的语言、方法、道德和信仰，却带来了社会凝聚力和团结性。这一状况可以用亲属关系、亲密关系和友爱情谊来描绘：

（1）亲戚之间、夫妇之间相互关爱，或调整自己去适应彼此。他们的所思所想都在相同的水平线上。邻里友朋也类似于这种情况。（2）存在于人们相互关爱之间的是理解。（3）那些互相关爱和理解彼此的人们一般持续居住在一起，去构建他们共同的生活（Tönnies, 1887/1974: 55）。

回到涂尔干，他曾说社会整体大于部分之和，而促成此观念的神奇元素，同样被礼俗社会添加进法理社会当中。依据马克思和弗里德里希·恩格斯（Friedrich Engels）二人论及合作的著述，当某物需要几个人一起工作才能产生之时，它就变成了“社会的”：

> 生命的生产，见诸个体的劳动和繁衍的肉体，现如今以双重关系呈现：一方面是一种自然的关系，另一方面则是一种社会关系——社会性，在某种程度上是指不同个体间的合作，无论处于怎样的条件、怎样的态度以及能到达什么样的结果，这种合作都存在。一些生产模式或工业阶段，总是与一些合作模式或社会阶段相关联，而这种合作模式本身就是一种“生产力”（Marx & Engels，1932/1998：48-49）。

因此，虽然腾尼斯更关注亲密关系和情感，而马克思和恩格斯则更注重物质生产，他们关于社会性的观点理念都是一致的，体现在他们都强调人们一起制造创新事物的重要作用。这些关于人与人之间连接和联合的问题将会在第5章进一步讨论。

❖ 社会存在 36

另一位经典社会学家格奥尔格·齐美尔认为，社会性是指个体向集体思维、谈话和行为的转变。但是他也谈到，社会并不是人们完全抛弃自己个性的结果，个人也不能绝缘于社会生存。在某种程度上，我们由“人与人之间的互惠关系组成”，而不是作为纯粹的“自然物体”存在，也并非仅仅是“社会性的存在”（Simmel，1910：385-386）。在个人与社会间的相互影响方面，其一就是个体的全部复杂性在社会领域中并不能被完全地表现出来。对于个人而言，总有一些东西比他与他人的关系互动中所表现的要多。这意味着我们的社会存在不同于个人角色，但二者常常是重叠在一起的。当我们进行社会互动之时，我们总是以一些变形、片面或扭曲的方式去理解自己和他人，而这些方式是一般受到我们在人前所戴“面具”的影响。所以，齐美尔声称，所有社会存在都是碎片化的：

> 我们所有人，无论作为宇宙人，还是我们自身而言，都是各种各样的碎片。我们不仅仅是一般意义上的人，也不仅仅是善恶分明的那种人……但是，我们在原则上不再是个体性（individuality）和奇特性（singularity），而这些均是围绕着用理想线条勾勒出来的可感知现实性来命名的。然而，从与我们毗邻而居者的视角观之，却将关于这些碎片的洞见放大到我们从来都不完整的观点。他并没有将这些碎片一片一片地观摩，就好像它们是现实中被给予的那样，但是，由于我们没有意识到自己抵消了眼中

的盲点，我们就会以相似的方式，运用这些碎片的数据将个体变得完整（1910：379-380）。

由此，齐美尔指出，个体本质和社会表现之间的差异是不可削减的。社交媒体传播，在很大程度上依赖于碎片化的传播——推文、状态更新、Instagram图片、snapchats——在齐美尔的论述中，我们可以看到这些细节化的东西，它们作为个体的碎片，构成了世界上许多人社会自我中越来越重要的一部分。他的观点可以作为后见之明来研读批判社会或社交媒体架构在全然反映差异化个体上的无能为力。尽管周围用来自我表达和自我呈现的工具和平台可能在很多方面都较为强大，但齐美尔也提出警告，人类向社会前进永远不可能是完整的这一事实会导致某种形式的异化。

37 **练习**

通过社交媒体对我们自身给出一幅完整图像是不可能的事情。就仿若更为一般性的社会交往，我们所应用的数字平台，仅允许有限制地对个人特性进行展现。我们在不同平台上所展示的内容是有所差异的，这取决于我们正在和谁交往。试着想一想，你的“真实自我”感知与“网络自我”之间有什么样的不同？而这些多样化的自我，又是如何与你所用的不同平台产生关联的？有没有任何方式来描绘“理想的自我”，以在现有环境中展现我们的所思所想？社交媒体可以成为一台提升自尊的助推器吗（esteem booster）？或者还有什么其他方式存在？社交媒体是否会给人们带来虚假或夸大的自我感觉？

写到“文化的悲剧”，齐美尔做出总结：每种社会环境或文化，都得承载着一些悲剧性的东西，即同样的工具和手段能允许人们进一步发展他们的个性，但同时也在某些方面受到限制，不可能真正完全地代表自己。社交媒体和网络2.0技术是存在风险的，因为它们很大程度上依赖于一些既定的模板和风格，以至于经由我们所创作传播的个人档案和其他内容，呈现出一个“抽象的人物形象”，而非“真实性个体”的准确反映（Lanier, 2010：70）。存在于社会（或媒体）“之外”的复杂性，是不能全部、整体或总体地被“之内”景象所表达呈现的。正如戈夫曼（Goffman, 1959：1-2）曾提及：

> 许多重要事实，要么超越时空互动，要么隐藏其中。例如，个人“真实”或“真正”的态度、信仰和情感，只能间接性地被认知确认，要么通过个人的公开声明，要么通过其自然而然流露出来的行为。同样，如果人们向他人提供一个产品或服务，就会常常发现在交流互动过程中，不太会立竿见影地获得包含实践经验的真知。他们将会被迫接受一些作为常规或自然标志的事物，而这些往往是无法通过感官直接获得的。

这种关于社会性的观点，是建立在大量默许有时甚至随机浮动的前提之上的，它与后结构主义理论传统中所流行的关于固定事物确切意义的不可能性相类似。现实拥有不计其数的可能性意义。但是其中一些意义——在某种意义上总是暂时的妥协，或
者是某种形式的象征性暴力影响，其中一些意义是以牺牲其他意义为代价的——成为 38
主导，并在特定的时间、地点或文化中被认为是“真实的”。

❖ 自我呈现

这种对于外部世界的不可或缺性导致大量的社会策略的产生。戈夫曼（Goffman、1959）描述了这些在社会互动中进行自我呈现的策略是如何发展的。他所做的这些主要是依据一组戏剧化隐喻（dramaturgical metaphors）。在我们的社会生活当中，我们在不同阶段都进入不同形式的角色扮演，基于不同的脚本做着不同的事情。社会中围绕在我们周围的人们就好比受众一般，对我们的展演做出回应。类似于上述所说的社会内部和外部观点，戈夫曼用“前台”和“后台”术语做出相同的思考——在后台区域，我们就可以卸掉伪装，回归自我。

举个例子，在诸如Instagram之类的数字和社交照片分享平台上，用户在后台准备着他们的展示（不断删除旧照片并用新的更替，对照片进行裁减、滤镜、配字幕、贴标签等），做的这些事情是不为观众所知的。一旦照片编辑和处理得当后，就成为在前台领域Instagram平台上所呈现的展演。然而，连接前台的通道以及参与展出的人员都会受到控制，因为所有的演出并不是针对社会上全部有思想的人。在Instagram案例中，这些事宜取决于其他一些事项，如用户是否拥有公共或私人账户、谁是关注者（粉丝）、谁被屏蔽在外、用户是否关注了被用于部分展示的话题标签等。戈夫曼（Goffman，1959：152）在书中提及“为了防止观众窥见后台区域以及让旁观者出现在没有提及他

们的展演当中，连接这些展演区域的通道就会受到控制”。

这一过程看起来会有所不同，这取决于社会环境的不同，不同的环境会为交往互动提供不同的工具。这一观点可以用“可供性”（affordances）一词来表示。此理念源于关于数字媒体的研究，该研究用于平衡两种视角，即一方将技术视为导致某些社会行为的原因，而另一方认为技术完全由社会行为所形塑（Juris, 2012）。可供性理论（the theory of affordances）是由心理学家詹姆斯·吉布森（James Gibson, 1977）提出的，将技术视为隐性的“行为可能性”（action possibilities）——可以基于个人能力，在一个限定的环境中用给予的工具和平台来实现。可以给把椅子落座，用手指划过触摸屏来操控内容，用一台摄像机来捕捉移动的图像和声音等。

类似于人们在社会上执行其行为时必须与社会惯例、期望、文化规范、规则和法律相关联，任何使用媒介的人也必须与该媒介的功能和关系方面相适应。戈夫曼关于
39 我们依据不同类型的“表达设备”在前台展现自我的理念很好地支持以上观点。他将我们所做的工作称为“印象管理”（impression management）（Goffman, 1959: 49）。在不同的社会情境中——读书会里的成员、工厂里的工人、论坛里的帖子、某个话题标签的用户和关注者——人们一起定义和理解这个特定的社会情境或环境。这需要就某些互动规则达成一致——即使是默认的。什么是这种互动所依据的假设？什么是重要的？什么又不那么重要？什么是被视为好或坏的行为？事实上，戈夫曼的观点与社会学家皮埃尔·布尔迪厄（Pierre Bourdieu, 1990）的理念相似，布尔迪厄后来将其称为存在于不同社会“场域”中的“实践逻辑”（logic of practice）。在一些社会群体中，对这种协定存在不同程度的熟悉和团结。不仅如此，在不同的场域或环境中，参与者之间关于行为规范的协议也是不一而同的。但是，不同参与者之间仍存在一种倾向，即“接受其他人所提出的定义”（Goffman, 1959: 4）。人是社会化的存在，需要沟通、互动以及关注其他人的想法和做法。

换言之，我们一起“制造”了社会性。正如我们从上述经典理论中所了解到的，社会性还大于社会上不同个体走到一起的总和。这是因为人们开创了社群，并在一起商议规则，最后得出正式或非正式的协商结果。人们通过周围人对自己的“镜像反映”来建构身份，从而进行工作和合作。这些行为所导致的结果就是社会结构——涵盖正式与非正式规则和协议的系统，该系统用来定义我们所进入的不同社会环境。当我们往里加入媒介技术之时，此结构仍然是社会性的，但它同时也是技术性的，其中不同的技

术——很像社会环境——有不同的行动可能性。因此，环境与媒介——城镇广场、足球赛、Instagram、Twitter、手机来电、第一次约会、触摸屏等——所有这些都使社会行动成为可能。然后，我们下一个问题是：当涉及数字媒体之时，我们会进入社会可能性的哪个特定的领域？

❖ 网络公众的崛起

今天，由于各式各样的网络技术将我们与新老朋友、陌生人在线融合到一起，社会图景发生了重组。这偏向文化考古学者伊藤瑞子（Mimi Ito, 2008）所说的网络化的公众。她论述了在20世纪90年代至21世纪早期占据主导地位的隐喻，是怎样描述媒介图景的数字化，以及互联网从类似人工智能、虚拟现实、赛博空间向存在于真实与现实人们之间的网络通信转变的。 40

根据如上所述，伊藤瑞子在审视着技术革新与社会和文化中的许多重要变化之间的关系。因此，“网络公众”一词指的是一组社会、文化以及技术方面的变革，这些变革是从一个以数字网络媒体为传播重心的社会转变而来的。伊藤指出，媒介以及媒体使用和消费模式并没有完全地发生改变。还是存在大量较为消极的——毫无创新的——媒体使用方式，并且，在社会和文化生活的许多领域，一对多或少数对大多数的大众媒体传播模式仍然占据主导地位。然而，真真切切发生的变化是人们现如今“通过媒体进行网络连接和群体动员”的方式（Ito, 2008: 2）。

通过使用“公众”一词，而非“受众”或“消费者”，伊藤希望数字社会中与媒体互动的人给予更为积极的姿态，并放在前台展示出来。将公众说成“网络化”的，她强调，在这个社交媒体App软件、移动电子终端均与网络相连的时代，我们越来越多地通过宽广且精良的网络进行交流通信，这些网络也许流往任意的方向，如：从下向上、从上向下，或左左右右。并且，参与者——伊藤喜欢将此标签贴在用户、消费者或受众成员的前面——会在日益兴起的多对多交流互动系统中积极地（重新）制造和（重新）分发内容。这些系统共同存在且经常环绕电视、电影、专业新闻播报之类的传统媒体分发商业形式的周围。然而，这并不是说新型数字媒体就可以不是商业化的。网络媒介生态中的一个关键组成部分就是个人媒体（Lüders, 2008）。虽然很难在大众媒体与个人媒体间维持一条严格的界线，但是，有一个重要的差异在于后者——比如：电子邮件、论坛、社交网络网站——显示出更多的对称性。相较于新闻、电视连续剧或电影，个人媒介其实并不仅是需要参与者有能力，至少在某种程度上，还要求参与者在作为相关内容的接收者和生产者方面都是积极的。

读者同时也是作者，学生同时也是老师，公民同时也是政客，新手同时也是专家，这些角色的转变可能是最为根本的观点，而提出此观点的人，信奉数字网络媒体将把世界建造或持续建成一个更加美好的地方。这一观点以多种多样的形式得到反复强调。麦克卢汉和巴林顿·内维特（McLuhan & Barrington Nevitt，1972：27）在书中提及“我们生活在一个共时而非历时的时代。我们在产品出来之前就已获知效果。消费者开始成为生产者”。如同第1章所述，托夫勒（Toffler，1980：266）提到“什么有可能被称为‘产消者’（prosumers）”，人们“在一般意义上既不是生产者，也不是消费者”，而是
41 关乎“市场或交换网络的快速扩张”——通过纵横交错的迷宫出来的产品或服务，可以由你生产，由我享用，反之亦然。同样地，数字媒体研究学者阿克塞尔·布伦斯（Axel Bruns，2008）曾用“produsage”一词来描述社会和文化共同向用户创造内容（user-created content）发展的趋势，由此而生的信息从不是静态的，而总是处于不断变化和演进的动态过程之中。

用户创造内容

自21世纪中期起，有越来越多的关于“用户生产”（user-generated）或“用户创造”（user-created）内容的说法出现。伴随着媒介图景的转型，普通人逐渐开始努力在线创造自己的内容——文字、照片、视频。在报纸、广播和电视统领媒介的时代，媒介受众拥有非常渺小的能形塑媒体内容或登台演出的直接性权力。当时，内容一般是由权威专家、唱片公司以及出版社来生产的，并且，大型媒体集团对谁能收听和收视进行规制。数字化环境带来了媒体接触面积的扩张，用户能创造和出版内容的范围也在扩大。博客和Twitter对传统新闻播报发起了挑战，当“普通”孩子能在YouTube视频平台上接触世界名人之时，传统电视频道也在努力挣扎着求取着生存空间。用户自制内容的增长，象征着媒介民主化和公共领域的构建的可能性。我会在第8章对此进行更多的探讨。与此同时，大多社交媒体平台日益商业化

也带来了危机，一些较大的企业开始利用用户的"免费劳动"来赚钱。网络研究学者南希·贝姆（Nancy Baym，2011）适时地指出，早期的互联网确实高度有赖于用户自建，但自网络2.0和社交媒体以来出现的新事物，是一些营利性质的企业在许多平台上运营的结果。第9章会给出更充分的论述。

伊藤认为，这些日益有着对称性和参与性的媒介生态，在我们的日常生活中变得越来越突出，尽管我们仍然显而易见地处于变革和过渡的时刻。并且，重要的是记住，沟通交流以及获取信息知识的新老办法趋向于共存共生，而不是全部替代彼此。网络公众是分散在各地却彼此相连接的人群。他们还被视为理论学者本尼迪克特·安德森（Benedict Anderson，1983）所说"想象社群"中的范例。他曾对不同国家的社会建构进行论述，认为他们被想象为不同的社群，是因为许多将其视作国家成员的人们从没有听见、看到或知道大部分其他成员。但是，正如他诗意般地提出"每个人还是生活在 42
他们想象的共同体当中"（1983：6），这种社群连接和感觉，体现在网络公众对于共同体的建构当中，其中，社交媒体以及其他慢慢浮现的同时作为平台和工具的技术，起了一定的辅助作用。构想网络公众最佳的方式是将其视为多种多样的空间。他们是人们运用数字社交平台来表达、展现、管理或创建身份（参见第4章）和建立连接（参见第5章）的空间。

在本书的第二部分，我会探讨大量与此相关的议题，这些议题都是在向网络公众为主体的社会转型过程中存在的辩论。正如在第1章提及的，雷尼和韦尔曼（Rainie & Wellman，2012）论述了他们所称之为网络个人主义的三重革命（参见第5章），这一观点与网络公众理念十分相似，因为它强调长期的等级制度、官僚主义以及紧密联结的社会安排治理，这些虽变得更为松散、分散和多样化，但其中不断增加了网络连接、沟通和信息交换的方式。这个系统并不一定就是自我主义的人会变得更加自恋（尽管有时可能是这种情况）或自私（尽管这当然也可能发生），但它是一个基于个人主义的系统，因为每个人都在他们自己网络的中心。正如互联网研究者妮科尔·埃利森和达娜·博伊德（Nicole Ellison & Danah Boyd，2007）所论述的，数字社交平台的繁茂，转变了对社会混合体的关注，关注点从社区和利益转向人与人的连接。我会在第5章用一定篇幅对这一转向进行探讨。当前关键点在于社交世界在现如今是由网络而非群体构建的。

以上见解确实开拓了一片林荫大道，用于研究关于数字社会功能的特征和模式的问题。对此有什么特别之处呢？线上和线下行为、现象有什么相似或相异的地方呢？当人们的行为和关系与数字媒体交织缠绕之时，它们会如何发生改变？在20世纪90年代，大多早期互联网研究会解析相对直观的问题，假设同时存在两个空间领域，即在线“虚拟现实”或“赛博空间”与线下“实体”物质性的空间。从那以后，数字媒体开始逐渐嵌入我们的日常生活当中，无线网络连接、移动电子终端（笔记本、智能电话、平板电脑、手表带、手表）以及更为复杂的平台生态系统充斥着我们的生活。因此，研究重点发生了转向，将线上和线下世界视为相互重叠、不可分割甚至毫无差异。数字媒体的确在我们许多“线下”行为活动中起了作用，虽然同时也有许多纯粹的“线上”活动也会被影响以及影响着“线下”言行，如：匿名论坛、病毒式的花边新闻、类似模因的信息片段或多用户角色扮演游戏。

43 什么是模因?

“模因”一词是由生物学家理查德·道金斯（Richard Dawkins）在20世纪70年代提出来的，它源于希腊词语mimema，意味着“一些事情是模仿的或仿造的”。然而，虽然该术语存在于网络文化之前，但它意指一些在线用户自主创造的产品类型的含义变得越来越流行。互联网模因，是指图像、视频、图片、观点、模式或俚语在传播过程中一点一点演化成一种被大多数人分享的社会现象（Shifman，2014）。由于这些事物常常取决于一个相当奇特的诙谐形式，因此还是很难去解释它们在写作中出现，并以此去应对毫无相关知识的个体。然而，我认为这本书的大多数读者都知道这一现象。它们就像是数字大众的笑料，可以通过图片时尚、快闪族、萌猫以及其他图像宏等现象进行举例说明。社交媒体平台经由模因提供表达渠道的这种模式可以普及开来。网络模因还趋向于自我复制，因为人们经常用各种各样的方式通过模仿或重组将它们重新打包。传播研究学者利莫·希夫曼（Limor Shifman，2014）认为，虽然“病毒式现象”——事物在网络上呈几何倍速快速扩散——倾向于成为单独个体（一张照片、一则视频等），但模因总是一组数字化的项目，该项目具备一些关于内容、形式或立场的共同特征。并且，这些项目也是在彼此相互关联的情况下以及一定的意识状态下被创造出来的。

这就是为何在数字社会研究和媒介研究中有越来越多的探讨，其内容中关于我们以往诸如线上和线下、数字化和物质性的讨论维度正在以混杂的形式走到一起（Lindgren, 2014）。重要的是记住，这并不是说人们的现实性变得越来越不实际，或者不存在涵盖任何意指的事物了。从根本上说，我们现在使用数字媒体的方式，让我们越来越难将其视为一种清晰的可被描述的活动，但它可以作为独立于“非数字化”事物和行为的研究对象，投入相应的分析当中。这种强大的混合连接，存在于社会转型的核心位置，那里的数字社交平台通过人们之间的互动，在彼此之间建立连接，这种模式持续到对整个“社会运行系统”发起挑战的网络公众的出现（Rainie & Wellman, 2012）。这种转型并不是最新出现的，它是在过去五十多年里逐渐发生的现象，与此相 44
伴的是一个以日益增长的个人主义为标志的发展进程，新的社会关系形式，在一个网络化的全球通信系统中日渐成形。

❖ 延展阅读

* Gauntlett, David（2011）. Making is Connecting: The Social Meaning of Creativity, From DIY and Kinitting to YouTube and Web 2.0. Cambridge: Polity Press.

冈特利特的书籍是关于创造性和制造，以及互联网对于它们的作用。根据大量不同类型的案例和理论，他探讨了网络2.0作为一种以创造性为目标的社交平台的影响和方法。重要的是，冈特利特拓展了此思维观点，以此审视网络2.0和用户自制内容的观点是否仍适用于横跨线上和线下活动更为宏大的议题。

* Ito, Mizuko（2008）. Introduction. In Kazys Varnelis（Ed.）, Networked Publics. Cambridge, MA:MIT Press.

伊藤在《网络公众》一书的绪言章节提供了一个关于些许重要议题和概念的总体论述，它们与社交媒体、社会变革、新“用户”行为相关。

* Fuchs, Christian（2017）. Social Media: A Critical Introduction（2nd ed.）. London:sage.

克里斯蒂安·福柯的这本书是关于社交媒体是什么的介绍，此书还介绍了如何从批判理论视角去分析社交媒体的方法。这是关于如何将“旧”理论尽可能地应用于“新”媒介的恰当范例。该书强调要超越对社交媒体的大肆宣传，提倡批判性地关注植于社交媒体内部的权力结构。

* Goffman, Erving (1959). The Presentation of Self in Everyday life. New York:Doubleday.

这是戈夫曼在1959年的经典著述，是关于人们如何运用“印象管理”和其他策略，并且进一步引导他们了解如何被他人构想，因为人们精巧制作着每日生活中的社交“呈现”。阅读这本书之时，尝试对戈夫曼关于数字社会的观点进行释义，是一件有意思的事情。

3

网络辩论 45

核心问题

- 那些认为网络和社交媒体让世界变得更美好的网络乐观主义人士的主要论点是什么？与之相对的反驳意见又是什么呢？
- 什么是技术决定论？它是如何作用于有关数字媒体和社会转型的乐观和悲观两方立场的？
- 人们是如何找到一种平衡网络乐观主义与网络悲观主义的中间观点的？

核心观点

网络乐观主义 网络悲观主义 技术决定论 网络中心主义
可沟通的资本主义 技术解决主义 集中智慧 大众生产

在本章中，我会介绍关于互联网如何促进社会转型的辩论和相关文献。主要存在乐观和悲观两种观点。这些观点的不同层面在不同维度流动，在不同情境中有着不同的目的。然而，数字技术并没有对社会造成积极或消极的单方面影响。正如我在其他场

合所做出的论述（Lindgren, 2013），区分这些乐观和悲观观点最为明智的方法是在两
者之间采取务实的立场。通过审视和分析互联网上事务社会性运作的实际规律，我们
46 可以分辨出，有时一些潜在的好事情会发生，而有时不好的事情也会如期而至。在大多
时候，二者会同时发生。

网络空间

在1984年出版的《神经漫游者》（*Neuromancer*）一书中，作者威廉·吉布森（William Gibson）使“网络空间”这一术语成为流行词语。这是他对“非空间”（non-space）的命名，即“数十亿合法操作者对人类系统中每台电脑所产生的一种共识性幻觉”（Gibson, 1984: 128）。“网络空间”也可以被定义为“计算机网络基础上的交流通信所发生的抽象性环境”[①]。换言之，被称为“网络”的事物与数字媒体传播和互动所发生的想象性和非实体性（有时称为虚拟性）的地方相关。网络空间，是一个信息从发送者传输至接收者的非空间。诸如上述观点有助于将数字媒体变得神秘化。在科幻小说中“理解”科学技术要早于它在现实世界中的突破，互联网与其相关的社交活动常常唤醒人们的想象力。这意味着希望与恐惧都与网络空间相关。

❖ 数字革命

如同其他许多新媒体一样，网络在首次普及之时也环绕着神奇的光环。但是在某些方面，这种光环已经慢慢退却了。20世纪90年代，关于网络是何物以及它将会变为何物的故事，讲述了大量社会变迁的事情。网络在许多人的论述中，成为我们所知道的引起大多社会生活领域革新的力量。这种由网络激发的数字网络社会现实，可能会带来一个新型的每个人都参与其中的经济系统。它提供了新式高效的方式，让供给方、生产者、消费者之间建立相互联系。革新可能是民主化的，也可能是分裂性的，尽管大公司和小公司之间的竞争环境将会变得更加公平。基于来自不同地方人们之间的共同理

---

① www.oxforddictionaries.com/definition/english/cyberspace.

解和尊重，互联网还被认为最终会产生一种新型的全球民主。诸如这样的预期与麦克卢汉（McLuhan, 1962: 8）所声称的“新型的电子化，依存在地球村的想象中重新开创世界”“整个人类家族会被整合进一个单独的全球部落”的观点相呼应。因此，网络乐观人士认为，这样的想法让人们变得更加有智慧，人们对彼此变得更加宽容。 *47*

正如媒介研究学者詹姆斯·柯伦（James Curran, 2012a: 3）所言：“互联网会成为一种不可抵挡的力量：就像印刷和火药的发明，会给社会带来改变一样。”但是今天，许多人包括那些以往就很乐观的人在内，已经逐渐开始对网络之于社会的影响持质疑悲观的态度。一些怀有乌托邦理想的人，已经实现或至少部分实现了他们的预期，但是，他们还是为“网络泡沫”（dotcom bubbles）、经济危机、日渐增加的网络监控和规制付出了相应的代价。大型集团、具有影响力的政治和其他社会行动者，垄断并控制着许多网络空间领域。

最初强烈乐观的一个原因是，随着网络成为主流文化和社会的一部分，它带来了一些源于社会亚文化的情感寄托。值得注意的是，网络承载着一些存在于“赛博空间”科幻小说里乌托邦式的梦想。由于这个原因，关于网络崛起的故事，一般是“庆祝的记录”或英雄主义的叙事（Curran, 2012b: 35）。如同第1章所描述的，冷战期间对于早期互联网的设计是被军事目的所左右的，这些意图是由大学里的计算机科学家进行调解和阐释的。除了军事—科学影响，在信息交换的基础上带来灵活模块化的网络基础设施之外，网络早期崛起也是由反文化族群中存在的“嬉皮”价值理想所形塑的，这些群体是20世纪80年代至90年代期间使用网络的先驱者。蒂姆·伯纳斯-李（Tim Berners-Lee, 1996）是万维网（World Wide Web）的创建者，自从他想要建构一个“共享的信息空间”之时起，就受到公共服务理念的影响驱动。

另外，当公共网络自1991年起变得商业化之后，它的技术属性就被削减了，并且带来了越来越多的用户友好空间氛围。这就是与前一章中的网络1.0和2.0概念相关的延续性讨论。因此在2000年左右，任何关于数字社会的事物，看上去都具有神奇和革新的色彩。关于学术、反文化和公共服务影响的动态混合，带来了表面上开放、去中心化以及差异性的公共空间。然而，网络上销售最容易的好像还是色情和赌博，而非“少数小众艺术家的创意性工作”。并且，当更激烈、更发达的在线商务形式兴起之时，许多人被迫意识到，这是以广告和垃圾邮件更具侵入性的形式为代价的。与此同时，财富集中在一些诸如苹果、联想、谷歌以及后来出现的Facebook等大型集团公司的手中。互联网日渐向商业性方向发展，因为大型媒体公司所拥有的财富越来越多，它们所建立网站的外观和功能都比其他非商业性机构的更好，并且，由于搜索引擎公司开始为广告目的来采集数据，他们还引进了新型商业监控技术。同时，一些国家通过了强化互联网知识
48 产权的立法。

❖ 技术决定论和网络中心主义

随着网络进一步向商业主义和管理规制方向发展，一种被柯伦（Curran，2012b）所称作“电脑迷的反抗”的运动相应地部署展开。在第一波浪潮来临之时，这项运动主要由计算机科学家和程序员所组成，这些人在20世纪80年代至90年代期间，反对“软件应该被家长和版权所限制”的观点。相反，在信息公开揭发的黑客传统中，他们创造和推销免费的“开源”（open source）软件，这些软件可以被任何人使用、传播和改变。

在电脑迷革命的第二波浪潮到来之时，用户参与的唤醒重生是以2001年维基百科的开启为先锋的。这种开放性的可编辑和可合作的百科全书很快作为一种信息来源变得非常流行，特别是在一些特定的群体中广受欢迎，它可以作为一个集体编辑和创作的地方。在同一时间段，Facebook（2004）和YouTube（2005）之类的社交媒体平台，也在网络2.0领域中火爆起来。虽然这些和其他许多流行平台仍是可以免费使用的，但它们尔后要么发展为大公司，要么被大公司所收购。正如柯伦（Curran，2012b）所说的，虽然这些平台在对早期网络共同的DIY传统革新方面较为成功，但是商业主义可能仍然是它们的威胁。另外，早期网络的激进性策略，发现并持续发现了在线私人运动（Lindgren & Linde，2012）、维基泄漏（WikiLeaks，Lindgren & Lundstrom，2011）以及网络匿名（Anonymous，Stoehrel & Lindgren，2014）的形成。然而，尽管顽固的用户不断对网络集中化和商业化产生新的抵制，但是，自上而下和自下而上之间的平衡，从本质上仍是不稳定的。

数字鸿沟

本书中所论述的观点，大体反映了网络历史的西方叙事语境。虽然一些人认为，在20世纪90年代，数字化的网络媒体可能会使整个世界变成一个更加民主没有专政的地方，但许多人认为这是一个过分渲染的论点。网络传播和应用已经 49
在全球范围内变得不均衡，不可避免地导致在地理、文化和社会等方面的数字鸿沟。并且，政府可以对网络进行规制和监控，运用网络去显示和强化他们的权力。数字媒体就像其他媒体一样，都被卷入了身份政治的大网当中，被种族、性别、性取向、地域、国籍和其他许多阶层所渗透。如同第1章所讨论的那样，媒体使用总是情境化和地域化的。世界是不平等的，它被经济、语言、阶层、性别、种族、国籍、技术接触以及价值观、信仰和兴趣之间的冲突等因素所分隔开来。社会的确是“数字化”的，但全球资本主义、移民潮、宗教、环境、国际旅游、人的身份等强大力量仍在形塑着社会。

在20世纪90年代，网络可能会让世界更美好的预言，是基于错误的假设而形成的，该假设认为技术革新以及随之带来的人类关系变化，必然会产生某种形式的社会、文化和政治方面的变革。这种思维方式就被称作“技术决定论”。这种观点与西方历史观相得益彰，它强调发展、启蒙以及科学理性。但是，知名作家兼研究者叶夫根尼·莫罗佐夫（Evgeny Morozov, 2011: 291）认为：

> 在历史进程中，新技术大致总是赋予和剥削特定政治和社会群体的权力，这两种行为在有些时候还是同时发生的——这种事实在技术决定论发生动荡之时是比较容易被遗忘的。更不用说，这种道德失忆症很少对那些被剥夺权力的人有利。

与技术决定论相反，人们必须认识到：技术仅仅是工具而非中介，这种工具总是可以被应用于“好”和“坏”的目的。例如，互联网促进无知的同时，也可能促进知识的获取。如同计算机哲学家贾伦·拉尼尔（Jaron Lanier, 2010: 49）所论述的，技术取决于对它投入的对象：

> 我的一些同事认为，只要复杂的秘密统计算法将碎片重新组合起来，成百千万上亿碎片化的辱骂最终就会产生智慧，这种智慧能超越具有周密思维模式的论文。我不同意这种说法。一个源于计算机科学早期的修辞在脑中闪现：无用输入，无用输出（garbage in, garbage out）。

50 同样，社会心理学家凯特琳·麦肯娜和约翰·巴奇（Katelyn McKenna & John Bargh, 2000: 6）用电视作为例子再次指出，用户环境和动机——而不是技术本身——决定网络将会造成怎样的社会影响。他们在书中提及：

> 电视能够将整个世界连接在一起，并且有助于推倒“柏林墙”，但是它仍然是培养“沙发土豆”的沃土。互联网能够以前所未见的方式把志趣相投的人聚集在一起，但这些相似之处，可能包括那些非常需要匿名社会支持的人以往的性虐待史，以及对其他种族群体的强烈仇恨。

20世纪90年代的预言也认为，互联网的技术属性在具体层面就是其全球接触性、互动性以及不可控性——这些都有着特殊的重要作用。这一观点被称为“网络中心主义”（internet centrism）。这一背景是其他几种媒体技术更为漫长的历史发展，如电话、电视、录像机或传真机。这些技术也许仍会有助于降低知识获取和社会关联构建的门槛。莫罗佐夫（Morozov, 2011）强调了从“威权主义”（authoritarianism）中挽救网络并放弃网络中心主义的重要性。

关于“技术决定论”和“网络中心主义”这两个元素，是以网络为基础的“美好新世界”预言没有完全实现的重要原因。尽管网络和社会之间的关系特征是复杂变化的，但还是有强大的证据指向明确的结论：社会在总体上比其他方式更具备网络构建的作用（Curran, 2012a）。这也就解释了为何大多关于社会取决于技术革新的预言并没有实现：它们是基于对数字技术本身的推断，而不是基于人们实际使用技术的证据，反之亦然。

❖ 破灭的泡沫

20世纪90年代晚期，当网络乐观主义情绪持续高涨，新兴IT公司的股份被预计能确保每个人在未来拥有财富，它也成为难以置信的流行性投资项目。自1998年开始，西方工业化国家的股票市场，见证了纳斯达克指数（NASDAQ index）的名义性价值飙升至极端水平，并出现了大量关于“互联网泡沫”的言论。由于2000年冬季股票市场的崩盘，这一泡沫崩裂了，股票价值也在2003年到达了最低点。一些技术公司倒闭了，而另外一些公司则幸运地生存下来。当然，自从那时起，许多新型IT公司进入了市场，并且众所周知的是，人们对数字商业机会仍抱有相当乐观的态度。

许多年以前，互联网学者吉尔特·洛温克（Geert Lovink，2011）认为，还有另外的 51
泡沫破灭了。他所指的是网络作为一个完全开放、不受规制以及别具一格领域这种夸张观点。洛温克也指出其他批判理论家也有类似的理念，如：乔迪·迪安（Jodi Dean）也认为社交媒体其实也可能不是自由言论的新境界。许多人希望看到这些技术建立新形式的直接民主，增加参与、创造力以及传统权力阶级的不稳定性，然而，由于用户发现他们置身于可沟通资本主义（communicative capitalism）的“回音壁”中之时，就会有一种增强的社会控制和商业主义场域出现。按照迪安的说法（Dean，2010），可沟通的资本主义，是一种大量内容实际上被人们自由开放生产的社交系统，然而，它缺乏任何实质性的力量来变革社会以及将其向更好的方向推动。洛温克（Lovink，2011：1）公开宣布“难以忘怀的网络2.0传说已经启程”。

21世纪的大部分时间都被社交媒体填塞、环绕，2010年左右的一个十年转型，更见证了关于互联网和社交媒体在话语环境上的巨大改变。随着监控丑闻、目标广告、与日俱增的商业化以及关于网络中立性辩论方面的浪潮迎面而至，相关探讨开始变得更加矛盾重重。如你所见，网络乐观主义和网络悲观主义的钟摆正在左右摇晃。我们在历史的每一个关键点都见证了这些发展，而在每个时间节点之上，在更广阔的社会中就会诞生一种崭新的技术。这种情形走向了极端——一些人看到了优点，而另一些只看到问题和风险。这种循环自我重复了许多次：当流水线生产替代了机械化农业，当新的水、陆、空交通运输路径诞生，当蒸汽被电力和后来的核能挑战。相似的态度也见诸医药革新（如：疫苗研制、外科手术、克隆技术）和通信技术的发展，从电报和电话的早期使用，到广播电视，直至数字化技术。技术和媒体研究学者亚当·蒂雷尔（Adam Thierer，2010：61）在书中提及：

> 这种循环像这样运转：一种新技术诞生，那些惧怕新技术带来巨变的人们看到的是即将崩塌的天空。这种“技术悲观主义”预言了旧秩序的消亡（具有讽刺意味的是，

> 这往往是上一代人热议的技术，而其他人希望放缓或停止）……与之相反，乐观主义人士放宽视野，看到的是展开的图景和挂着彩虹的天空。他们所见的是一个美好的世界，在那里，当今的技术革新改善了多数人的生活。如果非要抛弃什么东西的话，旧有的路径应该受到谴责。

52 确实，研究者、作家和公共知识分子所付出的努力，使对于发展中的数字社会的理解，倒向两种广泛的立场（positions）：一种是快乐的，而另一种是怀疑的。我将它们称为“立场”，是因为他们中的一些人同时拥有两种态度（McChesney, 2013: 4），尽管一部分人明确地表明了自己所归属的态度阵营。我还认为，许多人对于数字媒体之于社会性影响的考量，能根据思考之时的情境，在两种不同的立场之间转换。

❖ 文化向技术的投降

网络悲观主义和网络乐观主义之间的冲突，可以追溯至20世纪90年代所出版的两本书：由尼尔·波兹曼（Neil Postman）在1992年所著的《技术垄断》（*Technopoly*）和尼古拉斯·尼葛洛庞蒂（Nicholas Negroponte）在1995年所写的《数字化生存》（*Being Digital*）。

《技术垄断》的副标题是“文化向技术的投降”，波兹曼在书中流露出一种对新兴数字社会及其未来发展形态非常负面的看法。通过阅读此书，能够了解他并不十分喜爱技术，他也不喜欢那些赞美科技的人。然而，波兹曼相信技术在社会中的重要作用：

> 新技术改变着我们的兴趣结构：我们所思考的东西。它们改变了我们所思考事物的符号特性。并且，它们也改变了社群本质：思考得以发展的竞技场（Postman, 1992: 20）。

这些对于技术的态度与波兹曼的媒介生态观点显著相关（如第1章所述）。与麦克卢汉相似，波兹曼将媒介（技术）视为“人体的延伸”——是我们思考和使用之时的东西。然而，在他于1992年出版的这本书中，他对这种技术延伸或许完全战胜人类的可能性感到恐惧。当写到“技术垄断”的时候，他将其定义为“所有形式的文化生活对技术统治的投降”（1992：52）。在波兹曼的去乌托邦式的视野当中，对于社会技术无所拘束的未来发展状况，他描绘了一幅冷酷的画面：那时技术会统领文化，保护我们免受“由技术生产的”大量信息轰炸的屏障会破碎，而我们也会转向技术本身来使我们远离“怪兽”。

这种对盲目接受数字解决方案去应对系统问题的批判，后来在叶夫根尼·莫罗佐夫（Evgeny Morozov）于2013年出版的著作《拯救一切，点击这里》（*To save everything, Click Here*）中得到了呼应，在此书中他对技术解决主义（Technological Solutionism）的风险提出警示。回到1992年，波兹曼对人们已经开始相信技术进步等同于人类进步的状况予以担忧。他主要的想法之一就是技术可能会去除社会的道德中心，并且将其替换成仅对效率和经济进步的单方面关注。他在书中提及（1992：179），“这种趋势会抛弃 *53*
所有倡议稳定性和秩序性的传统叙事和符号体系，而倡导一个满是技巧策略、技术专长以及消费狂热的生活图景”。

与波兹曼的“技术垄断”观点完全相反，尼葛洛庞蒂的“数字化生存”可以被视为早期乐观主义的重要文本之一。尼葛洛庞蒂程序化地对于当时流行的关于数字媒体积极乐观的观点进行了阐述。他谈到（1995：230），当人们变得“数字化”之时，“以往不可能的问题也就变得可行了”。去中心主义可能会成为结构性规则，来为所有社会逻辑做出界定，而一种参与性的思维定式，也会散播到世界每一个角落。社会也会变得和谐：合作替代了竞争，因此，每个个体都似乎被赋予了权力。对于尼葛洛庞蒂而言，收获成功需具备三个元素：连接通道、移动性以及影响变革的能力。他认为，数字化生存并不是仅仅简单地从在线资源库中获取各式各样的信息。还更多关乎社群的出现所能开创的“一个全新的全球社会组织”（1995：183）。

数字原住民？

在一篇著名的文章当中，教育咨询专家马克·普伦斯基（Marc Prensky, 2001）创造了一个术语“数字原住民”（digital native）。他的主要观点是当时的年轻人，即出生于20世纪80年代早期和稍后的人们，是各种数字平台（计算机、视频游戏、社交媒体等）土生土长的发言人（native speakers）。普伦斯基认为，数字原住民和“数字移民”（年长代际族群）之间的联系将会崩塌，这种破损的关系发生在家庭、学校以及工作场所当中。他认为这种现状向21世纪的教育提出了挑战。

其实，与此推理线条并行存在着一些显而易见的缺点。例如，某些人不能确信一个人的数字技能受其所属代际族群的影响。许多其他如教育、社会阶层、地理位置等分界因素也可能是重要的原因。出生在20世纪80年代之前，并不意味着就会普遍较慢地掌握数字技术。早早进行技术接触，也并不能保证你会具备高度娴熟的技能。并且，普伦斯基的观点刻画了一条重要的社会分界线，即出生在网络已经存在之时世界中的人们与网络未出现之时的人们之间的界线。我估计本书的许多读者，会是普伦斯基概念定义中的“数字原住民”，对于这部分人来说，进行这些辨析和讨论可能看上去有点过时了。然而，我认为这些争议在今天仍然存在，并且会在数字社会中留下它们的印记。

54 与波兹曼的观点相似，尼葛洛庞蒂相信计算机和互联网——类似于一种自然力量——会带来前所未有的社会和文化转型，无论我们喜欢它与否。这两位作者之间的差异在于，尼葛洛庞蒂（Negroponte，1995：227）并不认为这是一个坏事，尽管他承认“每一项技术或科学成果都有黑暗的一面”。他提到数字时代的“最终胜利”，并且做出如下想象：

> 随着卫星轨道的下降，你的左右袖扣或耳环可能彼此间会产生交流互通，会有更多强于你目前PC机的计算能力。大众媒介将会通过传输和接收个人信息和娱乐的系统而被重新定义。学校将会变得更像孩子们嬉耍玩闹的博物馆和游乐场，四面八方的孩子们汇聚一堂，一起交流思想与交往互动（1995：6）。

波兹曼还构想了我们会与人—机界面互动的场景，他做出以下描绘：

> 这种人机交互界面，如同一位经过良好训练的英式管家（English butler）。这一“代理人”（agent）应答电话、识别来电人、适时打扰你，甚至替你说出善意的谎言。同一代理人训练有素，善于把握时机，尊重个人癖好。知道此管家的人们比一个完全陌生的人要具备相当的优势。这确实很好（1995：150）。

从与波兹曼所持观点明显不同的尼葛洛庞蒂的视角来看，技术革新所带来的日积月累的能量，会把这个世界变成一个美好的地方，在那里没有工作和娱乐、爱情和责任、自我表达和群体工作之间的冲突。

❖ 猴子的主场演出

在波兹曼的技术垄断传统之中，有一种显而易见、可以辨识的文本风格。这些文本的作者，从总体上都将数字媒体视为大量负面事物的助推器：大量的信息将会以一种自我终结的方式进行生产，它们的庞大基数使人们没有能力去对其进行加工。数字平台会更多地应用于（或错误地应用于）盲目的目的。社会也会变得更加碎片化和极端化。安德鲁·基恩（Andrew Keen）在2012年出版的书《数字眩晕》（*Digital Vertigo*）中写到社交媒体在现实中并没有对人们赋权，相反，它们在削弱和分离我们。他认为，常常通过浅薄的社交媒体平台建立联系，只能让我们变得更加孤独。

相似的观点见诸克利福德·斯托尔（Clifford Stoll）在1999年所写的《高科技异教徒》（*High-Tech Heretic*）一书。在此书中，斯托尔认为，计算机和网络的使用，将会使 55
人们变得孤独、成瘾、不快乐以及总体上不满意自己的生活。我们在网络中建立的联系，可能仅仅是任何实际关系的幻象。技术研究学者谢里·特克尔（Sherry Turkle）在其2011年出版的书《一起孤独》（*Alone Together*）中论述了移动手机和其他电子终端是如何让人们关注他们自己的设备而非面对面交流的，尽管这种情形也发生在他们与其他人"在一起"的物理场所。她谈到了数字通信过去常常作为其他更为直接形式的替代品——如果正巧某人当时不在的情况下，我们以往可能会发送一封邮件，而不是直接去找那个人交谈。今天，她认为，数字通信已经成为选择模式，即便对于家庭成员或相互分享同一办公空间的人们之间的沟通来说也是如此。

练 习

人们在互联网使用早期时就声称，那些整日粘附于笨重计算机之上的奇特书虫们，会有与真实世界绝缘的风险。然而，在社交媒体和智能手机时代，人们已经越来越难以合法地认为，数字化生活是一种反社会的行为。但是直至最近，像特克尔这样的研究学者认为，时时使用社交媒体和电子终端的其他影响，会使人们与真实的相聚分隔开来。试想想你自身的相似经历。你的社交生活是怎样通过数字工具和平台得以延展和丰富的？在何种程度上，你会由于社交媒体和网络的使用，从而错失了生活中重要的东西？现在有什么方式可以平衡你自身的媒体使用，并尽可能地使其变得有好处、有价值？

悲观主义的观点也做出假设：通过数字化的网络媒体自下而上的动员潜能，将会被生产专营模式的统治所削弱。基恩在2015年出版的《网络不是回答》（*The Internet is Not the Answer*）一书中对此进行了更多的探讨，尽管他承认，互联网和万维网是被有意地进行去中心化设计的，他认为金钱和权力使“数字时代的外来统治者”成为可能，以此让数字未来与以往的阶层等级相似（Keen, 2015: 301）。莫罗佐夫（Morozov, 2011）还讨论了威权主义战略是如何在互联网上繁荣的。他认为，虽然互联网去中心化特征也许让政府更难于规制人们的言论，但是与此同时，它也让宣传变得更加有效能。

56 但是，基恩并不仅仅是警示网络巨人的出现。在他于2007年所写的一本书《业余爱好者的崇拜》（*Cult of the Amateur*）中，他还谈到用户自制内容崛起的浪潮及其飞速的流通传播，将会对专家和专业人士的权威造成损害，并且会进而破坏我们的经济和社会价值观。当无人过滤在线信息且支持某些道德和知识标准的时候，我们便会处于一种“猴子的主场演出”的情形之中（2007: 9）。

作为一个非专业的业余爱好者，内容创作并不是所有人都将其视为负面的东西；也并不是每个人都认为损害专家权威是一件不好的事情。因此，关于“猴子的主场演出”这样的说法，当然是一种挑拨的论述。洛温克（Lovink, 2011: 7）认为，基恩“来自以贪婪嫉妒为表象特征的旧式媒体阶层”。但是，基恩似乎非常确信地认为，网络2.0是一个负面的力量，因为它用其相对主义对主流媒体发起挑战。网络乐观主义观点将社交媒体视为对民主化、参与以及新公共领域的出现的一个潜在助推器，基恩（Keen, 2007: 68）给予了如下看法：

> 政治视频化（YouTubification）是对民主文化的威胁。它使政治过程幼儿化，静默了公共话语，通过业余化地使用便携摄像机，将政府未来发展浓缩成30秒的视频片段，以此展现出政治议程。

虽然持乐观主义观点者可能认为“业余的政治议程”其实会复苏和挽救而非威胁到公民文化，但基恩明确地表达了一种不同的观点。伊莱·帕里泽（Eli Pariser）也对未来表示出担忧。他在2011年出版的书《过滤泡沫》（*The Filter Bubble*）中谈到，谷歌和社交媒体的演进，附带着潜在的算法（第12章会对算法做出更多的讨论），为人们提供一种个人化和过滤版本的现实世界，其中所有的研究结果和其他信息，都用于强化个体现有的价值观和世界观。这种隔离区分和定制机制，侵蚀了人们为了构建社群和参与民主政治的共同基础。对于社会现实的“谷歌化”（googlisation）带来了大量的问题，问题之一就是我们所信奉的真实很少会被挑战反驳，这也降低了我们理解他人和容纳其他另类思维看法方式的动力和期望。如果我们想要发现新事物的话，就需要一种随机性的因素（Jarvis, 2009; Vaidhyanathan, 2011）。

另外，匿名存在的可能性是乐观主义观点所称赞的自由化潜能，但从悲观视角来看，它造成了文化贬值，因其移除了个人责任。诸如此类的批判与数世纪以来对于具有
浅薄和消费特征的“大众文化”繁茂增长的忧虑是彼此呼应的，大众文化会让人们噤 57
声，并将他们通通变为消极被动的消费者。这也是尼古拉斯·卡尔（Nicholas Carr）在2010年出版的书《浅薄》（*The Shallows*）的主题，在该书中他论述到，我们的大脑和思维通过一种“对网络内容的疯狂拼凑”的负面方式进行重新组合。他认为，我们将会发展出更为短暂的注意区间，变得更容易分神，继而也就不能历经一些类似于爱情、憎恨、喜爱和欢乐等“实际的”事情。与马克斯·韦伯（Max Weber）在冰冷理性的“铁笼子”中对未来反乌托邦的想象类似，卡尔预测，“计算性思维”将边缘化所有其他思维方式。数字技术这种狂热的发展——类似于此前其他技术的历史进程——存在一个风险，即以移情、沉思与反应为形式的人性本质在窒息中挣扎。他发出警告，我们也许不应将数字“狂热化”引入我们的灵魂深处（2010：222）。

在贾伦·拉尼尔（Jaron Lanier, 2010）的书籍《你不是一个工具》（*You Are Not a Gadget*）中，他也对数字机械中人性的丧失给予了思考。他害怕真实的人将会被抽象自动化的功能所代替，进而我们也不会成为形形色色的个体，而是会流俗成“盲目的乌合之众”，这种群体将会存在于“被信息充斥的无生命世界”当中。拉尼尔（Lanier, 2010：ix）提到我们今天所生产的任何数字内容的不幸命运将会：

> 在工业云计算设备中被切碎成搜索引擎上原子化的关键词，这种计算设备一般位于偏远的地方，常常是世界各方的隐匿位置。这些词汇会被算法复制百万次，被设计为向广告商输送的形式，再传播给处于某个地方的某些与此内容有所共鸣的人们。它们会被来去匆匆的大众和粗心马虎的读者拿去浏览、改编、歪曲成维基百科（wikis），继而自动地累积无线文字信息流。读者的反馈，会被重复地简化为毫无思想内涵的匿名性辱骂和口齿不清的争论。算法会在读到关键词的人们与他们的目标、浪漫

冒险、负债、基因之间找到关联。最后，这些词将会助力于少数位居于计算云端之人的财富增长。

在此，拉尼尔总结了许多网络悲观主义的主要观点：原子化（atomisation）、信息过载（information overload）、分离（detachment）、商品化（commercialisation）、速度和零乱（speed and sloppiness）、自动化（automation）、累积（aggregation）、退化（degeneration）、无意识（mindlessness）、匿名（anonymity）、争议（controversy）以及资本主义（capitalism）。并且，虽然某些人会不同意所有这些悲观的论述，拉尼尔的底线是对强制可见和流通循环的社交媒体经济提出一个相关的挑衅："你必须成为一个人，才能分享你自己。"（2010：xiii）

58 ❖ 群众的智慧

正如这类网络悲观主义文学在波兹曼等人的观点潮流中得以蓬勃发展一样，在尼葛洛庞蒂之后也出现了各种各样以乐观主义为主的作品。这些书所展现的观点主要是关于数字媒体如何成为有效工具的，用以支持自由主义、权利赋予、自我实现以及公共参与。这些书籍的作者，经常在某种程度上认识到网络和社交媒体的"黑暗面"，但是，他们的主要关注点在于对业余创作以及数字网络的开放性和智能化的拥护，并且，如果我们只是让人们相互联系并创造知识的话，那么一切都会变得更加美好。与此相反的观点常常认为，假设只要工具在场，所有这些好的事物便会神奇发生，这种看法过于简单且毫无批判性。有时，网络乐观主义作家会被嘲弄为"福音传道者"（evangelists），他们的信息被认为邻界于莫罗佐夫（Morozov, 2011：276）所言及的"准宗教话语"（quasi-religious discourse）。

众所周知，哲学家和媒介研究学者皮埃尔·利维（Pierre Levy, 1997）用"集中智慧"（collective intelligence）来指人们在网络上将知识和代理形式的资源汇聚在一起形成的产品。在詹姆斯·苏罗维茨基（James Surowiecki, 2004）所著的《群体智慧》（*The Wisdom of Crowds*）一书中，他对利维的重要理念进行了延展性的思考，认为集体思考总会比个体思考收获更好的结果。他认为，无论一个人可能多么才华横溢，如果我们所有人一起思考行动，得到的见解、解决方案和决策决议，总要比单人所做的更好。人与人之间建立关联，分享资源和提升创造力，以此生产出被作家兼咨询顾问的克雷·舍基（Clay Shirky, 2010）所说的“认知盈余”概念（cognitive surplus）。

集中智慧

当界定“集中智慧”一词之时，皮埃尔·利维（Levy, 1997）起始于一种想法，即没有人知道所有事情，但每个人都知道一点事情，并且他还认为，这种集体性的知识可以通过数字媒体加以利用。按照利维的说法，当人们网络化地进行事物分享之时，就会形成某种智慧，它可以被广泛地传播、实时地合作以及不断地增强。这也对人们的技能进行了有效地激发和挖掘，它们可以被用于政治或其他创新性的目标之上。利维的观点在实际上似乎已经成为一种现实，在他的书面世四年之后，维基百科就投放于市场了。这种开放且可以集体编辑的在线百科全书在很多 59
方面都成为代表利维思想的最佳范本。利维在书中提及，数字媒体可以让人们一起培养知识，并对这种虚拟世界的知识进行共享。这种社会联系（social tie）将会在未来社会之中最为流行。他认为，集中智慧会颠覆政府的权力，并导致知识创造和社会动员的多样化发展。乌托邦的结果可能会是一种实时民主化的形式，到那时，知识不再是“锁起来的财富”，而是“遍及四周、分散的、中介化的东西，（并且）会把创意传播到每个地方（1997: 212）。在过去的几十年里，这种预言在数字社会的不同环境中成为某种现实。

显而易见，利维的理念与基恩等学者的看法截然不同。在利维、苏罗维茨基和舍基的观念中，“猴子的主场演出”看上去似乎是有可能出现的最好结果。苏罗维茨基的观点，意味着我们必须忽略对于权威专家和学者的关注。当群众做出明智的决定之时，往往会给群体中少数杰出或睿智之人以信任，而力量和智慧实际上是来自群体本身的。因此，这种观点将对“业余人士”的恐惧彻底转变了过来，而法律学者卡斯·桑斯坦（Cass Sunstein, 2006）的《信息乌托邦》（*Infotopia*）一书对信息超载的恐惧，也采取了同样的做法。桑斯坦预言，随着信息和知识在网络上的不断汇聚，一场变革已经来临。虽然他认识到人们的在线策略可能确实会引起一些问题——极端主义、错误、自满，它们进而都会凝结为“信息茧房”（information cocoons）等术语（可以与“过滤泡沫”相较)，但他仍然坚持认为，互联网可以让不同群体中的人们参与能使所有人受益。对于桑斯坦而言，开源科学是这种变革的核心环节，它是由集程序员和科学家于一身的迈克尔·尼尔森(Michael Nielsen, 2012)在《重新发现科学》(*Reinventing Science*)一书中提及的。在该书中，尼尔森宣扬了一种理念：我们正在迈进一个关于知识如何生产的全新时期。这种去中心化的网络逻辑将会影响社会的方方面面。

我所概述的以上观点都与对社会生存辩论的日益重视相关联，这种讨论是建立在媒介参与基础上的，而非以人们对媒介的消极性消费为基础。源于数字网络工具运用的权力以及随之滋生的参与性理念，开始嵌入我们日常生活当中。

舍基曾言，当工具在技术上变得无聊的时候，它们的兴趣点就在社会层面了。舍
60 基认为，互联网和社交媒体的诞生，可以说是我们历史进程中的伟大传播变革之一。
这是媒介首次对“多对多”的交流通信给予深远意义上的支持，而这种支持对于“一对一”或“一对多”的通信形式是没有的。在这样的生态当中，受众可以成为生产者。我们可以联系到前文所讨论过的概念，比如托夫勒(Toffler, 1980)所说的“产消者”(prosumer)和布伦斯(Bruns, 2008)所提及的“生产型使用”(produsage)概念。这不仅对于诸如创造性和文化呈现之类的事物有重要作用，而且对整个社会而言也是一样的。当今天有大事或自然灾害发生的时候，如地震或抗议事件，政府常常从数字媒体平台上围绕这些事件的讨论来了解民众的意愿，而非通过其他方式或渠道来获悉。数字通信工具使网络用户间的迅速、虚拟且不可遏止的合作成为可能。正如2006年出版的《维基经济学》(*Wikinomics*)一书的作者唐·塔普斯科特(Don Tapscott)和安东尼·威廉斯(Anthony Williams)所言：“大规模合作改变了所有事物。”

尽管互联网可能不会逐一地改变所有的东西，但至少它可以带来一些关于人们可以如何创造、通信和网络连接的重大变革。大卫·冈特利特(David Gauntlett, 2011)在《制造就是连接》(*Making is Connecting*)一书中，讨论了网络2.0工具是如何为人们提供免费或便宜的便捷性平台的，这些平台可以让人们在线分享和传播他们的创作内容。基于用户的流行性平台，比如：YouTube、WordPress或Flickr，让志趣相投的人们可以很容易地发现彼此。另外，一些允许评论、点赞、回复或订阅的功能，可以让人与人之间联系和合作关系的建立变得容易。虽然冈特利特的主要关注点在于从艺术和工艺视角出发的“制造者”观念，这一逻辑当然也对基于数字媒体平台的所有连接有效。我们正看见新型的参与模式在全社会蔓延开来。

在上个十年间，这种参与模式显然已经发生过多次了，拿一些相关案例打比方，普通市民快速发起联合，在街上抗议游行（Shirky，2008：310）。这种情形在任何有数字通信技术的环境中都可以发生，数字技术被用于灵活的实时合作。技术作家霍华德·莱茵戈德（Howard Rheingold）将这些群体称为“聪明的暴徒”（smart mobs）。莱茜戈德将该群体所运用的“蜂拥云集”（swarming）策略用案例来阐释，比如：1999年，在西雅图所举办的世界经贸组织（WTO）会议期间，一些反全球化的活动是怎样通过使用移动电话来进行示威抗议的。

> 每个群体的个体成员都保持分散形式，直至移动通信将他们同时从四面八方汇聚到一个具体的地方，来与其他群体建立合作关系（Rheingold，2002：162）。

总而言之，网络乐观主义者的观点，着重于网络和社交媒体使用所带来的有益事物，如：帮助人们以赋权的方式连接不同的资源、技能和知识。网络公众被赋予了在一个传播通信基础设施之内进行集体思考和行动的能力，这一设施结构鼓励参与、创新和分享。被传播的主题信息，还可能对传统的做事方式提出挑战。在所有社会领域当 61
中，权威专家与业余人士之间的界线受到了挑战，而这种局面是数字技术积极作用下的结果。联系、分享、参与、大众生产、合作、创新、动员——这些流行词汇是乐观派的思维关键，以此审视网络和社交媒体会如何将社会变得更好。随着网络规模变得更加广阔、更多的人拥有智能手机以及信息持续地推送过来，人类将会变得更加和谐，进而发展为一个全球社区，在那里的每个人都是创造者，每个人都可以发出自己的声音。

大众生产

法律学者尤查·本科勒（Yochai Benkler，2006）在其《网络财富》（*The Wealth of Networks*）一书中，描述了一种朝向“大众生产”形式的更普遍发展的变化。他认为，这种非专业和非市场形式生产的可能性，已经被数字网络环境所实现。互联网和社交媒体使“完全分散、协作且非专有”形式的生产成为可能，个体在其中虽分散在四处，但彼此团结协作地做事，超脱于一些类似“市场符号或管理指令”的东西（2006：60）。人们一直在从事非市场化的生产，但由于获得工具参与生产的门槛大大降低，以及要与其他许多人建立联系，这一现象出现了很大幅度的升级。网络公众能够比与他们类似的祖先从事更为复杂的工作。人们的参与和贡献基于他们自身的兴趣，因为他们并不是被金钱驱动，而是由于社会心理方面的作用力。他们认为这是有趣且令人兴奋的，或者在其他方面有所回报的。当然，这种动机和回报，在不同的贡献者之间也呈现出很大的差异。根据本科勒的看法，这种关于生产方式的典型性例子，可以见诸免费软件和开源运动的相关案例之中，但是维基百科也是一个很好的例子。今天，大众生产模式扩展至经济、社会和文化的每一寸领域。本科勒做出预言：大众生产将会改变市场化生产的主流模式。

诸如维基百科、占领华尔街运动（"我们是99%"）之类的现象以及通过所谓的Facebook、Twitter变革推翻专政独裁的运动，都常常指一种证据——"通过Z从而提出A和B的证据"，传播学者罗伯特·麦克切斯尼（Robert McChesney, 2013：8）在书中写道：所有乐观主义的预言都是正确的。就此而论，那些转而持有悲观主义观点的人是卢德
62 派[1]和技术恐惧者（technophobes）。因此，我们还是被困在了技术决定论的死胡同里。乐观主义人士会认为，如果我们增添了数字化的东西，我们也就可以确信每件事物都是完好的。众所周知，瓦埃勒·戈尼姆（Wael Ghonim）是在2011年埃及革命期间最为杰出的活动人士之一，他在电视访问中作出了如下陈述：

> 如果你想让某个社会自由，那么请给他们互联网。如果你想拥有一个自由的社会，也请给他们互联网。[2]

在特定的历史环境中，在一些特殊的媒体生态中，他的观点在某种程度上可能是对的。然而我们也知道，如果传播革命发展至Facebook，那么关闭Facebook的权力以及与此相关的传播变革就会掌握在具备资格的少数人手中。像莫罗佐夫（Morozov, 2011）、丽贝卡·麦金农（Rebecca Mackinnon, 2012）、弗吉尼亚·尤班克斯（Virginia Eubanks, 2011）之类的作家会提示我们，对于数字平台的应用，将不会必然导致席卷

---

① 卢德派（Luddites）：是19世纪英国的一群技术熟练的纺织工人，他们抗议工业革命带来的机械化使他们失业。后来泛指那些反对技术进步和产业调整的人。

② https://youtu.be/JS4-d_Edius.

全球的民主革命。同样，正是因为开创一个博客是很容易的事情，但这并不能让每个人都成为一个博客主。并且，当形形色色的博客开始成为公共领域的一个重要部分之时，这种情况就可能会将很多人排除在外，也许会多于在此境况中获得机会发声的人数。如果每个人都上Twitter平台，每个人都是话题标签的狂热而有文化的用户，我们可能会有这样的情况。然而，其实全球仅有一小部分人口使用Twitter，绝大多数人并没有刻意使用粘附各种特定议程的话题标签。也许会有人适宜地问：这是来自哪个群体的智慧？这种智慧又怎样体现是来自集体行为的？

练　习

在下一节中，我会论证——也许并不十分令人惊讶——关于网络和社会变迁的合理观点位于悲观和乐观之间的某个地方。但是在阅读之前，应该考虑一下你自己对这件事的看法。你会强烈同意一方观点，并明确反对另一方观点吗？如若不然，你认为各方观点的哪个部分是最令人信服的？为什么？你能发现这种争议有什么过时的地方吗？在一些案例或情境中，一方观点会比另一方更具相关性吗？如果是的话，是如何以及何时建立起关联的？

❖ 中间立场 63

正如整个社会的方方面面一样，互联网的影响可以归结为个人、关系以及情景互动的各个层面。罗伯特·麦克切斯尼（Robert McChesney, 2013: 4）认为，当庆祝者和怀疑者可以利用每个位置所能提供的最好东西之时，他们都正在走向一条死胡同。当然，每个可被运用的位置都是可被感知的、讲求实效的。

由于这种分散的结构和网络公众的容量，互联网对于社会转型具有巨大的潜能。然而在有的时候，这种潜能被削弱了，朝向了麦克切斯尼（McChesney, 2013: 5）所谈及的“一个世界，在最坏的情况下，其中的人们可以理所当然地期盼计算机从未被发明出来过”。莫罗佐夫（Morozov, 2013: 21）展示了一个相似的论述，并指出问题在于互联网被太频繁地当成一种虚构的实体：

> 凑巧的是，网络怀疑论者和乐观主义人士有很多的共同点：二者都是依赖一些关于互联网稳定的概念来强化他们的论证的。如果去掉这个概念以及它对开放性或公开化本质好处的简单化假设，专家们就会突然地被迫面对复杂的经验性问题。

莫罗佐夫在此肯定是有道理的，不仅互联网中心主义（internet centrism）是有问题的，而且技术决定论也是乐观派和悲观派经常犯的错误。正如将媒介视为信息的麦克卢汉，许多作家和评论家似乎经常忽视——或至少将其放在括号内——数字媒体本身就是媒介这一关键事实。它们通常会被应用环境、文化和想法所过滤和形塑。数字媒体是由社会所构建的。卡斯特（Castells，1996：5）提及：

> 的确，技术决定论的困境在于它可能是一个错误的问题，因为技术是社会，而对于社会的理解也许不能缺乏技术工具。

所以，他的意思是我们必须面对“媒介即环境、环境即媒介”的状况，正如我在本书第1章中所讨论的那样。然后，我们必须处理相当“复杂的经验问题”，如同莫罗佐夫在上述引语中指出的那样。社会的数字化，从表面来看也许是违反直觉的，但是它的社会文化发展进程与其技术发展进程是一致的。就像卡斯特（Castells，1996：2）所论述的那样，“社会变迁与技术、经济的革新进程相较而言，其影响力是一样巨大的”。

法律学者乔纳森·齐特雷恩（Jonathan Zittrain，2008）在其著作《互联网的未来以及如何阻止它》（*The Future of the Internet and How to Stop It*）中，对此同时持有乐观主义和悲观主义的态度。他是乐观的，是因为互联网可以是“有生产力的”
64 （generative）。此处他的意思是，无论是个人用户层面还是在网络层面，互联网都有能力“通过来自不同受众未经过滤的贡献，进而产生出乎意料的变化”（2008：70）。然而，这主要是因为早期互联网的设计是“杂乱无序”的，它在激发创新的同时，也制造了混乱。今天，齐特雷恩（Zittrain,2008：3）谈到，互联网正在通过其附带的“枯燥应用”形成一种网络控制。商业化和规制使人们更难于辨认贡献者和参与者。类似地，拉尼尔赞美早期的互联网带来了独具一格的身份表达，它不像网络2.0所提倡的公式化和模板驱动的身份表达，每个人的Facebook页面看上去都差不多，而在20世纪90年代，个人主页是很不统一的。今天存在一种风险，即我们丧失了在虚拟世界中的个体人性维度

（Lanier, 2010）。齐特雷恩和拉尼尔其实都是喜欢互联网的，但他们并不喜欢网络的发展方向。齐特雷恩（Zittrain, 2008: 150）认为，互联网的“主流成功”让人们与早期网络所特有的“开放精神”失去了联系。

法律学者劳伦斯·莱西希（Lawrence Lessig）也将网络规制的增强视为对未来社会的主要威胁。他在2006年出版的书籍《编码》（*Code*）一书中提及，虽然传统的互联网也许不能被控制或规制，但是从那时起，不计其数的用于身份识别、身份认证以及证件管理的系统，助力于沿着规制路径来发展互联网。他的结论是，尽管某些人可能对互联网的潜能抱有乐观的看法，但网络也逐渐变得越来越有秩序性，这不仅仅是受到商务的影响。另一位法学专家蒂姆·吴（Tim Wu）描述了信息技术是如何在历史上进行典型化进化发展的，基本上是从某些人的兴趣爱好演变成产业。他声称，这还意味着媒介一般从“一个免费可接触的渠道进化为一个被某单独集团或垄断联盟所严格管控的地方”（Wu, 2010: 6）。数字媒体也不例外，因为它也处于这一转型过程中，从一个开放的系统变成一个封闭的系统。这样的转型并不总是线性的，因为媒介系统可能时而开放，时而封闭。

蒂雷尔（Thierer）认为，围绕互联网进行争议的许多观点都来源于精英主义人士。他们中的许多人倾向于夸大所辨识出的问题的严重程度，因此也就得出了静态而非动态的观点。相反，蒂雷尔（Thierer, 2011）认为基于“实践乐观主义”的理念是最好的。他认为，未来总是混乱、不稳定和未知的，这意味着我们必须去拥抱未知。我们必须尝试着去淡化极端乐观主义或极端悲观主义的作用力，以此形成一种明智的观点，探讨数字媒体何时且如何推动社会转型。

❖ 延展阅读 *65*

* Lindgren, Simon (2013). New Noise. New York:Peter Lang.

在我于2013年出版的关于“数字化颠覆”的书籍中，有大量理论探讨和案例研究，它们是与网络乐观主义和网络悲观主义之间的平衡发展相关联的。我主要探讨的是数字媒体如何影响社会的议题（以及周围其他方式），这仍是一个经验主义的问题，对于这个问题的回答在不同的情境中有不同的答案。

* Lanier, Jaron (2010). You Are Not a Gadget. New York: Alfred A. Knopf.

若干年后，拉尼尔的声明宣言仍然有很多的可读性和思想启示意义。他对网络给予了一定的批判性思考，具体针对Facebook和Twitter那样的社交媒体形式出现的网络2.0技术、维基百科、公民新闻以及文件分享。虽然他的观念是悲观主义的，但是其中关于“计算云霸主”（computing cloud overlords）将如何利用大量免费上传内容的“数字农奴”（digital serfs），以及社交媒体网站的标准化身份模板如何毁灭我们的灵魂的论述，可以说是网络悲观主义的一个绝佳范例。

* Morozov, Evgeny (2013). To Save Everything, Click Here. New York:Public Affairs.

给莫罗佐夫带来名气的是他在2011年出版的书《网络幻象》（*The Net Delusion*），在书中他强烈地抨击技术决定论。他的看法是技术已经不是人们所创造它时的样子了。此书中，莫罗佐夫批判了“网络中心主义”和“技术解决主义”——这些思考方式潜在地使“网络幻象”成为可能。

4
互动与认同 67

核心问题

- 当与其他通信模式相比较的时候，计算机—媒介传播模式有什么独特之处？
- 什么是有关数字社会的社会心理学中的关键议题？
- 网络和社交媒体是如何改变我们身份建构的条件的？
- 隐身和匿名对人们进行互动和建构网络身份之时的作用是什么？

核心观点

互动性 互动 离身性 在线身份 异步通信

在线脱抑 隐身 匿名 超个体互动

尽管上一章有相关辩论，但网络和社交媒体——数字社会的重要技术——确实极大程度地改变了人与人之间媒介化沟通交流的环境。这种环境包括一对一、一对多、多对一以及多对多通信。然而，这种变化不仅是量化的，而且是质化的。在本章中，我会关注计算机—媒介传播是如何将大量新特征引入个体和群体共同运作方式之中的。 68

从消费主义视角来看，网络和社交媒体已经带来了新的文本体验，这种革新是通过新的风格和形式所带来的，比如：在线多角色电脑游戏、YouTube视频片段、推文、模因以及动态图。移动电话、数字相机、触摸屏等设备提供了展现我们周围世界的新方式。正如前一章所讨论的那样，数字网络媒体还改变了社会组织和生产的模式，也改变了内容传播和消费的模式，它推进了社会中大规模的位移（dislocations）和转型（transformations）。

如我们在本章所见到的，数字社会还改变了“社会互动”的参数。虽然网络和社交媒体可以与早期媒介有一些共同的特征，比如写在纸上的文字或电话中的交谈，但它们也具有特定的特征，有助于改变我们对自己的看法，以及我们与他人交往之时的行为方式。尽管我已经在上一章提到这些议题，但在本章会更深入地探索至数字社会的社会心理学层面。

❖ 积极用户，共同关系

当计算机—媒介化通信的定义与传统和其他形式的传播相关之时，多数情况下被强调的特性是互动性（interactivity）。互动性媒介为它们的用户提供以不同方式直接干预内容的潜能。传统大众传播的互动性并不是那么强，但电话对谈就具有极高的互动性。在数字社会中，网络和社交媒体使许多人之间的互动沟通成为可能。

首先，人们可以经由数字媒体内容建立互联互动。尽管网络平台上蔓延着大量可以被消极汲取的内容，但它也提供了各种各样的能让或需要让用户积极参与其中的内容。我们可以做的事情包括很多，从引导、娱乐、实验、探索到实际性地创造一些诸如图像、剪辑、状态更新、评论、标签之类的东西。

互动

互动是常常被使用却又很少被很好界定的一种概念。从社会学观点来看，正如有代表性的社会心理学家乔治·赫伯特·米德（George Herbert Mead）所
69 言，互动是当人们相互联系彼此做事之时的状况。社会行为曾经被韦伯定义为

以他人行为为导向的行为（参见第2章）。米德（Mead, 1934: 45）在将“社会行为”作为“不同形式的相互作用”时借鉴了这一观点，因此，“这涉及在社会实践过程中对这些不同形式的行为进行相互调整”。换句话说，互动是相互的。它向两个或多个方向发展。这种相互关系，也许来自传播媒介是如何建构的、传播环境或用户是如何思考和行动的。交互性将会以不同的方式来被看待，并从不同的角度被研究，这取决于你对这些维度中的哪一个感兴趣。如果我们运用第1章中所介绍的“媒介即环境，环境即媒介”理念，这些维度就可以汇流融合在一起。总而言之，当一个传播环境是互动的时候，这就暗示着参与者可以控制、修改环境中的内容形式，也意味着发送者和接收者的角色是可以互换的。

即使是“互动”或“互动性”这两个词，可能有时也会被用来指像人—机互动之类的事物，或在某些领域中指多媒体和游戏设计。我在本书中用它来指称媒介“受众”或用户的本质所发生的变化。因此，即使处于网络诞生以前年代中的人们，也可以使用类似的媒介来建立彼此之间的联系（这些媒介如书籍、电影、广播秀和电视节目），数字媒体的到来会对这种互动性进行延伸。换言之，我们在这里关注的是数字媒体的“社会互动性”——它们是群体和个体之间建立传播和互动的能力（Baym, 2010: 7）。新媒体研究学者马丁·利斯特（Martin Lister）和同事（2009: 50）一起在书中提及，虽然不同的用户不会全部分享任何具体内容的共同体验，但他们会集体地通过相互间的交谈来进行“文本”建构。网络和社交媒体使这些制造过程能够涵盖更多的人和更精良的方式，以此对内容进行改善和调整。

其次，人们还可以通过数字媒体以新的方式进行互动交流。2004年，也正是在YouTube、Facebook、Twitter之类的社交媒体取得重大突破之前，信息学者米卡埃尔·维贝格（Mikael Wiberg）在书中描绘了一种“互动社会”（interaction society）的兴起。他认为，“互动社会”这种说法要比“信息社会”更加适合于描绘当前的社会。在20、21世纪之交，计算的重心正在从信息、存储和处理转向社会互动。主要变化在于作为一种明确界定的活动以及专业领域的数字工具和平台的使用，互动开始成为一种普遍的日常活动。维贝格谈到（Wiberg, 2004: 4）：

> 虽然计算在20世纪70年代指的是一些人围绕一台机器工作并使其得出一个准确 70

> 的结果，但今天的计算指的是一些人通过好几台计算机进行互动交流，并以此维持和发展他们的社交网络。在此处很明显看到，技术的作用也已经从我们关注的前沿转变为更加普遍的技术，使我们能够从事新的事情，而非将注意力导向技术本身。有多少人想过：当他们进行电话通话之时，电话是如何在“外壳之下”(under the shell)运作的？

越来越多的用户通过移动电视、寻呼机、电子邮件和即时通信系统之类的新技术，进行相互联系以及互动、协调和合作。显而易见，这些技术很快地演化为我们今天所说的社交媒体（参见第2章）。

❖ 从身体到内容

这些互动模式有助于理解数字媒体和网络的普遍应用在20世纪晚期是如何改变社会组织肌理的。这显然是事实，尽管人们对这一变化的急剧程度、过去和现在是好是坏的看法各不相同（正如第3章的讨论）。我已经展现了这个转型不仅是关于工具和平台——电子邮件、在线论坛、聊天室、博客、社交网络网站、万维网等——它也是关于新社交文化现象和模式的兴起。虽然人们总是在进行交流通信，如电子邮件还是在很多方面与普通信件类似，但是，在线论坛、社交网络网站、Twitter、链接以及点赞等现象是纯粹数字化的，它已经改变了传播的本质，进而也改变了文化和社会。

练 习

试想你通过在线数字化的方式所做的事情以及它们线下或传统媒体的对应部分是什么样子的。例如，一份电子邮件是一种信件的类型，一通Skype通话具备传统电话联系的许多功能，在YouTube上观看视频在某些方面与看电视很相似。你还能想到什么其他的相似之处吗？Twitter或博客？抑或像“点赞”或“喜欢”的标
71 注？这次的练习让你对互联网正在强化或简化的事务做出反馈，并指出什么东西对此是独一无二的。底线是：在数字社会中，你所做的哪件事情会让你绝对不可能以任何方式在非数字化世界中尝试。

社会学家蒂姆·乔丹（Tim Jordan, 2013: 1）论述了互联网技术是如何带来“不同的身份、身体和信息类型”的。在电子媒介出现的社会中，处于远距离通信中的人们——虽然并没有面对面，但是他们在各种不同的媒体上用文字进行沟通。比如签名、个人信封、特别的致意用语或手书和语言运用的可识别样式之类的东西，这些都是对物理身体在当前情况下不具象化的弥补。当电话被发明出来，新的代替物理身体出现的方式就变得重要起来，如声音、语调，或某个人的语音特征。乔丹解释了这些方法是如何与通过数字媒体进行的交流通信形成对比的。他认为，在基于互联网的传播实践中，身份标识以及缺席身体的轨迹是更加不稳定的。

虽然某人的手书或语音与其物理身体有着天然的联系，但像电邮地址、Twitter用户名或论坛匿名等东西并不与真实身体相关。在这种情境中，具备解译信息风格的能力就会变得越来越重要。乔丹认为，对于稳定交流通信而言，符号性内容比物理身体（或代替它）会更加重要。新型不断演化的“网络话语”形式，或对于像表情符号（emoticons）之类东西的运用与否，都会对辨识谁是信息的发送方或接收方产生越来越重要的作用。在此情况下，举个例子，当某人的电子邮件被垃圾邮件（spambots）黑客攻击时，对于熟悉邮件账户所有者的收件人而言，大多时候是很容易解码的。如果我们突然从他人那里收到增强身体或万艾可[①]的广告，我们知道此发件人从不会发送此类内容的邮件，我们便可以通过沟通风格、内容主题、视觉和文字形式、其他标识以及稳定传播通信的方法来辨别是否受到了黑客袭击。

在此所辨明的社会重要变化范围涵盖了从身体、语音到风格、内容的各个方面。前互联网（pre-internet）通信和社会互动会使用身体或其他替代物，以此来证实人与人之间的媒介化互动——去确信通信双方都知道彼此。然而，在互联网上，信息是通过通信风格和内容来获得合法化的。在今天的社会中，这两种潜在不和谐的通信实践都共同存在。当我们面对面与人会见或打电话给他们之时，我们是通过他们的身体或语音来认知对方的。但是，当我们写信给相同人的时候，我们便会通过数字化交流的样式和内容来认识彼此。

由于存在这样的差异，网络互联的早期用户，常常会倾向于关注媒介的非具身化 72
特征（disembodied character）。有一点被反复地强调，即互联网使人们能够相信他们是

① Viagra，“伟哥”，一种治疗阳痿的药物。

任何他们喜爱的人或物。另外，人们还在很大程度上认为，任何收到来信的人都缺乏必要的资料或资源来证实他们所接触人的身份。

❖ 没有人知道你是一条狗

20世纪90年代，谢里·特克尔（Sherry Turkle）在书中提及我们是怎样日益在一种“文化模仿”（Culture of Simulation）氛围中建立起我们身份的。他的观点如下：

> （在线用户）不仅开始成为文字的撰写者，而且也日益成为他们自身的创造者，通过社交互动来进行自我建构。（数字媒体）为匿名的社会交往提供了空间场域，我们在其中可以依据喜好进行角色扮演，这一角色可以接近或远离“真实的自我”（Turkle，1995：12）。

1993年，《纽约客》（*The New Yorker*）杂志中一张常被摘录引用的卡通画描绘了蹲在电脑前面的两条狗，并附注文字说明：“在网络上，没有人知道你是一条狗。”维基百科将此卡通画誉为互联网进入普通思想的重要时刻，这群人中不包括政府工程师和学术界人士。[①]在“真实”与“虚拟”身份之间存在的差异确实对数字在线互动的最初理解有着重要的作用。重要观点是自从数字媒体用户离开他们的物理身体，他们可以自由地选择和建构自我在线身份（online identities）。这种情形也让用户逃离了任何与我们线下自我粘附紧密的期望和规范。哲学家萨迪·普兰特（Sadie Plant，1997：46）在其著作《零+壹》（*Zeros+ones*）中论述道：

> 访问（计算机）终端也可以访问资源，这些资源曾经仅限于那些拥有恰当面孔、口音、种族、性别的人，但现在这些都不需要声明了。

一位进行科学、技术和性别研究的学者唐娜·哈拉维（Donna Haraway），在她于1991年出版的《赛博格宣言》（*Cyborg Manifesto*）一书中做出过相似的论述，当时她给予了相应的观点阐释，自20世纪晚期开始，我们每个人都是“机器和生物体合成的混

① https://en.wikipedia.org/wiki/On_the_Internet,_nobody_knows_you%27re_a_dog.

合物”（Haraway, 1991: 150）。从女权主义观点视角出发，她甚至还声称：我们在今天可能生活在一个“后性别”（post-gender）的世界。和乔丹一样，她认为身份不再与任何“自然的”事物相关。反之，赛博格身份（cyborg identities）可以说是“半永久”和冲突性的（1991: 154）。然后，从总体上来说，在网络上的交流通信，可以被视为在实体自我 73
（embodied self）和虚体自我（disembodied self）之间做出了区分，后者是潜在多样性的数字自我或身份。某些人也认为此二者之间的连接是不固定的。文化批判学者马克·德里（Mark Dery, 1993: 2–3）在其著作《燃烧的战争》（*Flame Wars*）中写道：

> 非实体互动的优势：一种技术上可行的、后多元文化的视角，将身份与性别、种族以及其他问题结构分离开来。在网络上，用户可以在不同的生物和社会文化决定因素中自在地畅游，至少从某种程度上而言，他们特殊的语言使用并不能将他们标识为白色、黑色、受过高等教育、高中辍学之类背景的人。

如果观察许多人在今天使用数字媒体的方式——在如Facebook、Instagram或YouTube之类的平台上联系彼此和分享东西——很容易发现我们的身份并不总是独立的。我们倾向于与我们在数字环境之外认知的人进行通信和互动，并且，我们的线下身份也常常可以从个人履历资料中显而易见地获知。然而，几十年前的情形却很不一样。网络研究学者达娜·博伊德（Danah Boyd, 2014）描述了互联网和万维网（在20世纪80和90年代）的早期使用者经常踏入在线空间后却不知其他人也在其中。这是在社交网络网站出来之前的情况，社会网站是可以“加好友”（friending）或“加关注”（following）的系统。主流形式换作了像聊天室、新闻组和告示牌之类的事物，所有这些都由议题或话题来进行组织架构，而非根据参与者是否互相认知来组织。依据你是否对计算程序、电子音乐或足球赛感兴趣，你可能会进入不同的空间——大范围地与志趣相投的人联系，即便对方是陌生的人。今天，当人们使用开放论坛和聊天室的时候，也是一样的情形。在这样的环境中，总是会有一些场域空间用于对进入不同的社会角色和身份的检验。但是在今天，围绕个体而非议题连接得以组织的平台，接收了人们许多的在线行为。正如博伊德（Boyd, 2014）所论述的，2003年左右主要是博客和社交网络网站所带来的突破——在线图景由自上规划的组织形式，转变为围绕人们的社交联系来进行组织布局。在传播通信的前社会（pre-social）媒体在线形式中，比如告示牌和论坛，人们是由共同的兴趣爱好聚集到一起的，尽管他们可以不在线上和线下分享任何其他的联系方式。然而，在社交媒体时代，通过朋友而非兴趣的关系建构成为主流。

我在前一章强调了数字媒体以及它们在当今社会中的使用是嵌入人们“真实生活”的社会环境之中的，博伊德的描述是另一个例证。虽然早期网络社会性更多是关
74 于以一种深入探索的思维或随意性的方式来进入聊天室和论坛，但今天的互联网是日渐植根于实体世界之中的。随着互联网越来越多地被人们使用，这种使用也日益建立在早已存在的社会和经济发展基础之上。这意味着数字世界中的匿名性并没有让自我休闲娱乐变得更加便利。相反，数字世界构成了一个建立联系、缔结信任以及在“真实世界”构建关系的基础（Hardey, 2002: 583）。换言之，如果人们不知道你是不是一条狗，他们可能会降低与你互动的兴趣。

❖ 异步

即使人们今天在数字媒体上的互动在很大程度上并不是非实体地或随心所欲地漂移，经由网络和社交媒体的社会互动仍然与其他互动形式不同。音频和视频早已是互联网的组成部分，随着如Skype、Facetime之类的服务以及其他许多实时音视频通信的增长，可以说，今天的网络和数字互动，的确非常类似于离线互动形式。当前，计算机—媒介传播可能是实时进行的，你可以潜在地看到与你交谈的人，因此，就可以接收到非语言的暗示等。计算机—媒介传播是非常有益和实用的，但是，它并不能代替所有传统的“网络”联系方式，比如：网络书面语、表情符号、数字图像和话题标签，或者在一些并不那么具身的平台上点赞和分享。事实上，当论坛帖子、博客文章和评论、喜欢或分享等天然的数字形式呈现之时，互动的参数在某种程度上就被改变了。所以，接下来，数字化与社会性有什么关系呢?

在描述数字社交性的时候，人们首先想到的一件事就是它是异步的（asynchronous）——它并不是实时发生的。即使人们为了彼此间的稳速传播沟通，也许会发信息、聊天、即时短信、电子邮件以及在论坛中讨论，或者会在收到一则讯息之时就立刻进行双方回复，这些数字通信形式并不会实时发生，也不会以线下交谈或在线视频电话之类的相同方式呈现。数字工具和平台允许一定程度的延迟。在一些情况下，信息回复需要几秒或几分钟，而在其他时候，可能需要几个小时、几个月直至永远。

这些关于异步性（asynchronicity）的可能情形会带来一种“交谈的舒适”（conversation
relaxation）（Walther, 1996：26）。这给予了用户时间，使其对他们所说的话和交流方式进
行更为策略性的思考，并且使自我呈现和自我规制变得更加精细完善。然而，关于数字异
步性的一个重要的方面就是传播通信仍然是相对快速的。它具备所有邮寄信件的优势条
件，但一般无须数天或数周的等待。可能值得反思一下异步通信自由解放的方面是如何
得以呈现的——它们允许在与我们相适宜的时间进行回复——与此同时，它们也可能并 75
不自由，因为它们日益倾向于需要我们在所有与他人相适宜的时候进行快速地回复。

空间的流动

曼纽尔·卡斯特（Manuel Castells）的“网络社会”概念（参见第5章）中的一个重要观点是“流动的空间”。它主要指的是随着传播通信技术的发展，对于社会互动而言，人们在同一地方和同一时间变得不那么重要了。我们不再需要去适时地分享自己的位置和状态。我们仍然可以一起做事情。这是因为物理地点及其状况在当前“通过电子驱动的通信网络来连接彼此，而网络上的信息流确保了在此空间中传播和互动的时间共享实践”（Castells 2009：34）。

异步性使大多数人们之间互动关系的维持成为可能。这是社交网络网站以及各种在线论坛和社群里发生的事情。异步通信，也意味着我们无须去顾及我们互动对象的即刻反应。心理学家约翰·舒勒（John Suler, 2004：323）认为异步通信使用户享有脱抑制性的状态。来去自如交谈的可能性——重回我们准备好的时刻——消除“一个持续强化某些行为并消除其他行为的反馈回路”，会让我们觉得更安全，并会更自由地形成自己的想法。

在线互动还可以比面对面互动更加民主化。至少在某些情境中，它可以有助于将基于地位和威权所扮演的角色分量缩减至最少。舒勒认为，这与权威人物如何通过物理在场来表达他们身份地位有关，比如“他们的服装、身体语言以及不同场景环境中的穿着”。当我们在线沟通交流之时，这些线索信号大多是缺席的，意味着权威的影响力降低了。舒勒（Suler, 2004：324）继续做出如下论述：

> 即使人们并不知道关于某权威人物的线下身份和权力，这种严肃性的身份位置，

> 也不会对此人的线上身份呈现和影响力有多大影响……尽管某人在外部世界的身份最终会对网络空间的权力进行约束，但对网络中的其他人作用最大的，还是这个人的传播技能（包括写作技能）、毅力、思维品质以及技术诀窍。

76 同样的观点见诸关于20世纪70年代视频电话会议的研究，其结论是面对面群体的地位等级和非正式领导力，要比其在媒介化群体中更为快速和清晰（Strickland et al., 1978: 593）。舒勒的首要论点在于，人们将会在线说和做他们在线下和面对面场合中不会说和做的事情。他提到“在线去抑制效应”（the online disinhibition effect）——这是人们趋向于较少受到局限，并较多地进行在线自我表达的效果。显而易见，这种效果有其优势和劣势：它可能会煽动明目张胆的仇恨言论，也会推动人们的参与互动、亲密关系建立以及自我表露。所以，数字传播会再一次潜在地承载或好或坏的双刃剑效果，这在第3章有所提及。

练 习

试想一下当你在不同的传播通信模式中，选择去与朋友、商人、老师、专家、政客等人交流互动的情况。什么会影响你的选择？什么时候你宁愿发短信也不打电话给你的朋友？什么时候又存在其他的通信方式？什么时候你宁愿与医生在线交流也不肯预约面对面问诊？你会给政府官员发Twitter信息或电子邮件吗？这些问题会帮助你认识到对于不同的工具和平台而言什么是有用的。举个例子，一群互联网研究学者曾在一项关于Snapchat的研究中发现平台会赋予用户情感回馈，尽管它并不会为他们提供更深层的社会支持。这项研究的参与者将Snapchat视为一个无足轻重的平台，该平台用于自发地与早已信赖的人们分享经验（Bayer et al., 2015）。你还能想起其他类型的平台吗？

❖ 视线之外

数字社会性的另一个特征就是它很大程度上是不可见的，特别是当传播是基于文本形式的时候。当我们使用到如Facebook、Twitter和YouTube之类服务的时候，我们常常是不能被他人所看见的，同时我们也不能看见其他人。同样，人们碰巧读到相同的博客文章或在同一时段读到相同的Instagram照片之时，他们也大多看不见彼此。即便一些网站、平台和服务已经给出能显示人们是否在线的标识，人们还是在处于物理隐身的状态（尽管有时会被一张证件照或其他网络头像表现出来）。按照所谓的"社会存在理论"（social presence theory），互动双方的意识感观对于任何传播媒介的社会效果而 77
言是非常重要的。该理论论述了日益增多的社会在场会带来对我们交流对象更为精确的知觉感受（Short et al., 1976）。正如前面所讨论到的，非语言暗示和其他关于交流对象和互动社会情境的信息匮乏，会被一些人关注研究，以此去增加无拘束的交流通信，比如：变得好斗有攻击性或使用一些污言秽语（Culnan & Markus, 1987: 429）。此外，在关于数字媒体的以往研究当中会有一种通常的看法，即与面对面交流相比，人们会在电脑—媒介化通信环境中更多地暴露自己的隐私（Joinson, 2001）。

举例而言，与在教室中发生的互动相较，在线不可见性，意味着当我们发送短信之时，我们无须担忧自己的物理外表或语音声响。如麦肯娜和巴奇（McKenna & Bargh, 2000: 64）所言："外表并不能阻止潜在的关系发展。"在网络互动以及其他并无太多外在显露的方面—如价值观和兴趣的相似性，或交谈对话方式——可以在很大程度上比一些面对面互动的案例更能决定注意力的多寡。在最好的情况下，那些在"现实生活"中永远不会出现的关系可以通过互联网来培养。麦肯娜和巴奇还在研究中表明，与第一次见面的人相比，网络上碰面相识的人会更喜欢对方。

同样，我们并不需要去应对源于受众的语言或非语言暗示或反应。没有皱眉、握手、叹息，此外，也没有大笑、感叹词或喝彩。并且，就像在一个忏悔的盒子里，或更像传统精神分析学家应该被安排坐在客户背后一样，眼神接触和面对面可见性的缺乏改变了互动环境中的社会心理。如同舒勒（Suler, 2004: 322）所提及的："文化沟通提供了一个内置的机会来把目光移开。"

除了数字互动可以使不可见性（一种视觉匿名形式）变得可能之外，它还能够保证其他的匿名形式。其中一种形式就是分散的匿名性（discursive anonymity），这是当所撰写和张贴的事情都不能归因于任何具体已知来源之时的情况（Qian & Scott, 2007）。当然，数字互动并不是可能逃避辨识的唯一通信模式。但是，网络多种通信渠道及其在时空中散落各方的用户，使逃避辨识变得相对容易。匿名性就好像一种保护性的斗篷，人们倾向于承担更多的风险，去直接表达更多他们真实的所知所想。所以，再次强调"在线脱抑制效应"。随着身份的藏匿，我们可能在一段潜在关系的早期就分享更多

的亲密信任，并且这种关系的维系要比线下面对面的关系发展得更迅速。事实上，20
78 世纪90年代的许多研究表明，人们倾向于在高度网络自我表露的基础上建立强关系（Henderson & Gilding, 2004: 490）。然而，相同的机制——我们觉得很少被社会规范约束的事情——可能也降低了表达对于种族主义、性别歧视、同性恋等议题的观点和行为的门槛。匿名互动可以是一种自由解放，但在这种情况下，积极和消极的信念可能会被表现出来并得到强化。

❖ 在黑暗之中

匿名性可能确实对社会互动具有或好或坏的双重影响。如同实验心理学家菲利普·津巴多（Philip Zimbardo）在一项臭名昭著的斯坦福监狱实验中表明，群体中的匿名性会导致去个性化（de-individuation）——它是一种彼此不知道对方且隐瞒身份的个体开始沉浸于某个群体的动态进程——在这种状态下，人们可以冲动地公然攻击他人，甚至变成施虐狂（Zimbardo, 2007）。在网络上，“大多数的幻象”可能会使我们高估有多少人与我们有相同的观点（McKenna & Bargh, 2000: 64）。举例而言，我们可以看到YouTube视频的播放数量、Twitter文章的转发数量，以及在这些类似数据和内容的总体合法性之间做出换算。

当匿名性去除个体的责任感并滋生了一种感知上个性遗失的时候，它还会让人们变得越来越具有利他性，更愿意去帮助他人。然后，在数字社会中，匿名性既可以是一种统一团结的力量，又可以是一种分裂和消亡的潜在威胁。这是一项旷日持久的辩论。某些人认为数字媒体中的匿名互动是憎恨言论、种族主义、性别主义等议题主要的产生原因，而另一些人则更愿意关注在线匿名是如何在网络规制和层层监控的空间中促进草根型政治行动的。底线是“去个性化”并没有那么坏，它只是让人们更多地受到外部因素的影响。如果源于外部世界的刺激是不好的，人们的行为会更加恶劣，而不论他们匿名与否。同样，如果这些外因是好的，那么人们的行为也会向好的方向发展。

实验社会心理学家肯尼思·格根（Kenneth Gergen）、玛丽·格根（Mary Gergen）和威廉·巴顿（William Barton）在1973年发表的一篇名为《黑暗中的异常行为》（*Deviance in the Dark*）的论文中，深入探索了人们是如何在“极端匿名性”的情况下聚合在一起的。他们让人们在一个黑暗的房间中参与实验，整个实验耗时一个小时。参与者们在实验开始之前并不知晓彼此，也看不到对方，其后，他们也没有互相做过自我介绍。他们之间的互动，都会被红外线摄影机和音频磁带录音机记录下来，实验开始后，参与者就自身的经历接受采访。然后，研究人员重复地进行此项实验，更换其他研究对象群体，并始终保持亮着灯光。研究结果显示，人们在光亮的房间里，会找到一个与其他人有“适当”距离的位置坐下。他们会在整整一小时的实验时间段里一直在此处落座，同时持续地参与交谈。许多人反馈，只过了一会儿就有点疲惫了。而在黑暗的房 79
间中，人们会缓缓地来回走动，并更多地进入一种探索型的思维定式。这些研究对象较少地显露出疲态，心态更为开阔地进行交流沟通。后来，他们中许多人表明之前谈到了一些“重要的”事情。他们同时感到“自由”和“严谨”，其中一半人相互拥抱了彼此，几乎每个人都偶然地碰触到其他人。在另一项实验中，黑屋子里的人被告知，一旦会议结束，他们将被介绍给对方，这时这些人就会流露出较少的探究姿态、更多的无聊情绪。研究者们（Gergen et al., 1973: 38）发现，这些结果挑战了先前的研究，即匿名会助长攻击性的结果。他们在书中提及：

> 实验室和现场研究都表明，当一个人没有标记或个人身份之时，当他用研究者的话来说变得去个性化之时，就会为进一步攻击做好了准备。看不到彼此的人们，更容易做出伤害别人的事情……并且，研究对象中有些人也发现了一些由匿名体验带来的令人不愉悦的事情。但大多数人从中收获了较大的喜悦……匿名本身似乎并没有成为一种社会疾病。当我们匿名之时，我们会自由地表达愤怒或传送关爱，这些情绪在很大程度上表达了我们当时的情绪。这就是匿名中的自由解放。

这种观点很像20年后霍华德·莱茵戈德（Howard Rheingold, 1993: 27）在书中对网络空间的描述。他的相关表述如下：

> 网络空间，是一个人们常常会更愿意展示自己的地方，相形之下，他们在没有屏幕媒介和名字伪装的时候，便不会做更多的真实流露。

1908年，齐美尔撰写了一篇经典的论文《陌生人》（*The Stranger*），他在书中提到了将密切（closeness）和远离（remoteness）整合的一种社会形式。这就形成了某种形式的互动。由于陌生人没有与一些成分和倾向绑定，他们——

> 常常听到最令人吃惊、出乎意料的事情和秘密，有时会忆起对亲密之人都小心隐瞒事情的忏悔。（Simmel，1971：145）

这种在亲密和远离之间的张力确实是数字社会中许多关系的特性。在网络平台上，是有一些在技术层面上保持匿名性的可能。用户之间的联系，可能是通过那种可以
80 隐藏他们真实IP地址的服务器，使用匿名的电子邮件或短信服务，或者使用其他形式允许匿名的硬件和软件。有了其中一些方法，就算拥有正确的专业知识，任何人也不太可能去揭露某些人的真实身份。对于其他人而言，这种保护可能不会像用户所希望的那样安全。

然而，从社会学的视角来看，网络匿名最为有趣的部分是，即使那些在网上有少许或完全没有这些保护层的人，也趋向于认为他们是处于隐匿状态的。这是因为当我们在某论坛发帖的时候——即使很容易看到用户名之后的IP地址——或当我们上传一则推送博文的时候——即使我们得到有关基于个人Twitter档案的身份认同信息——我们也许会感到两个层面的事情。首先，我们的言行将会被同一时间段所发生的其他多种多样的互动行为所淹没。其次，没有人会费心去对我们做出进一步的调查，至少，不会非常彻底地调查。

练　习

试想一下这种有趣的观点冲突。一方面，一些社交媒体使用形式被人们称颂，因为它推动了人们簇拥或群聚在一起，此种情形下，个人特性变得不清晰了。类似匿名（Anonymous）或占领（Occupy）这样的群体合作行为阐释了这一观点。但即使不考虑这些运动，一些数字社交平台的相对匿名性，也形成了消费者、工人和年轻人所部署的强大反向力量。另一方面，一些社交媒体的使用形式受到称赞，是因为他们使人们可以表达自己的个性，并进行自我身份管理。这是与匿名性相对的。因此，反思一下你是否认为社交媒体主要是一个匿名或非匿名的沟通工具。你如何根据上下文在不同程度的观点呈现间穿行？当你感到在匿名的时候，你会认为自己是真的处于匿名状态吗？还是只是从技术维度来说的匿名性？还会有一些其他方式吗？

❖ 超个人化互动

匿名性当然不是刚刚兴起的概念，但是在数字社会之前，人们也只是在一些随机、偶然以及非个人的交互中才有机会成为匿名者。在互联网和社交媒体上，匿名可以在社会互动中实现，它并不仅仅是简短和一次性的应用。在一些网络环境中，人们可以在一段时间中交流沟通、知道彼此以及进行密切分享，同时隐匿他们的真实身份。此外也存在关于网络和社交媒体是否实现真正匿名的持续辩论，因为网络用户正逐渐地被政府规划、追踪和监视，而一些公司也将网络数据应用于在线监控、市场营销等不同 81
的目的。

匿名并不是确定的，尽管它的程度可能有所不同，而且是由用于交流的技术所决定的。一个人的合法姓名和地址可以对其进行准确的辨识，而照片和名字的搭配就有更多的局限性。如若仅是能接触到网络匿名，人员的辨认就会变得更加困难。媒介研究学者华前和克雷格·斯科特（Hua Qian & Craig Scott，2007）二人写了一些博文，在匿名、伪匿名和可辨认三者之间做出区分。这种按比例变化的信息披露意味着，与面对面的交流相比，数字媒体的交流在我们如何构建自我身份方面具有更大的灵活性（McKenna & Bargh，2000：62）。这种无须应对面对面交互的能力，开创了许多改进和调整自我展现方式的可能性。

正如前面所探讨的，另外一个需要探索的方面是，网络2.0的兴起也导致了在线匿名重要性的降低。社交媒体，相较于互联网社会性的早期形式，它更加依赖于用户彼此之间的可见性，我们的身份在很大程度上是建立在与线下朋友的关系之上的，而这些线下朋友也会与我们进行在线联络。20世纪90年代，当时网络才刚刚兴起，那些关于在线身份的理论倾向于关注匿名、流动性和开放性。行为研究科学家萨曼莎·亨德森和迈克尔·吉尔丁（Smantha Henderson & Michael Gilding，2004：492）一致认为“互联网上制造外观的空间是巨大的”。

然而，今天越来越显而易见的状况是人们的在线身份并没有脱离其“真实身份”。因此，也许我们在网络和社交媒体上所做的事情，可以扩展或增强——而不是替代或全部改变我们的线下角色。传播研究学者艾利森·卡瓦纳（Allison Cavanagh，2007：121）认为，为了让互联网像社交网络一样运作——就像今天的情况一样——参与者的身份需要有一定程度的稳定性。这也是关于信任是如何在网民之间建立的。在亨德森和吉尔丁（Henderson & Gilding, 2004）的研究中确实发现，人们很少会维持在线的匿名身份。相反，他们会用伪匿名（跨平台、历时性地使用相同的用户名），或者会用真实的身份，以及围绕此身份构建自己的名誉声望。人们倾向于保护他们的伪匿名（昵称），并将其视为一种他们可以发展和维护的知识产权形式。

约瑟夫·沃尔特（Joseph Walther）是一位研究计算机媒介传播的社会和人际动力学的学者，他也淡化了通过数字媒体进行社会互动的流动性和松散性。20世纪90年代，他声称主要差异并不是计算机—媒介传播会比面对面互动传递较少的社会信息，不同之处其实在于信息传递的速度。尽管这需要更长的时间，但人际关系和其他社会事物，如行为规范，可以在网上发展，也可以在线下发展（Walther, 1996）。

82 另外，沃尔特还发现在他口中的“超个人化互动”（hyper-personal interaction）可以在线发展。这一概念也许可以解释为什么在数字媒体之上的互动形式，有时会比面对面互动有着更高程度的情感强度和自我表露。他做出解释，人们进行数字通信——会比面对面通信有更少的线索暗示——可能会屈服于对现有信息的过度依赖。我们可能认为，我们正在交流互动的对象相较于他们实际身份来说，可能更像我们自己，这反过来也许会产生亲近感，并带来对他们身份的理想化考量。正如之前所讨论的那样，与此同时，我们也会为了优化自己的公共形象，趋向于管理自己的在线身份。由于此原因，沃尔特（Walther, 1996: 27）声称，“行为确认”（behavioral confirmation）的强化循环可以启动了。当我们理想化我们的互动对象之时，对方就会进一步地优化自己的形象，以此来回应我们的关注，这种互动过程会持续地进行下去。这或许可以解释，为什么在网上与本应被视为陌生人之间的交流，可能会变得出奇地亲密起来。沃尔特（Walther, 1996: 28–29）论述如下：

> 在发送者的层面上，计算机—媒介传播的合作伙伴，可以选择和表达那些更符合他们社会目标的刻板型沟通行为，并且在传递信息时可以不受“噪音”的干扰，否则就会出现无意识的外观或行为特征。另外，计算机—媒介传播接收方获取了这些类型化的信息，对他们的搭档伙伴和人际关系构建起理想化的图景，并通过相互回馈，以此确认他们。当最小线索的相互作用也是异步的时候，这些过程就可以进一步增强；它可以从实时交流中解放出来，而用户也可以从见面的压力中得到释放。

换言之，计算机—媒介传播，看上去可以进行交流互动，这种行为要么是非个人的，要么是越来越（超）个人化的，以及介于两者之间。沃尔特在书中提及，仅是数字媒体自身，也许不能决定这些互动形式中的哪种类型可以在任何给定的情况下实现。相反，互联网和社交媒体赋予人们机会，让他们用所喜欢的方式交流沟通。

❖ 把我们自己写入生活

社交媒体使我们能够整理、展现和分享我们的生活，并且以一种以上的固定和特定的方式来做这些事情。正如第2章所讨论到的，身份总是在人们的协商过程中产生，在社会生存的一个关键元素就是管理我们与他人联系过程中的身份建构——某些时候展示，某些时候隐藏——取决于受众、环境和情景。

此外，在当今世界，与以往许多历史时期相比，身份通常是一个更为开放的议题。 83
当然，身份的形成总是与个人在更大的社会文化和经济框架中的地位有关，他们受到可能植根于阶级、性别、种族、性取向、（无）能力等支配性分类系统的约束。并且，随着网络互动变得更加脱抑制性、匿名、自由和开放，置身于数字社会的人们就会有相当大的空间来建构和展示不同的个性（甚至版本）。这是由于数字环境的相对流动性，因此麦肯娜和巴奇（McKenna & Bargh, 2000: 62）在书中提及：

> 当周围的社会环境（如：某人的熟人、同事、家庭和朋友网络）保持静态之时，个人就会很难改变他（她）的自我观念。当个人尝试着去做一些改变的时候，他（她）的朋友们可能不会想要同意、承认以及为这些新变化提出验证，除非他们这样做，否则新的角色或身份对个人来说，就不会成为真实……因此，在网络上与他人互动交流，可能为个人成功地实现改变自我观念的愿望提供机会。

在互联网和社交媒体上，人们拥有社会机会和技术工具来“将他们自己写入生活”之中（Barton & Lee, 2013: 84）。当通过发布文字、图片或音频、对他人的帖子给予评论以及创建个人文档之时，我们都在积极地构建自己的身份，或至少在构建我们想让他人看见的身份。许多在线环境的相对开放性，允许对新的或另类的身份进行投射，以及用不同的方式对线下的我们自己进行延伸。在实践中，我们的身份会在线上和线下情境之间来回游走，进而模糊了数字通信和面对面沟通之间的界线。根据我们互动的线上环境——论坛、服务、通信模式、网站等——我们也许可以针对不同的受众（实际的或想象的），从而采取不同的身份展示。以这种方式管理和处理身份可以被视为“一个探索和发现自我新方面的过程”（Barton & Lee, 2013: 85）。然而，需要注意的是，我们的自我呈现并不是我们在网上可以获得的唯一信息。我们也可能被他人点赞、标注、提及或谈论。这意味着用搜索引擎查找某人信息之时，就会发现“此人和他人在网络所发布信息的组合”（Baym, 2010: 112）。这些动态更为复杂的是，“旧”互联网过去和现在之间有趣的紧张关系——很大程度上是一个痕迹档案（archive）——和新形式的短暂媒体，如只存在几秒钟的Snapchat快照，不包括痕迹、无表情或异步，而是纯粹的擦除（erasure）。

84 ❖ 延展阅读

* Baym, Nancy (2010). Personal Connections in the Digital Age. Cambridge: Polity Press.

我们所知道的先行网络研究之一，就是南希·贝姆在本书中展示的观点，即在人们之间的核心关系议题是如何被网络和社交媒体所干扰的。她会观察语言和非语言行为，并同时询问媒介互动是否可以是温暖的、私人的，并在网络上讨论关于信任和诚实的问题。

* Turkle, Sherry (1995). Life on the screen: Identity in the Age of the Internet. New York: Simon & Schuster.

特克尔在1995年所写的这本现代经典著作，是关于人们如何进行人机互动及其互动效果的重要阅读材料。此书部分读起来像是关于探讨人工智能的历史文献，其他部分读起来又像是对于人类与机器间关系的讨论，这非常有20世纪90年代的风格特征。此外，她对于多用户在线环境的分析产生了至今仍有用的观点，包括歪曲自己、线上线下之间的关系。

* McKenna, Katelyn Y. A., & Bargh, John A. (2000). Plan 9 from Cyberspace: the

Implications of the Internet for Personality and Social Psychology. Personality and Social Psychology Review, 4(1), 57–75.

* Henderson, Samantha, & Gilding, Michael (2004). 'I' ve never Clicked This Much with Anyone in My life' : Trust and Hyperpersonal Communication in Online Friendships. New Media & Society, 6(4), 487–506.

* Suler, John (2004). The Online Disinhibition Effect. CyberPsychology & Behavior, 7(3),321–326.

这三篇文章对于理解数字社会的社会心理学来说是非常重要的。麦肯娜和巴奇分析了网络上的社会互动、社会身份、关系形式会区别于它们在现实社会中的形态。他们关注匿名性，较少看重外表、距离和时间。舒勒整理和讨论了可以相互作用并产生脱抑制效应的不同在线传播因素。亨德森和吉尔丁也特别探索了有关信任如何在网络传播通信中发展的议题。

5

85 社群与网络

核心问题

- 什么是(在线)社群?它们能满足什么社会需要?
- 什么是(社交)网络?
- 社群和网络之间有什么关键性的差异?
- 什么是社交网络革命?它如何与数字媒体相关?
- “网络社会”和“网络个人主义”概念是如何重叠的?又是如何区别于彼此的?

核心观点

社群　网络　想象的社群　第三地方　网络社会
社交网络网站　网络个人主义　大众自我传播

正如我们在前一章所读到的,数字社会的关键技术已经将人们相互交流的环境改变了。然而,社会不仅仅是由个体之间一对一的关系组成的。个体还可以组成群体、社群和网络的形式。

86 人们从诞生以来就以群体的形式连接和聚集在一起,社会学家也从19世纪早期学科创立时起，就开始思考社会关系形式和技术革新如何影响社会凝聚力。社群和网络并不是新鲜事物，但互联网和社交媒体已经强化和改变了它们的形成进程，还使一些人类联合的新机制成为可能。互联网和社交媒体提供新的机会给那些不在同一个地方的人们，让他们之间形成合作和联系的关系。在网上，你会轻易地发现，许多用户明显在努力超越狭隘的私人领域，以不同的方式相互接触，创建或加入各种各样的在线群组。在网络研究中存在很多争论，讨论那些基于数字工具和平台辅助下形成的群体是否可以被视为“真正的”社会群体。

这些讨论问及是否“在线社群”都会拥有相似的特性，是否网络社会功能等同于“真实社群”的功能。批判人士认为，在线互动的大规模、碎片化、非同步、非面对面的特点（见第4章），使在线社区比离线社区更孤立、更不真实。技术哲学家阿尔伯特·博格曼（Albert Borgmann，1999：165）将早期互联网比作小木屋里的生活——小范围、连贯的、透明的、能懂的、亲密的——将发达互联网比作摩天大厦：

> 在高层建筑中，小木屋所具备的许多亲密接触不仅是不必要的，而且是完全不可能实现的。你根本不能便捷地走楼梯去办公室，运送所有需要的水源，自己制造暖气，甚至也不能打开窗户。就像是小木屋的连贯性和亲密感，（早期计算机—媒介传播）的透明性和可理解性也变成了遥远的记忆。

但是即便一些批评家认定网络不能促进“真实”社群的发展，其他人也会发出另外的声明。类似于前一章所讨论的内容，即数字媒体如何促进密切和亲密关系，许多在线群体，也倾向于发展一种强烈的归属感和群体成员感觉。通过互联网和社交媒体互动的群体个人，围绕彼此分享的兴趣团聚在一起，他们所具有的团结一致和相互支持的感觉是很强烈的，有时被称为在线社群，有时被称为虚拟社群。这种“热情人士的群体”是由对共同兴趣的热情所驱动的（Rheingold，1993：xxi）。在本章，我会对在线社群观点及其相关的社交网络概念进行讨论。即使这两个概念有时会被相互交换使用，但它们之间存在一些重要的差异。

虽然社群是更加封闭的，相互之间有一定界限，并且有相当数量的成员彼此之间有相对密切的了解，但社交网络是更加分散、开放和片面的。社群关注一定的议题、兴趣或身份，而社交网络则关注不同的联系组合，它们可以给个人提供诸如信息、友谊、

87 援助以及社会地位之类的东西。如果审视数字媒体研究领域，就会清晰地发现社群和网络之间的差异在很大程度上取决于以下观点：“社群”可以被当作“网络”来分析，而“网络”也可以用“社群”来概念化。然而，一些研究学者日益发现，社会在很大程度上越来越按照网络逻辑而非社群逻辑起作用，并且，计算机—媒介传播也在这种转型中扮演了一个重要但不关键的角色。

❖ 舒适的现实

在第2章中，费迪南德·腾尼斯将“礼俗社会”（社群或社区）视为人类存在的一个重要部分。“法理社会”仅仅是毫无生气的个体集合，除非有一种团体感将人们聚集在一起。腾尼斯认为，这种凝聚力是通过共同的语言、共同的信仰、共同的兴趣创造出来的，进而产生了亲近感和归属感。社群，经由不同的作者，在不同的情境中，以不同的方式对其进行界定，但腾尼斯的基本理念根植于大多社群理论的核心。这一基本的观点是：仅仅存在一个供人们交流互动的形式、论坛或场所不足以确保社区的存在。

社群的出现需要温暖、真诚甚至舒适的元素。经典文化研究学者雷蒙德·威廉姆斯（Raymond Williams）写道：“社群是一个用来描绘一种现存关系组合的热情有说服力的词，而它似乎从没有被恰当地运用过。”（1985：76）同样，呼应腾尼斯的观点，地理学者和社会学家詹姆斯·斯莱文（James Slevin, 2002）将社群界定为“社会关系的舒适现实，一种基于联谊、理解、定位和分担的责任。同样，社会学家洛丽·肯德尔（Lori Kendall, 2011：309）认为，社群有其“自我感觉良好的模糊性”（feel-good fuzziness）。它唤起了人们对共同价值观、共鸣共情、情感影响和共识的思考。社会学家阿米泰·埃齐奥尼和计算机科学家奥伦·埃齐奥尼（Amitai Etzioni & Oren Etzioni, 1999：241）将社群定义为以下两种特征的集合体：

> 首先，这是一个包括不同类型个体的关系型网络——这些关系纵横交错，并相互强化作用着彼此，而非一个简简单单的一对一关系链条……其次，一个社群需要对一系列共同的价值观、道德、意义和共同的历史身份（简言之，就是一种文化）做出一定程度的承诺。

社群自人类诞生起就存在了，经历了不同的历史阶段、多种多样的技术（铁路、广播、飞机、蜂窝网等）以及不同的媒介形式（字母、纸张、视频磁带、电视等），它们促进了社群的创造和维护。互联网和社交媒体的演化也不例外。作为网络化的公众（参见第2章），上网使建立和培育共享符号、传播共享的故事和历史、体现我们的相互联系等方面成为可能。 88

想象共同体

本尼迪克特·安德森（Benedict Anderson）在1983年撰写了一部享有盛誉的书，书中将国家描绘为“想象的共同体”，想要强调的是，社群意识在很大程度上依赖于人们“想象”——比如：感觉、思考和谈论——他们的社群而存在。他在这里强调的观点是，共同体的力量来自它的成员通过符号和语言来维持其社群意识的方式。由于大多社群成员永远不会知道大多数其他成员，甚至更不可能亲自见到他们，所以，社群主要存在于人们的脑海当中。社会现实往往是相当混乱的，但我们倾向于想象，社群的界限比它们的实际情况更清晰。安德森也认为，在我们的想象中，过于夸大了社群中的同志关系，同时也低估了固有的不平等、压榨剥削和社会等级。这是很重要的一点，因为很容易看出，所有的社群在某种意义上都是想象出来的，至少在一定程度上，是通过一系列象征性的策略（感情、标签、刻板印象、传统等）来产生、维持和复制的。

❖ 创建在线殖民地

莱茵戈德（Rheingold, 1993: xx–xxi）曾写了一本有重大影响力的书《虚拟社群》（*The Virtual Community*），他将在线社群的兴起视为一种自然和必然的过程：

> 当计算机—媒介传播成为人们随处可及的技术之时，他们必然会运用该技术建造虚拟社群，就如同微生物（microorganisms）必然会创建殖民地一般……计算机—媒介传播使人们能够以新的方式去协同做事情，一起去做不同类型的事情——就像电

报、电话和电视所做的事情一样。

89 对于莱茵戈德（Rheingold, 1993: xx）而言，一个在线（或虚拟的）社群是社会聚合体形式，当“足够数量的人们进行足够长时间的公共讨论，产生了充分的人类感情，并以此建构出个人关系网”时，这种社群类型就在网络上萌生了。在线社群可以被简单地界定为围绕共同兴趣进行互动的个体集合，这种互动是媒介化的或基于网络技术发展的。这些社群会基于不同的环境因素而显示出相互差异性。成员之间的关系可能会有不同的类型和强度（友谊、交换、不平等、相互等）。交流的内容和特点也会不同，成员成为团体一员的动机也会不一样。

一个用于加入和留在网络社区的普遍动机，是满足作为一个群体成员的基本社会需求，获得情感和认知联系的满足。换言之，无论在线社群有什么主题或简介，人们都喜欢在这里闲逛，因此他们会从共享的传播通信实践中获得一种依附感和归属感。通过这些实践行为，社会规范将会适时地出现，随后被协商讨论，进而通过种种共享行为进行传输。这意味着权力结构和等级也会随之形成。的确，对于一些加入在线社群的成员而言，这也可能是一个激励动员因素，由此他们可能从其会员资格中获得身份认同，并且还可以影响或统领其他人。在某些情况下，同一社群具备在各种各样的事情上提供帮助的能力。在另外一些状况下，人们会求助于不同的社区，以此获得不同类型的信息和支持。这些社区可能是他们视自己为成员的社区，但也可能不是，也可能是他们渴望成为成员的社区。在线社区的可用性和相对匿名性（参见第4章）为人们提供了向他人寻求安慰、安全或压力大的时候提升自尊的机会。与此同时，有能力支持他人的社区成员也可能对这项活动感到满意。帮助别人会让你有一种自己被需要的感觉。

康斯坦丝·爱丽丝·波特（Constance Elise Porter, 2015: 168）列出了人们加入在线社群所可能具备的动机。其中之一就是休闲、闲逛、游玩和享乐。有的动机也许是参与身份实验和自我表达的机会，就像第4章中所探讨的那样。然而，有的驱动力是去获得某种类型的信息，可以用来解决问题和做出决定。人们可能向网络社群求助一些信息，这些信息包括环游世界、成为父母、进行变性手术之类的重要生活决定，还包括诸如居家烹饪、外出工作或如何改变电脑桌面背景之类的日常生活小事。

90 另外一个找寻网络社群的原因，可能是在与他人互动的基础上建立社会关系。这种关系的建立常常会成为其他交往互动类型的副产品。一些社群可能确实仅仅关注人们之间的社交往来和友谊缔结。但是在更多情况下，一些人在寻找一个具有某种焦点兴趣的社区之时——比如：一个体育团队或计算机编程——他们会逐渐地建立起更富成效的关系，它比最初对会员资格的关注更为深入。

❖ 第三场所

20世纪80年代，社会学家拉蒙·奥尔登伯格（Ramon Oldenburg）和丹尼斯·布里塞特（Dennis Brissett）提出了“第三场所”的概念。他们将“家”定义为人们的“第一场所”，“工作场所”被定义为“第二场所”。他们认为，当时社会中的社会参与场所正逐渐减少，人们也被困在每天往返于两地之间的循环往复线路之中。他们写道：“无论是哪个地方，甚至是两个比邻而居的场所，似乎都不能为人们提供令人满意的体验和关系。”（Oldenburg & Brissett, 1982: 266）他们认为，在高度专业的工业化社会中，具有较少兴趣和能力的人们会被聚集在非个人化的环境中。奥尔登伯格和布里塞特（Oldenburg & Brissett, 1982: 267）认为，人们需要“第三场所”——这个地方可以位于家和工作场所之外，它可以为人们提供更多“衡量他们整体感和独特性的指标”。

例如，第三场所可以是咖啡屋、理发店、健身房、图书馆、公园或街道。奥尔登伯格和布里塞特强调了简单地逃离家庭和工作需求——这在历史上可能是男性比女性更容易实现的——并不是使用这些地方的主要目的。相反，使用第三场所在于它们主要是用于社会交互的地方。奥尔登伯格和布里塞特二人的观点是建立在齐美尔（Simmel, 1950: 43）所说的“社会性”（sociation）基础之上的。齐美尔做出了如下论述：

> 当然，特殊的需求和兴趣，使男（女）在经济协作、血缘关系、宗教社会、群体劫盗方面捆绑在一起。但是除了这些社交活动的具体内容之外，所有这些社会活动的特点也恰恰是成员之间的一种被社交的感觉，以及由此产生的满足感。

此处的观点在于人们真的喜欢出去闲逛，仅仅只是为了出去逛而已。齐美尔与奥尔登伯格和布里塞特一样，三人论述的方式似乎是假设第三场所仅仅专属于男性。齐美尔论述了“兄弟之谊”（brotherhoods），而奥尔登伯格和布里塞特对“兄弟会”

(fraternal orders)进行了阐释。这种性别歧视观点，至少在一定程度上，可以用当时劳
91 动力市场的主流结构、家庭模式和政策来解释，这些阐述见诸三位学者——20世纪初的齐美尔、20世纪80年代的奥尔登伯格和布里赛特的著述之中。当然在今天，即便性别化的权力结构并没有被根除，任何性别的人都可以进入第三场所。并且，当人们一起出门和上班的时候，社会角色和资格就会变得不那么重要了。齐美尔（Simmel, 1950: 46）继续说道：

> 财富、社会地位、博学、声誉、独具一格的能力和优点，可能都不会在社交性(sociability)中起到任何作用。在大多情况下，它们的作用微乎其微。

奥尔登伯格和布里塞特（Oldenburg & Brissett, 1982: 278）将第三场所描绘成一个用于自我表达的自由空间。虽然我们被教导一些道理，如：家庭中不应该有冲突矛盾，我们必须在工作中保持平衡和专业，但第三场所确实“鼓励并促进了我们的情感表达”。并且，第三场所也具备第一、二场所所缺乏的不可预测性和多样性：

> 人们永远无法确切地知道谁会在那里，也不能预测人们会创造什么样的特殊的化学“混合物”。但是，人们可以指望它是活跃的，因为第三场所是与他人积极参与的场所。(1982: 274-275)

❖ 在伪社群之外

换言之，第三场所与社群一样，在理论上被视为真诚的、富情感的、自由的地方。奥尔登伯格和布里塞特在发展他们理论的同时也有一些担忧，这种忧虑特别像罗伯特·普特南（Robert Putnam）在其2000年出版的畅销书《独打保龄球》（*Bowling Alone*）中所描述的社会变迁（全球化、移动性、代际改变等）以及媒介（占主要地位的电视）所造成的社区参与度的急剧下降。普特南（Putnam, 2000: 408）认为，社会急切地需要社群和公共空间，用以“鼓励人们与朋友和邻居进行更随意的社交互动”。他对于互联网在这方面的前景并不十分乐观，但他的要求显然与奥尔登伯格和布里塞特所

说的“第三场所”理念相似。普特南在很大程度上将媒介的不可参与性归咎为社群的衰落。此观念类似于某些文献中所提到的“伪社群”（pseudo-community）概念，它论述了人与人之间的中介关系是非个人的。詹姆斯·贝尼格（James Beniger, 1987: 356）在书中提及“大众媒介是如何在过去的25年里促进伪社群发展的”。尽管他的观点形成于20世纪80年代晚期，但它似乎假设，随着新互动技术的发展，我们将会日益体验到伪 92
社群所带来的浅薄人际关系以及个体交互和大众传播的混合物——它们大多是由计算机技术生产出来的（1987: 369）。

练 习

在线社区理论，论述了与一些从未谋面的人们在网络中建立关系的可能性。他们还声明，我们可以在一个使用互联网和社交媒体的“地方”，获得一种“真实的”存在感。在我们每天的生活中，我们在大多情况下穿梭于不同的线下和线上网络之中，并不对这些行为做出任何的分析。但是，做个小实验，试着想一想这种关系——你可能与网上的人有联系，但从未与他们置身于同一个物理空间。或者再想一下你所去过的数字空间——博客、网站、论坛、阅读器。问问你自己：把这些关系和地方与你在线下所经历的相比较，前者的真实性、富有和亲密程度抑或真诚度会比后者更少吗？如果答案是肯定的：为什么？如果是否定的：为什么？将你所拥有的纯粹数字友谊和地方与其线下或混杂的对应物进行比较。互动的数字模式移除或添加了什么关系或设置？有什么适当的方式，可以弥补在线环境中对于面对面互动的缺乏？

在一项关于多人在线角色扮演游戏的研究中，康斯坦丝·斯泰因库勒（Constance Steinkuehler）和德米特里·威廉姆斯（Dmitri Williams）发现，那些已经达到长期协作活动和大规模协作解决问题的是主要活动阶段的铁杆游戏玩家，实际上，游戏对于参与者来说就像工作一样。但是，对于临时玩家而言，这种游戏似乎是为了“非正式互动”而搭建的新型（尽管是虚拟的）“第三场所”（Steinkuehler & Williams, 2006: 903）。他们认为，那些声称计算机—媒介传播不能促进“真实”社群发展的观点是错误的。这是因为这样的观点不能看见“社群”含义的细微差别。因此，虽然这些研究学者发现在线多角色扮演游戏可以潜在地具有第三场所的功能，但某些人也许会问这种功能属性在总体上是否也适用于社交媒体。像Facebook、Twitter、在线论坛等网络空间可以成为第三场所吗?显而易见，它们具有成为第三场所的潜力，但这种潜力并不是每回都能实现的。如果某人进入一间酒吧或一所教堂，他其实做好决定，在某种程度上想要参与其中——或者至少被其他人看见。然而，正如第4章所探讨的，我们可以选择在网络环境中隐身。并且，如果我们不参与，我们就不会进而获得任何社群意识，或者也不会构建一个可以称为第三场所的环境。吉尔特·洛温克和内德·罗西特（Geert
93 Lovink & Ned Rossiter, 2005）声称：

> 在一些关于信息社会的被动性规则中，浏览、观看、阅读、等待、思考、删除、聊天、跳过和冲浪是在线生活的默认状态。

如果他们是对的，可能仅有少数人会创造——因为这是积极地创造——他们在互联网和社交媒体中自己所拥有的第三场所。一个Facebook群、一个Twitter标签或一个论坛上的讨论帖都可能成为某个用户的第三场所，尽管对另一个人而言，这甚至都算不上什么。因此，再次强调，理解数字媒体的实际社会效果的关键是理解它们应用之时更为宽广的环境。社会学家克雷格·卡尔霍恩（Craig Calhoun, 1998: 373–374）在书中做了如下论述：

> 计算机—媒介传播是一种极为强大的技术捆绑，有其丰富的可能性。它是便捷的和有生产力的，带来了新的社会互动实践，以及新的生产和文化传播形式……但是，不是所有的技术可能性都会成为社会现实，并且，这种实际变化方向也很大程度上取决于现有的机构以及权力和资源的分配。

在线与在线社区

对于在线社区理论持有批判态度的学者认为，许多类似的观点都太关注线上所发生的事情了。正因如此，批判人士认为，他们没有看见大多正在网络上发生的互动都涉及线上和线下的元素。例如，一些研究表明，虽然在互联网和社交媒体中的参与可以增加社群在线的感觉，但它并不能必然地弥补线下社区的匮乏（Kendall, 2011: 320–321）。虽然在线社群将一些有共同兴趣的人聚集起来，但它们并不易于让人们通过“不同身份的多样性”来了解他人（Calhoun, 1998: 392）。为了获知总体状况，我们必须观察网络互动是如何与人们生活的其他部分相适应的。这是因为计算机—媒介传播并不能发生在一个分散的现实环境当中。相反，我们携带着我们所有的社会包袱——我们的性别、社会和经济地位、文化资源、年龄、与他人的线下联系等——直至我们与他人的在线互动。这种复杂性提出了关于是否“在线社群”真的如同观念中一样切实可行的问题。另外，也许部分批判人士没 94
有看到莱茵戈德在1993年就已经强调的事情，即数字媒体将一种新的生活形式孕育成一种新的社区形式。也许数字媒体在复活旧的社区形式方面不如在产生全新的社会形式方面做得好。一些构想中的在线社区比线下社区有较少的“真实性”，但也许是“我们观念中的真实性”在发生改变（Jones, 1998a: 21）。

❖ 转向网络

在互联网早期，成为在线群体的一分子意味着与聊天室、BBS贴吧、新闻组相连接，也意味着成为邮件列表中的成员。这些场域彼此分散相隔，有时需要非常精细的过程才能连接得上，例如，通过拨号路由器和专用软件。在这种情况下，很容易发现在线或甚至“虚拟”社区概念是如何变得流行的。在线意味着登录你所选择的某个“房间”，然后在那个房间中停留一段时间，再接着退出房间。今天，由于网络2.0时代的来临以及Facebook之类的社交网络网站、Twitter和Tumblr之类的微博、YouTube和Pinterest之类的分享网站的到来，线上和线下之间的界线正变得越来越不明晰。同时，由于无线互连以及智能手机、平板电脑等移动设备的技术革新，线上和线下世界也越来越缠绕在一起。

当我们今天审视人们如何通过数字媒体进行社交的时候，我们会越来越难发现一种引力，它指向有清晰边界的社区以及基于特殊网站或服务的家庭基站。一些研究学者所构想的社区，具备某种持久或一致的感觉，但是由于数字和社交媒体的图景总是恒久变动的，其复杂性也是日益递增的，所以，在线社区概念似乎越来越不能适用于对人与人之间数字连接方式的描述。应该将任何社交媒体平台上的人员聚集视为一个社区吗？在何种层面上可以形成社区？Twitter是一个社区，还是成百上千个社区的集散地？每个用户的Facebook主页是一个社区的代表吗？上述问题指出，在今天动态的媒介图景当中，很难对社区做出清晰的概念性界定。

正因为如此，近些年来的互联网研究，开始趋向于将更多的注意力投放在对社交
95 网络而非社区的研究之上。正如上文所述，这并不意味着在网上找不到社区的感觉。人们确实可以通过形成共同规范的方式聚集在一起，并在个人之间建立起紧密的联系。但是，当我们论及网络和社交媒体的首要逻辑之时，“网络”通常是一种比“社区”更为适宜的概念。在实践中，我们会较少花费时间在有界线限定的社会空间中，反而会较多地应用像Facebook、Twitter、Instagram、YouTube、短信和电子邮件之类的工具，以此去维系不同的关系集群以及与松散缠绕的关系网络进行交流互动。这种多样化的联系可以为我们提供多元化的东西——其中就有社群意识。在当今的数字社会中，人们趋向于与大量碎片化的社交网络建立关联，而非嵌入有明显分隔线的不同社会群体当中。

李·雷尼（Lee Rainie）和巴里·韦尔曼（Barry Wellman）指出，现在有一种将世界从群体（如同在社群视角之中）或个体视角审视的趋势。人们要么归属于相对紧密的社会建构之中，要么主要进行自我操控。雷尼和韦尔曼（Rainie & Wellman, 2012）认为，在二者之间是社会网络的一个重要的中间地带。社会网络观点关注个体间的社会连接以及他们的关系形式。然后，社交网络可以被视为两个或两个以上实体的集合，如不同的个体或机构，在他们中间有一些友谊、观点、信息等事物的交换形式在持续地发展。当然，它并不是非得成为一个数字网络。单个个体往往可以分属于许多不同的网络。反过来，这些网络又具有影响个体和网络作为一个整体行为方式的结构。雷尼和韦尔曼（Rainie & Wellman, 2012: 40–41）在书中提及：

> 除了沙漠岛屿和实验室环境之外，人们会不断地踏进和离开网络，并且，这些网络具备丛聚、分裂和分散关系的复杂结构。

因此，即便人们常常感觉他们具有非常独立的行为，其实他们嵌入了社交网络，并

被它所影响，而社交网络可以提供不同的约束和机会。这意味着这些网络是“不同的环境”或“不同的结构”，就像第1章所讨论的那样。社交网络分析是一种研究方法（参见第16章），它关注网络是否有等级、是否民主之类的现象，同时也关注不同网络成员间的信息流动，以此衡量某些特定成员对其他人的影响。

❖ 人类网络

就像社群一样，自社会存在以来，社交网络就已经围绕在我们四周了。这是因为它
们是人类形成各种联合或群体的基本欲望的产物。显而易见，它也适用于许多动物，甚 96
至在微生物水平上，也存在于新陈代谢或神经网络之中。网络是自然的基础。历史学家约翰·麦克尼尔和威廉·麦克尼尔（John McNeill & William McNeill, 2003）表明，“人类网络”存在且贯穿于人类生命的历史。最初以捕猎—采集者部落间的交换形式存在，尔后在12000年前左右，表现为不同农业定居点之间的持续本地互动形式，随后在6000年前左右，处于最初的大都市文化形式当中。这些连接关系形成于交通运输、动物畜养、物品交换等人类行为之中。

随着印度和地中海国家等一些威权体制国家的崛起，人类网络进一步地扩张，变得更加密集。诸如轮毂和辐条之类的技术、更好的公路、更为充溢的写作以及更大容量的轮渡，这些因素都一起作用于人类网络的搭建。在1450年至1800年间，城市化进程有了突飞猛进的发展，信息传播也比此前更加快速和低廉。在过去的一个半世纪里，全球网络的容量增加了，传播速度也逐年增长，出现了更多便捷的交通工具。首先是“大众社会”的演变——以早期大众媒体的大量受众为标志，然后是一个网络社会，在这个社会中，互联网和社交媒体仅仅是建立联系的最新技术。传播学者扬·凡·迪克（Jan van Dijk, 2006: 23）记述了人类网络在最初阶段的发展：

> 人类网络不再只是在全球范围内获得数量上的增长，变得越来越多，它还在当前社会的基础设施和工作形态方面带来了质的变化。这取决于社会各阶层不同类型的社交媒体网络使用。

齐美尔：经典网络社会学

齐美尔是首个对社交网络的动态发展做出详尽清晰记述的社会学家。他的这项工作的开展，是以对“二人组”（dyads）和“三人组”（triads）的比较为基础的。他认为仅有两人的群体是不同于包含更多人的群体的。“二人组”以更为深厚的情感和脆弱为标志，“三人组”则显示出更多模式化的情感形态，并且不会因为某位成员的离开和更替而走向瓦解。齐美尔主要的理论贡献在于，社会结构在网络术语诠释中有其自身的重要性，而不会顾及组成群体的个体之间的差异性。他做出如
97 下论述：

三个元素A、B、C组成了一个群，除了A和B之间直接相关外，还有A和B之间的间接关系，间接关系是由它们与C之间的共同联系所派生出来的。事实上，A和B两个元素之间不仅由最短的直线相关联，而且还经由一条折线进行连接，这是从形式社会学的视角进行的理念延伸。不能被直线碰触的点会与第三个元素相连，而第三个元素会提供通往其他两个元素的不同路径……然而，这种间接的关联并不仅仅起到强化直接关系的作用，它可能还会对其进行干扰。（Simmel, 1950: 135）

我会在第16章从更多方法论视角来再次审视这些观点。

20世纪60年代，社交网络分析作为一种理论和方法开始获得发展的动力，这种研究在过去的几十年里受到了越来越多的关注和应用（参见第16章）。但是在通常情况下，社交网络并不是崭新的概念。克雷格·卡尔霍恩（Craig Calhoun, 1998: 380）有如下论述：

> 互联网是新通信传播技术的最新发展浪潮，它带来了关于社群和政治活动转型的重要预言。它的重要性是不容质疑的，但是……如果我们过于夸大互联网的新奇性，而不去理会它周围的环境，如：构建整个现代领域的传播和交通能力方面发生的持续变革，那么我们就会对它有所误解。

雷尼与韦尔曼（Rainie & Wellman, 2012）所论述的“社交网络革新”（social network revolution）并不是数字媒体发展的结果。他们认为，在人们如何更加广泛地建

立联系之时，社会已经发生了翻天覆地的变化。在过去的几百年间，人们已经越来越少地被一些诸如国籍、村落和邻居之类的实体空间单位所束缚，因为他们越来越多地趋向于不同类型的社交网络。雷尼和韦尔曼认为群体界线已经变弱了，而“弹性的可操控连接”（flexible manoeuvrable connectivity）却增长了。再次强调，这不仅仅是关于互联网和社交媒体的论述，而是与大量的事物相关联——如：更宽广范围的旅行、日益增加的大众媒介传播通道、世俗化、劳工市场转型以及人口统计学因素（更小的家庭单位、下降的婚姻数量等）——这些因素都对社交网络革新有影响。

❖ 网络社会

综上所述，过去界定清晰且有明确边界的群体机构已经被更为特殊的参与型信息
网络所替代。群体为核心的社会（group-centric societies）已经过渡为网络为中心的社 98
会（network-centric society），前者中的大多人一般是知晓彼此的朋友，而后者中的大多建立网络连接的双方是互不认识的。有时我们将自身所属的不同网络重叠起来，有时我们通过划分自己与他人之间的界线来处理事情。一些学者已经将这种转型等同于从农业社会过渡为工业社会的转型，并赋予二者相同的重要性。正如你所能忆及的第1章内容，曼纽尔·卡斯特对我们居住在网络社会的这一观点进行了推广。他对网络社会的定义做出了如下界定：

> 网络社会的社会结构是由网络所构成的，而微型电子信息和通信技术为网络赋予了能量。通过社会结构，我理解了人类在生产、消费、再生产、体验、权力等关系中的组织安排，这些关系呈现在有意义的传播当中，而这些传播形态是由文化来编码的。（Castells，2004：3）

卡斯特认为，尽管网络构成了各种生活功能的基本逻辑，但随着技术的变化和通信技术的革新，网络已经变得比前数字时代占主导地位的“垂直组织的指挥和管控结构”更加有效率（2004：5）。按照卡斯特的说法，正是因为计算机和互联网的发展，网络社会才可以全部实现。以前的网络是社会生活的重要部分，而它们在现如今已经成为最为重要的部分。在卡斯特的观点中，社交网络革新是人们开始以新的方式建立联

系的起点，而网络社会的发展已经远远超出这种革新方式了。对于他而言，网络社会就是整个社会总体。他认为，工业主义应被“归入信息主义当中”——它是一种新型的社会组织机构，其中所有的人类活动、经济、政治、财富、社会运动等都遵循网络化的逻辑（2004：8）。虽然互联网和计算机—媒介传播使社会进入超速运转之中，但如果没有其他一些社会过程，这一切都不会发生。在卡斯特的描述中：

> 网络社会是在20世纪70年代中三种彼此独立的进程发生偶然性碰撞的结果：工业主义危机和重建，在20世纪60年代末和70年代初发生的以自由为导向的文化社会运动，此外，还有信息和通信技术的革新（2004：15）。

在卡斯特的释义中，网络社会不仅是人们社会交互过程中日益增多的网络特性，它也关乎社会组织方式的大规模和彻底性的变革。网络社会是围绕着与生产、消费、商业、政治等方面的全球独立网络来建构的。他探讨了包括一些个体、群体、国家或地区
99 的组织或“统领星球的格状网络”，尽管也将其他形式排除在外（2004：24）。在此网络世界中，任何想要对他人行使掌控权的人，都需具备操控两种基本机制的能力：一是“编程”的能力（影响网络运转的目标和模式）；二是“转换”的能力（连接不同的网络来确保它们的合作）。然而，真正的权力持有者是网络本身。成功的编程和转换，将带来一种新的主体形式，它的运转方式类似于科学哲学家布鲁诺·拉图尔（Bruno Latour, 2005：46）的行动者—网络理论（actor-network theory），该理论的核心观点是“行动者就是由许多其他人创造出来行动的个体”：

> “行动者—网络”表述中的“行动者”是带着连字符的，说明行动者并不是某个行动的来源，而应该是大量实体蜂拥而至的移动目标。

简而言之，网络聚合了人们的行动，从而成为凭借自身力量群聚在一起的一种组织形式。

❖ 在线社交网络

社交网络并不是在社会数字化进程中被同时发明出来的。然而，社交网络需要某种调解，以使我们的关系可以超出我们通过面对面交谈建立和维持的本地联系范围。书面文字、电报和电话都是媒体技术的范例，自它们被发明和普及以来，这些技术就一直对维持社交网络很重要。互联网和社交媒体显而易见地延伸和放大了人与人之间的连接范围。正如网络研究学者史蒂夫·琼斯（Steve Jones, 1998b: xv）所言，互联网是网络相互关联的“骨干”（backbone）。为社交网络提供一种物质环境的在线网络，使新社交形式成为可能。

简而言之：互联网提供了对于社交网络的支持。互联网的关键在于它包括许多网络化连接在一起的计算机。它也为社交网络通信提供了一个稳定的基础。在互联网发展早期，由计算机辅助的社交网络，在彼此通过联网计算机进行交流互动的不同个体间兴起。因此，本章起初讨论的在线社区其实可以视为网络。事实上，在线社区的重要理论学家莱茵戈德（Rheingold）在《虚拟社群》（*The Virtual Community*）的第二版谈到了一位研究在线社交网络的重要理论家韦尔曼（Wellman）：

> 当我最初在书中记述网络空间文化的时候，如果我能遇到社会学家巴里·韦尔曼并了解有关社会网络分析的内容，我可能会节省我们所有人十年的辩论时间，直接将其称为“在线社交网络”，而不是“虚拟社区”（Rheingold, 2000: 359）。

随着一些主要社交网络网站的兴起，比如Friendster（2002）、LinkedIn和MySpace *100*
（2003）以及Facebook（2004）（参见第2章），在线互动的网络特征变得越来越明晰。埃利森和博伊德（Ellison & Boyd, 2007: 211）在一篇对未来有影响力的文章中，将社交网络网站定义为：

> 一种以网络为基础的服务，它允许个人去做以下事情：(1) 在一个有清晰边界的系统中建构一个公共或半公共的个人资料档案；(2) 明确说出与他们共享关系联结的其他用户清单；(3) 审阅和详细研究他们和系统内其他人的联系列表。

然而他们确定，具体的参数和术语会在不同的网站间发生改变。这些平台使用户能够清晰地表达他们的社交网络工作，并使他们对自己和其他人可见，这些人可能是也可能不是这些网络的一部分。他们称这些网站为社交网络网站（social network sites）——而不是社交网站（social networking sites）——因为他们认为其首要任务并不是参与网络去找寻新的关联，而仅仅是表露自己在社交网络中存在已久。也不是每个人都认同这一点，但会转而声称人们确实在不同的网站上建构网络，并开启新的社会关系。波特（Porter, 2015: 166）认为，社交（网络）网站的社会—技术特征让其成员能够去表明、维系、搭建和延伸他们的关系网络。这是因为这些平台同时具备"连接能力"（connection capability）（邀请和被邀请进入网络的能力）和"传播能力"（communication capability）（赋予、审视和管理内容的能力）。

虽然社交（网络）网站具有这些特性，但还是很难——不必要——去在这些网站和在线社群之间保持某种差异性。其实，许多在线社区具备网络化特征，而在许多社交网络中，至少在其中的部分网络中，可能存在一种社群意识。波特认为，许多在线社交网络，至少一些稳定持续的网络，正在变得越来越以社群为发展导向。就像社会关系一样，在线社交网络似乎需要分享和互惠，以此存活更长的时间。

不太多，不太少

在一项有趣的研究中，数字媒体研究学者彼得·贝·布兰采格（Petter Bae Brandtzæg, 2012）发现，无论社交网站最积极的用户，还是最消极的用户——这是他选择对于他们的称谓——都不能收获平台的潜在荣誉。在一系列调查中，"散户"（sporadics：层次较低的用户）和"潜水者"（lurkers：没有贡献或不去社交的消极用户）都显示出较低程度的面对面互动性和线下熟悉程度。最为深度的用户（"辩论者"
101 和"高级"用户），特别是男性用户，被报道具有高度的孤独感。处于中间类型的"社交人士"（socializers：那些使用网站主要为了与家庭成员和朋友交流互动的人士）较少地感觉到孤独，并且更多地参与面对面的互动。布兰采格的结论是社交网站更倾向于建立强关系和早已存在的线下关系类型。

❖ 位于中心的个体

雷尼和韦尔曼（Rainie & Wellman, 2012）认为，人类网络的量化和质化演进以及互联网和社交媒体的兴起，带来了一种新式社会操作系统（social operating system）。他们使用操作系统的比喻，是因为与计算机系统类似，社会也有网络结构，用于解释人们如何连接、沟通和交换信息。这些结构提供了一些机会和束缚（参见第1章）、程序和规则，并且通过这些来进行社会建构。大众社会中的操作系统，将注意力投放在诸如社区、家庭、工作组之类的单位之上。相反，这种新型的社会操作系统是个人化的。他们将其称为“网络个人主义”（networked individualism），因为它将个人放在了不同情境中不同网络的中心位置，以此实现各种各样的使用与满足（uses and gratifications）。雷尼与韦尔曼（Rainie & Wellman, 2012: 12）在书中写道：

> 人们并不是粗犷的个人主义者——尽管有时会对自己有这样的看法。许多人满足他们对于社会、情感和经济需求的方式是利用分散的关系网，而不是依靠与相对少数的核心员工之间的紧密联系。

网络个人主义

在雷尼和韦尔曼（Rainie & Wellman, 2012）的定义中，网络个人主义反映了20和21世纪在发达国家中发生的社会转型，当时人们已经越来越多地远离紧密联结的社区群体。在网络个人主义中，每个人位居于他们自己的网络中心。网络化的个
体对他们自己独特的利己主义网络进行操控命令，而非成为教堂或政治机构等外 102
部实体的成员。这些网络的独特之处在于，每个人对Facebook等社交网站的体验都将以个人阅读器的形式进行个性化的展现。如果Facebook是一个传统型的社区，所有成员就可以分享相同的空间，并且有机会在社区中与其他人进行互动。然而，尽管是个人化的定制，每个人在Facebook上看到的内容，会在很大程度上与其他人所见的内容重叠。许多关系连接是可以分享的，但每个人都是他们自己网络的核心。这种网络是利己主义的（egocentric）——个人位于个人化网络群组的中心——但并不一定就意味着人们会以利己主义的方式行事。

网络化的个体缺乏任何一个可以作为“家”的社区，但他们可以部分介入多样化的网络并成为其中的成员，这意味着人们可以依存于各种各样的社会关系（Rainie & Wellman, 2012）。因此，这种新型的操作系统，需要人们发展出新的技能和策略。他们必须积极地进行网络化连接，以此维系彼此之间的联系，组建有用的群体联盟，并且知道他们所在网络的哪一部分可以被用来达到什么样的结果。人们还必须应对网络的不稳定和波动，因为其中存在频繁的人员流动和变动。换言之，网络个人主义是自由解放的，因为它放松了对本应受到限制的社群的管控力度，但它也需要付出努力。然而，雷尼和韦尔曼是乐观的，他们认为互联网和社交媒体会帮助网络个人去维系和强化他们的社会网络。吉尔特·洛温克（Geert Lovink, 2008: 241–242）还确信网络不会自动地变得有能量。他认为，在线网络的非正式性常常被称颂，但它们必须被积极组织起来，以富有成效的方式发挥作用。他提出了一些新的说法，比如：“不参与时代”“默认用户就是潜水者”以及“参与是一种例外的状态”。

练　习

如果你在Facebook之类的社交网络网站上有一个账户，试着以此为起点来想想你连接了哪些不同的网络形式。审阅一下你的朋友名单，你可能会辨认出属于某些特定网络的人们，比如：家庭、儿时朋友、同学、邻居、目前（或以前）合作伙伴、
103 某个机构的会员朋友、有共同兴趣的在线朋友等。反思这些人际网络在你生活中的不同角色。为了什么样的需求，你会求助于你所拥有的不同关系网？网络之间有任何形式的重叠吗？或者它们在多大程度上彼此相隔分散？你有任何为你在不同网络间搭桥联系的重要朋友吗？一项“对你的Facebook网络进行可视化”的网络研究或其他类似研究，将会帮助你找到不同的分析工具，这可能会给这个练习增加一个额外的维度。

与雷尼和韦尔曼相似，卡斯特也将个体视为网络社会的中心。他认为，横向网络围绕着互联网建立，使他口中的“大众自我传播”（mass self-communication）成为可能，每个人既是信息的发送方，又是信息的接收方。他用政治术语来对此观点进行解释：

> 传播技术给予使用者的自主性越强，新的价值观和兴趣就越有可能进入社会化传播的领域，从而触碰到公众的心灵。因此，大众自我传播的兴起，就如同我所说的网络传播的新形式，它增强了社会变革的机会，却没有对这种社会变革的内容和目标给予相应的定义。人类，也就是我们自己，可以同时是天使和魔鬼，因此，我们在社会中行动能力的提高，将会使我们在每个时间/空间环境中表现出我们真正的样子(Castells, 2009: 8)。

如果我们回到卡斯特的“编程”(programming)和“转换”(switching)概念，他所做出的以上摘录论述，是关于大众自我传播使编程行为变得更加有力的议题。人们可以影响社会，但是其结果可能有好有坏，取决于里面放了哪些因素。审视卡斯特的观点，大众自我传播来源于网络上多对多传播的可能性。它还与能够实时或适时进行通信的灵活性有关，并根据需要和意图，在一对一通信、窄播(仅对部分观众)或广播(对所有人)之间进行转换。大众自我传播，既是大众传播——有触及全球受众的潜能——又是自我传播，因为我们对传播内容进行自我选择，并决定它的发布和指向方法。卡斯特似乎是非常乐观的，因为他认为创新创意性的受众正在崛起，因为互联网对传播通信网络进行了去中心化的处理。这会让任何参与传播的行动者有更多的自由和自治。但是，他同时也是非常悲观的，至少在目前看来确实如此，因为“在专业媒介生产与我们 *104*
低质量的家庭视频和博客闲聊之间存在一种不平等的竞争”(2009: 422)。正如第3章所做出的论述，“低质量”是否确实和“高质量”一样强大，网络上的“八卦”是否总是八卦，或者它是否代表了一种新的病毒式微观政治形式，这些问题仍然没有定论。

❖ 团结领域

最终，最重要的问题并非“社群”或“网络”是否能以最好的方式对人们如何在线互动进行描述。正如你在阅读本章时所意识到的，社群概念在互联网研究初期会更加流行一些，而用网络观念进行的思考在近些年变得越来越普遍。这既与社会、互联网和社交媒体功能的变化有关，也与研究中人们对网络的兴趣日益浓厚这一更普遍的趋势有关。在实践中，如传播研究学者玛丽亚·巴卡杰娃(Maria Bakardjieva)所指出的，一系列不同形式的存在和共同行动，在网上连绵不断地涌现。对于这种“虚拟团结”

（virtual togetherness）的某些方面而言，从社群的界限和情感交流的角度考虑会更加合适，其他方面则通过采用碎片化和不规则网络的视角会更容易理解。为了使研究向前推进，我们还必须以开放的心态去面对全新观念的构建，以理解会在未来出现的数字媒体使用之时所不可预料的多样性。巴卡杰娃（Bakardjieva，2003：310–311）提及：

> 用户接触媒介……是基于许多不同的情境化动机、需求和意念。在这样做时，他们会生产丰富的媒体使用类型库，从而对每种类型的优势进行审慎的思考和评估。

同样，人类学家约翰·波斯蒂尔（John Postill，2008）认为，“社群/网络范式”的主导地位存在问题。相反，他建议应转而关注和发展有关社会场域的理论（social fields），这没准儿是可以前进的方向。巴卡杰娃和波斯蒂尔二人均提到的重要观点是，社群与网络之间的非此即彼的关系可能会限制研究。像社群、网络、团结或场域等概念可能在不同程度上、不同情况下起到一定作用，以此帮助理解人们是如何在数字社会中建立彼此之间的互动和联系的。但是，它们最终也只是理论而已。正如我在另一本书中所论述的那样，其实我们怎样称呼我们的研究对象并不重要，只要我们能够在实践中对其进行整理和理解就行：

> 要全面地处理互联网在技术、文化和社会方面的问题，而不是停留在纯粹的哲学领域，唯一的方法就是对实际发生的事情进行实证分析（Lindgren，2013：143）。

105 ❖ 延展阅读

* Rainie, Lee & Wellman, Barry（2012）. Networked. Cambridge, MA:MIT Press.

尽管雷尼和韦尔曼的书《网络化》对美国的关注是片面的，但它是最近关于互联网和社会方面最为优秀的书之一。这两位研究学者用一种可接近性的手法写作，对大量日常生活案例进行了分析，并且还努力发展出一种新的理论，他们的想法是一个新的社会操作系统由网络化的个人所驱动。

* Castells, Manuel (1996). The Rise of the Network Society. Malden, MA:Blackwell.

卡斯特1996年出版的这本书实际上是三部曲中的第一部，是一部开创性的著作，讲述了在电脑和互联网的推动下网络社会的崛起。该书介绍了许多用于讨论全球大转型的理论概念，这种转型是由"信息经济"的到来所引起的，而"信息经济"导致了一种新的社会排斥和极端形式。卡斯特围绕数字媒体撰写了系列著述，说明数字媒体中诸如时间和空间之类的基本类别需要进行重新讨论和商议。

* Ellison, Nicole B., & boyd, danah (2007). Social Network Sites: Definition, History, and Scholarship. Journal of Computer–Mediated Communication, 13(1), 210–230.

由妮科尔·埃利森和达娜·博伊德所写的这篇文章是关于互联网研究历史方面被引用次数最多的论文之一，它实际上是一篇2007年出版的《计算机—媒介传播》杂志的主题性篇首序言文章。两位作者对社会网络网站的核心特征进行了论述，对其进行了历史性的综述，并对其概念进行了界定。自从2007年起，社交媒体图景就开始发生改变，但是这篇文章还是有意义的，它是一篇很有影响力的经典文章。

第二部分

主　题

6
数字可视性与可见性 109

核心问题

- 数字社会的演进是如何与视觉文化相关联的?
- 自拍是如何向社会互动引入新鲜元素的?
- 怎样理解自拍是一种“自我的技术”?
- 什么是“亲和视频”? 它们的社会应用又有哪些?
- 怎样分析在线图片和视频的社会意义?

核心观点

视觉转向 后现代化 视像圈 自拍 媒介恐慌
自我的技术 表演 亲密空间 亲和视频

本章内容主要是，当今社交媒体的生存，在很大程度上是一种视觉体验。早期像BBS、Usenet和万维网之类的社交媒体工具和平台大多是以文字作为基础的，相比之下，今天数字社会的核心是图像和视频。在Facebook、Twitter、Instagram等平台上，我们还可以把自己的个人照片上传至信息流之中，它模糊了私人和公共空间的界线。像这样的内容容量和多样性是非常庞大的，并在持续地增长。但是，本章具体关注的是可视性和可见性，它们与有社会表达和社会连接功能的用户创造内容有关。

110 1997年，数字媒体研究学者珍妮特·默里（Janet Murray）出版了《全息甲板上的哈姆雷特》（*Hamlet on the Holodeck*），她在书中提及“交流者，无论是航海员、演出主角、探险家还是建造者”是如何利用“所有可能的步骤和节奏，在众多可能的舞蹈中即兴创作出一曲特别的舞蹈”（1997：153）。这是她在论述互联网之时所用的诗意化的方式，人们参与了大量各种各样的次级主题（subgenres），发展出不同的叙事趣味（narrative pleasures）。从某种角度来看，像Instagram服务和YouTube之类的视频网站，仅仅是在线档案室，人们可以在这种虚拟空间中找到任何类型的照片或视频。但是，书中有一些与本书主题相关的次级主题——人们如何在数字社会中与其他人以及周围的世界相关联。这一主题有两个例子，即自拍（selfies）和个人YouTube视频，我们会在本章对它们进行更为深入的探索。在分析第二个范例的时候，会用到人类学家帕特里西娅·兰格（Patricia Lange）的“亲和视频”概念（notion of ‘videos of affinity’）。

❖ 可见的狂热

人们有时会谈到社会和文化科学中的视觉转向（visual turn），这意味着我们越来越关注图片和视觉、照片和视频是如何影响我们体验文化以及我们是如何交流互动的。作家兼电影导演简-路易斯·科莫利（Jean-Louis Comolli, 1980：121）在书中论述了社会是怎样被表象所驱动的。

> 如果社会机器制造表象，它也从表象中制造自己——后者作为社会性的手段、物质和条件同时运作。

换言之，他觉得社会——“社会机器”——在图片和绘画的生产和消费基础上繁荣发展。他甚至声称这是社会性的基础。图片、绘画、符号和可视性一起维系社会的发展，从一开始即是如此。然而，科莫利（Comolli, 1980：122）进一步认为，“19世纪下半叶弥漫着一种可见的狂热”。许多后现代理论学者也提出了相同的观点，如社会学家让·鲍德里亚（Jean Baudrillard），他用像“超真实”（hyperreality）和“仿真”（simulation）之类的观念来阐释表象（representation）和复制（reproduction）是后现代社会中的关键机制。这种观点认为，自20世纪的后几十年以来，视觉文化出现了一次大爆发，图片和视频占据了主导地位。这是电影/电影院、电视、彩色打印、广告、视频、电脑等方面发展的结果。

后现代性 111

众所周知，现代社会诞生于19和20世纪，但当它步入20世纪后半叶所出现的文化危机之时，后现代性就随之出现了。人们对一些事情也不那么相信了，比如：关于历史的“重大叙事”、事情可能只会变好的想法、总是存在一个真实的信念。并且，也没有任何可靠的替代物出现。这让文化变得讽刺和虚伪。传播学者尼古拉斯·米尔佐夫（Nicholas Mirzoeff, 2013）认为这是一种特殊的文化视觉危机（visual crisis of culture），它造成了后现代情景的出现。虽然现代社会具有一种强烈的将事物进行图像和视觉处理的趋势，但口头言论和书写文字仍然在当时观点阐释方面具有一定的权威性。在后现代文化中，人们越来越多地关注这种视觉文化对于当前权力的挑战。米尔佐夫（Mirzoeff, 2013: 4）提及：

> 虽然印刷文化显然并没有走向消亡，但对视觉及其效果的迷恋——这是现代主义的一个关键特征——产生了一种后现代文化，这种文化在视觉上最具后现代主义色彩。

在数字社会中，人与人间的互动和通信，是通过在Instagram、Snapchat等社交媒体平台上的图片使用、像YouTube之类网站上的视频传播来得以实现的，它们是这种显著的图像文化趋势的首要范例。数字照相机和智能手机极大地改变了人们日常生活和文化政治中的视觉作用。社会学家基库·阿达托（Kiku Adatto, 2008）认为，我们生活在一个“摄影时代”（the age of the photo op）。正如其他社交平台的发展，像前一章所提到的社区和网络，对于捕捉、观看、分享图片和音视频内容的关注并不是什么全然新鲜的事物了。但是，这些媒介形态在数字社会中被强化了。

从19世纪开始，摄影和电影就被发明出来了，它们对于现实的真实反映让人们为之着迷。由于它们广泛地运用了各种各样的技术，照片和视频，也逐渐变得容易捕捉、复制和传播，（音）视频日益成为社会和文化的显著元素。然而在当今社会，图像的真实性并不必然地令我们为之欣喜。阿达托（Adatto，2008：7）提到："今天，我们为我们所拥有的摄影知识而自豪，照片或影片都可以被编造、打包和操纵。"她认为，在一个媒介化的文化里，人们甚至开始对他们所看到的人造元素感到喜欢，因为他们开始仅仅欣赏图像本身（参见第2章对于模因的讨论）。这是更有效的，因为我们也生活在这个图
112 像编辑软件的时代，在这个时代，"图像编辑"（photoshopping）已经作为一个动词进入我们的词汇表当中。容易使用（easy-to-use）的工具，允许任何人去改变图像并以最快的速度获得结果，这种操作可以服务于很多目的，从为了幽默到为了欺骗。

阿达托描绘了与此相关的历史图景，最初在20世纪60年代，在类似《坦白的摄像机》（*Candid Camera*）的电视节目中，摄像机是被隐藏起来的，然后在20世纪90年代时起，在《美国最为滑稽的家庭视频》（*America's Funniest Home Videos*）节目里，大多数拍摄对象都知道摄像机的存在。今天，在社交媒体上，一个关于在线照片的流行形式是"镜像自拍"（mirror selfie），其拍摄对象不仅能意识到摄像机的存在，而且摄像机（照相机）本身也能在图像中清晰地显现——有时，智能手机的样式会遮掩住这种表达特性。

这种视觉转向，需要发展新的观点去理解新的表达模式，因为文本模式可能已不再适用了。哲学家雷吉斯·德布雷（Regis Debray）用"媒介圈"（mediaspheres）概念来审视社会历史，即信息传播的环境。德布雷（Debray，1996：26）认为，每个"中介时期"（mediological period）都有其"集体人格或心理特征"。他提及，我们现在生活在一个"视频圈"当中，即一个充满计算机图像和音视频内容的时代，它的特征是"信息的即时性和无处不在性"（1996：28）。在这个紧随读写的逻辑层、印刷的文字层之后的时代，我们正在"重新发现实体的价值"（1996：36）。

练　习

你已经了解了哲学家雷吉斯·德布雷所说的这个时代所产生的“视频圈”概念，继词汇和字母占据主流地位之后很长一段历史时期，我们正在重新发现用我们的身体进行表达的可能性。除此之外，我们也可以这样说，智能手机时代，意味着视觉正在日益捕捉着日常生活环境中的点滴，就像是浴室、卧室、厨房这样的地方。传统媒体摄影拍摄的是新闻工作室的“会说话的人”，或者是精心设计的主持人或演员，这些照片受到了大量个人照片和视频的挑战。现在，在YouTube上搜索一些流行词（举例）：“购物狂”（shopping haul），“竞争性饮食”（competitive eating），“失败”，“恶作剧”。试想一下你所找到的视频中身体所展现的角色。为什么你认为与身体相关的事物在大量社交媒体内容中就相对明显一些？想想不同的解释，比如：美丽崇拜、性取向、性别理想、震惊、幽默、规制政治、拉伸的界限等。思考一下这些视频的叙述乐趣。在何种程度上，我们只是观看随意的疯狂？在何种程度上，这些视频见证了重要的社会变革？

❖ 欢迎来到自拍城市 *113*

如前几章所讨论的，数字社会促进了人们自我表达方面的变化。随着网络的扩张以及技术变得越来越有移动性，这种发展进程被强化了。这类新型自我表现方式之一就是“自拍”，它是在社交媒体上图像化的自画像（self-portraits）。自拍在过去几年时间里已经快速地流行起来了，并一直发展保留至今。自拍的出现是基于硬件——智能手机相机——以及软件——社交媒体平台——它在当今的社交世界中占据了核心的位置。

视觉文化研究学者布鲁克·文特（Brooke Wendt，2014）发现，Instagram平台（它是用作自拍分享最为流行的平台——已经被打上了“自拍”的标签）上已经发布了1.3亿多条帖子。平台上有一系列相关的标签（#I，#me，#myself，#self，#selfportrait），其数量已经达到了4.39亿。自拍的流行，也许与社会向视觉魅力发展的总体趋势相关，正如本章开始部分描述的那样。自拍还可以被阐释为对当今文化的一种个人主义的表达，专注于认同工作，肤浅，甚至自恋。但是，这种现象的爆炸性增长，也与相机型手机在全球的普及有关，也与大规模地在这类手机上植入前置摄像头有关。事实上，这种特性在2003年首次出现，最初用于视频通话，但很快也被用户用来在一臂之远的地方自拍。对“自拍”这一词语的首次应用据说是在澳大利亚。2002年9月，一名年轻男子上传了一张自己嘴唇受伤的照片，并在公共广播公司ABC的论坛上写道：“很抱歉大家都盯着我看，这是一张自拍照。”[①]

当然，自画像并不是一件新鲜的事情。人们自一开始就通过各种各样的技术和媒介形式来描绘自己的画像，这是一件自然而然的事，甚至在19世纪，当时用户即便用着非常古老的照相机，也会把镜头转向自己。但是，这些大多仍是随机事件，有时只是为了用完一卷胶卷的最后一帧。然而，自拍作为一种可识别、可归类的风格特征，它是数字媒体的产物，它为社会互动引入了一些新鲜的元素。

2013年，牛津字典为自拍冠名，将其定义为“一种自己拍摄自己的照片类型，一般是用智能手机或网络摄像头进行拍摄，并将其上传至社交媒体网站”。他们的主编朱迪·佩尔（Judy Persall）做出解释，“自拍”早在2004年就作为标签出现在社交照片网站Flickr上，但是该词是在2012年在主流媒体中被广泛使用。她还解释了后缀
114 “-ie”的用法与澳大利亚英语中对于该词的构想相关。[②]传播学者凯塔琳娜·洛宾格（Katharina Lobinger）和科妮莉亚·布兰特纳（Cornelia Brantner, 2015: 1848）认为，自拍确实已经“成为视觉上自我展现的独有风格，粘附着自身的习俗、代表性技艺和姿势”。从摄影角度来说，自拍的可识别属性——比如经常可见的拍摄者的手臂，见证了照片的制作过程——使它们的制作过程可见。从艺术的角度来看，自拍有一种“元角色”（meta-character）的感觉，就像喜剧演员部分脱离角色直接看电影或电视镜头做鬼脸一样。

练 习

传播学者亚伦·赫斯（Aaron Hess）把自拍称为“集合体”（assemblage）——群聚四种不同的元素。第一，自我。照片展现了自我的一面，无论登不登台演出。第二，物理空间。他们被拍摄的场合——家里、学校、餐馆、户外——也都做出了相

---

① www.abc.net.au/news/2013-11-19/selfie-beats-twerk-as-word-of-the-year/5102154.

② http://blog.oxforddictionaries.com/press-releases/oxford-dictionaries-word-of-the-year-2013/.

应的表达。第三，设备。现实中的照相机（手机）、视角、我们伸臂的方式等因素都会对自拍有影响。第四，网络。自拍的前提假设是网络社交媒体受众会获取它们，并邀请人们对其进行点赞和分享。现在，登录selfiecity.net，这是一个关于自拍研究项目的网站。深入研究和欣赏这个网站的自拍照，它们来自世界上的五个城市，将它们想象成一个集合体。试着寻找那些或多或少自发偶然或准备充分的自拍照片。你能识别出自拍照的物理空间吗？它又是怎样影响你对照片的诠释的？在何种程度上，制作自拍照的过程会被目睹（可视电话、手臂、角度等）？这些差异性元素会让自拍照有不同的意思吗？在哪些不同的方面，自拍会“寻求”回应（点赞、回复等）？试着说明可能让人们去拍摄和分享他们照片的不同动机，从社会学的角度思考：不同的自拍照“述说”了什么？

❖ 作为社会行动的自拍

毫无疑问，自拍是一种社会活动形式（参见第2章），它以某种意图在一些社会环境
中发生。正如你所见，自拍的重要特征是它们可以在在线社交网络上分享。因此，某些 115
人会认为，自拍是由其社交性质所定义的。并且，由于它在根本上就是社会性的，它也与人们对肯定的需求有关——这种需求只有在与他人的互动中才能得到满足（Ehlin, 2015: 22）。与传统的自画像相比，自拍照从总体上更加即兴和随意。自拍照主要来源于不能被传统地界定为艺术家的人群。因此，自拍作为一种民间“艺术”，从某种程度上来说，它们由“普通人”创造并分享。

自拍是一种有意识的社交行为。它的产生就是为了观看欣赏，在目前情况下，当我们观看某一自拍照的时候，我们就能意识到它的意图。互联网研究学者特雷莎·森夫特和南希·贝姆（Theresa Senft & Nancy Baym, 2015: 1589）认为，自拍的特性之一就是它能促进大量的关系建构。在这些关系中最为显著的就是观看者与观看对象之间的关系，但是，他们还指出了自拍是如何在图片和用来过滤、分享图片的软件之间、用户和社交媒体平台的架构之间，以及摄影师和被拍摄者之间，建立起动态的关系过程的。

自拍给人们——人类表演者——提供了许多的可能性去积极地运用选择、裁剪、过滤等技术。但是，自拍也涉及拉图尔（Latour, 2005）所说的“非人类”（non-humans）。自拍的创造、展示、传播和商品化都通过大量的技术性工艺产生，这些工艺包括照相机、服务器、算法、屏幕等技术设备。森夫特和贝姆（Senft & Baym, 2015: 1589）认为，只要自拍上传至互联网，它就立即变成基础设施的一部分，使它脱离原来的时间和生产地点。

编码 / 解码

根据文化研究理论学者斯图亚特·霍尔（Stuart Hall, 1972）所用的术语，自拍是被传送者以某种方式“编码”（依据思维、愿望、态度、发帖、过滤等），以及通过接收者用某种偏好的、协商的或反向的方式来“解码”。这种解码过程可能仅发生在接收者的脑中，或者以某种数字社交活动的形式做出回应，比如：点赞、评论或重组。换言之，拍摄和分享自拍需要一整套从内到外的观察和构图的复杂程序。

我们可能首先会把自拍看作单独个体的相片。的确，在社交媒体平台上活跃的名
116 流以及知名度大多依赖于自拍形式的人们，对于这种自拍风格的构建起到了促进（推动）的作用。然而，自拍的社会属性也并不仅仅是分享单独的照片而已。举例而言，与他人一起自拍——某人端举相机，其他人将脑袋凑近镜头——可以被用来展示某人归属于哪个群体。政治和宗教领袖越来越多地与其他权威人物以及“普通人”一起出现在镜头中。以自拍照的形式，在视觉上构建并分享自己与朋友、家人、名人或权威人士的关系，是数字社会特有的一种自我表现形式。

❖ 自拍恐慌

2013年12月，时任丹麦首相赫勒·索宁-施密特（Helle Thorning-Schmidt）与英国首相大卫·卡梅伦（David Cameron）、美国总统贝拉克·奥巴马（Barack Obama）在纳尔逊·曼德拉（Nelson Mandela）的追悼会上自拍。这一新闻照片掀起了一系列跨平台的激烈讨论，该事件被称为“自拍门”（Selfiegate）。米尔特纳和贝姆（Miltner & Baym, 2015）分析了这一争议，发现它包括了对于社会规范不同层面的讨论：谁可以自拍？何

时何地适合自拍？此外，还有一些更为普遍的争议，人们对于在一些地方和情景中不合时宜的自拍行为进行争议，比如：在墓地场所、安妮·弗兰克之家（the Anne Frank House）、大屠杀纪念堂（the Holocaust Memorial）、切尔诺贝利（Chernoby）、燃烧的房屋前、人质场合、与无家可归者在一起的场景等。举例而言，到selfiesatseriousplaces.tumblr.com网站上登录看一下，或者网络搜索“tasteless selfies”。这样的自拍照总是陷入争议之中，因为自拍总是蕴涵娱乐和幽默特征的，它不是很适合一些庄严肃静的环境，那会给人一种创作者想要贬低或嘲笑他人的印象。同样，也有人质疑自拍的吸引力会对“严肃”的政治产生什么影响。一些权威人士担心自拍正在“将政客变为青少年”[①]，也担心“自拍专政”（the tyranny of selfies）会对政治生态产生更为恶劣的影响。[②]

人们对于自拍的上述反应与自拍还是一个较新的现象有关，目前也还没有形成明确的社会规范。像这样的新风尚可能需要一些新的观点视角，一起对其进行全面的理解。尽管如此，我们最初的反应是退回到围绕其他形式的摄影规范上来，这是自然而然的事情。媒介心理学家帕梅拉·拉特利奇（Pamela Rutledge）写道：“自拍的数量和公开性可以挑战我们现有的任何一种模式。”因此，我们倾向于认为，自拍“违反了自我展示的社会规则，因此有些地方出了问题”。她继续做出如下论述：

> 如果自拍中的人们并不知名或者只是花钱请来摆姿势的话，那一定是道德沦陷， 117
> 他们会被贴上炫耀、寻求关注、自我关注或自恋的标签。[③]

与拉特利奇的观点相仿，社交媒体研究学者安妮·伯恩斯（Anne Burns，2015）认为，对于自拍的“常识性”理解就是它们是有自恋倾向的。她写道，“自拍”一词暗示了一种利己主义取向。并且，人们倾向于认为自拍的主体是虚荣的，过分关注自己的外表。麦克卢汉（McLuhan，1964：41）在写电子媒体时代的人们如何“对自己在任何材料或物质上的延伸而着迷”时，就预见到了这一点。

关于为何自拍被视为社会问题的部分原因与代际差异有关。对于我们而言是新

① http://abcnews.go.com/blogs/politics/2014/04/are-selfies-are-turning-politicians-into-teenagers/.

② www.wyff4.com/politics/clinton-laments-tyranny-of-the-selfie/37310932.

③ www.psychologytoday.com/blog/positively-media/201307/making-sense-selfies.

鲜事物的媒介技术、平台和实践，常常激起媒介恐慌（media panics）。因此，每一代的成年人，都会质疑年轻一代对媒体的使用。年轻人对媒体的使用，不同于我们所知道的以往的使用形式，所以这个会产生些许担忧。就像每个时代都会有不同的流行媒体形式，如19世纪的印刷媒体、20世纪早期出现的电影、20世纪50年代的摇滚乐等，自拍在今天的一些研究学者和评论家看来，就是对于社会具有潜在危险的事物。媒介恐慌是一种极端化的反应，它把新技术可能带来的后果夸大了。借鉴社会学家斯塔利·科恩（Stanley Cohen, 1972）的“道德恐慌”（moral panics）理论，媒介研究学者柯尔斯腾·德罗纳（Kirsten Drotner, 1999）追溯了媒介恐慌的历史，从18世纪直至互联网时代。科恩写道，当一些现象变得“被界定为社会价值观和利益的威胁”之时，这种恐慌反应就出现了。随着“社会认可的专家宣布他们的诊断和解决方案”（Cohen, 1972: 9），这一现象的本质就会趋向于“以一种程式和刻板化的方式呈现”。

练　习

某些人认为，自拍是由一些有自恋心理取向的人们所共同创造的产物（Fox & Rooney, 2015）。不少观察者认为，自拍可以有许多积极的功能，比如：有助于自我探索、建立联系、平衡美丽的理想。[①]尽管如此，也有人声称自拍与身体畸形有
118 关，[②]另外，新闻媒体也高度关注了“自拍死亡”（selfie deaths）的现象，比如：人们会为了找一个完美的自拍角度，冒险站在火车前、爬到屋顶上、挤进公牛的赛跑队伍中等。[③]现在，试着想一下在“媒介恐慌”语境中可能出现的自拍，试着找找并指出自拍所带来的风险、危机或道德问题的研究或新闻报道。并且，也找一下强调自拍积极方面的观点理念。你认为什么样的视角是合适的？在什么意义上可以这样认为？许多与新技术和以前行为有关的恐惧，在事后看来似乎很荒谬，比如：坐火车旅行会让人无法呼吸，或者听收音机会导致学习成绩不好。其他恐惧，如对核能的担忧，可能会更加充分。试想一下，20年后，当我们回首往事时，会如何看待关于自拍的争论？

---

① www.psychologytoday.com/blog/positively-media/201304/selfies-narcissism-or-self-exploration.

② http://mic.com/articles/86287/a-psychiatric-study-reveals-selfies-are-far-more-dangerous-than-you-think#.VIirMuhN4.

③ http://mashable.com/2015/09/21/selfie-deaths/#jUUIabtqgkq8.

❖ 自我的颠覆性技术

因此，到底什么是自拍的目的？媒介时尚研究学者莉萨·埃林（Lisa Ehlin, 2015: 13）写道：

> 如果我在网上发了一张自拍照（一张可以分享的社交媒体自画像），我希望与他人联系，并想建立关系连接。我在无尽的自我塑造中重新审视自己。图像是私人的，也是含蓄的。

但是，自拍照不仅展示我们的外貌，它还呈现我们在哪儿，我们正在做什么，我们过去见过的人，以及我们想要见的人。文特（Wendt, 2014: 8）做出说明：“也许，我们对于Instagram的喜爱是简单的：它为我们提供关于自我的无数个版本，尽管每幅图画都力求精益求精。”在拍摄和分享自拍照的过程中，图像的不同版本可以通过在图像分享App软件中的多种滤镜功能进行处理，这样可以实验多种不同的风格，让我们以全新或不一样的方式进行自我欣赏。这也与从外部观看自己的可能性相关，数字文化研究学者吉尔·沃克·雷特伯格（Jill Walker Rettberg, 2014: 27）描述了自拍的生图是如何经过一些复古滤镜之类的媒体实践，将图像“焕然一新地展示在我们面前”： *119*

> 我们看待我们自己及周围的环境，就犹如我们是在自己的外部，通过一个复古的过滤器，或者摆出在杂志上看到的时尚模特的姿势，或是添加杂志中出现的家庭风格场景。

但是，对于成为我们想成为的人的可能性是有限的。与大多其他视觉文化一样，自拍肯定也与性别政治有关。例如，最流行的自拍姿势就是噘嘴的“鸭子脸”，它特别显著地出现在女性群体当中。这个带有性别歧视意味的词指的是“为了突出颧骨而吮吸脸颊的自拍者，他们的颧骨往往会像鸭子一样把嘴唇往外推”（Katz & Crocker, 2015: 1866）。

自拍被应用和谈论的方式，有助于保持对性别社会规范的遵守，并管理在什么情况下男性或女性可以参与在线社会和政治环境。由于自拍是社会行为的一部分，更广泛地说，是人们构建身份的一部分，因此，不仅性别，其他社会阶层也会产生影响。社会学家阿普尔·威廉斯（Apryl Williams）和比特丽斯·阿尔达纳·马克斯（Beatriz Aldana Marquez, 2015）发现，许多白种男人不会自拍，因为他们觉得自拍照看起来“没有男人味儿”。此外，拉丁美洲人和黑人会更乐意自拍，并将其与他人分享。这些研究结果表明，自拍具有自我赋权的潜能，也具有对霸权做出温婉表达的能力。更普遍的是，自拍照虽然在一定程度上再现了与权力有关的社会刻板印象，但也可能被用于以各种方式进行控制。哲学家米歇尔·福柯（Michel Foucault, 1988: 18）在书中提及某种被称为“自我技术”（technologies of the self）的事物，

> 它允许个人以自己的方式或在他人的帮助下对自己的肉体和灵魂、思想、行为和存在方式做出某种程度的操控，从而改变自己，以期达到某种状态的幸福、纯洁、智慧、完美或永生。

自拍或普遍意义上有助于此的社交媒体，可以被视为一种我们将其应用于构建、滤镜添加、展示和自我分享的技术。此外，虽然自拍被社会权力和规范所强制执行，但它们也可能使表演抵制这些东西（Losh, 2015: 1649）。换言之，自拍可以被视为浅薄的照片，它呈现诸如有问题的美丽理想之类的东西，但它并没有排除它们具有强大进步力量的可能性。哲学家朱迪丝·巴特勒（Judith Butler, 1990）是酷儿理论（queer theory）的创始人之一，她认为身份就是展演。她的“表演”（performativity）理念表明，我们身
120 份中没有什么是固定的，因此，人们通过重复相似的方式来保持他们的性别认同，就像其他方面的认同一样。如果人们开始以不同的方式做事，社会就会逐渐发生改变。然而，如同巴特勒所言，问题是人们的表现并不总是有意识的，一些表现经由文化和媒体进行重复性的展示，这样它们看起来“自然”或“真实”。尽管如此，这只是一种幻觉，似乎固定不变的身份——性别化、种族化等——可以通过替代表演的积累而被颠覆和重塑。

练 习

可以肯定地说，将自拍仅仅视为消费主义影响（时尚、化妆、购物、生活方式等）和自恋是一种简单的看法。如果一个人不把人视为天生的自我中心，而是把人视为脆弱的自我，那么我们的观点可能会改变。莉萨·埃林（Lisa Ehlin, 2014: 73）认为，与巴特勒的观点一样，“自拍给予了人们对于不同社会角色模仿和表演的能力，它指向经由意识和中介的潜在颠覆，而不是自我客观化”。现在，试着观察大量你在网络上能找到的自拍照。将一些看似肤浅的“标准”自拍，以及一些似乎包含“严肃”信息的自拍囊括在内，或许是个不错的主意。试着从它们潜在的颠覆性角度来看待这些问题。在哪些方面你会认为这些照片是消费主义和自恋取向的表征呢？它们在哪些方面可以被解读为女权主义、酷儿理论或其他批判言论？可以从自拍的表面价值上将其看成性别化、种族化、性别刻板印象或看成对这些规范的批判吗？或者也可以把自拍视为对自我发现、模仿等行为的批判吗？你可以试着以同样的方式，对其他用户创造的在线视觉内容提出挑战。

❖ 亲和视频

亲和空间（affinity spaces），指的是一种社会环境类型，它在有些时候形成于网络。这一术语是被语言学家和教育心理学家詹姆斯·保罗·吉（James Paul Gee, 2005）率先提出的，与其讨论社群（参见第5章），不如讨论亲和空间，以期捕捉当前数字化社会关系的形式。在亲和空间中，人们群聚在一起，是因为一种相似感或共同的价值观。吉认为，这种彼此间的关联性，在今天的数字世界中已经变得越来越显著。亲和可以被定义为人与人之间的感情联系。人类学家邦妮·纳迪（Bonnie Nardi, 2005: 99）在书中写道：

> 如上所述，关联感是一种与他人交流互动的开放情形。亲和通过社会关系获得，121
> 在此关系中，人们会感到与他人的联系，从而有了进一步沟通的准备。

在这个意义上，亲和是以其他事物为基础的，而非取决于诸如国籍、种族、阶级、性别、残疾等宽泛的类别。在她对YouTube的研究中，可以看出帕特里西亚·兰格

(Patricia Lange)对经由YouTube视频呈现出来的视觉强化通信如何与建立的亲切关系相关联尤为关注。在一项研究中，她描绘了视频创作者吸引观众注意的模式和原则，并引入了“亲和视频”的概念。她通过YouTube视频强调了交流的社会层面，特别关注了视频如何被用于社交，从而产生人与人之间的联系。在为期两年的民族志研究当中，她仔细研究了那些似乎试图建立某种“交流联系”的视频。兰格（Lange，2009：71）在书中写道：

> 亲和视频尝试去保持与他人之间的潜在联系，这些人认为自己是视频的目标观众。

视频创作者为了能够“介入”潜在的其他人，他需要抓住那些人的注意力。但是，兰格接着谈到，注意力并不会免费地到来。相反，它是一项需要工作得来的成果，就这一点而言，这项工作是通过视频以视觉化的方式完成的。亲和视频的定义是指它们在当下旨在创造一种联系的感觉，实现并维护某种传播渠道的开放性和积极性。视频似乎在说：我（仍然）在这里！我就是这个样子！我在这个房间里！这就是我现在的生活！你还是可以对我所做的事情进行订阅/点赞/评论！我们会持续地关联在一起！在这个意义上而言，这些视频是促进社群或网络发展的社交活动。

YouTube是一种社交媒介吗？

YouTube是一种大型的视频收藏库，有超过十亿的用户每天在该平台上观看成百上千万小时的视频内容，每分钟有300小时的视频上传至平台。[①]

122 有一项研究对用户订阅行为和YouTube平台评论进行了对比，研究表明在系统内的“社交”和“内容”行为之间有显著差异（Wattenhofer et al.，2012）。这意味着在YouTube上社交的用户基本上与传统看电视的用户不同。同样的研究发现25%的用户有一个或多个互惠订阅链接。这可以和Facebook上100%的“朋友关系”相比较，就定义界定层面而言，这些关系都是相互的。[②]一项关于Twitter的研究发现，“互为好友”这项服务的相互关联比例在22%，因此大致上可以说，YouTube比Twitter会更具社交性（Kwak et al.，2010）。

---

① www.statisticbrain.com/youtube-statistics/.

② 但是，Facebook网站还有一种较为模糊的“关注”功能（www.facebook.com/about/follow）。

换言之，亲和视频并不适宜于每个人。即使任何人都可以观看它——只要这些视频被公开地发布，那么它们一般就会引起某些期盼关系建构人群的兴趣，他们会在视频主题、态度、价值观或创作者方面感到一丝亲切。兰格（Lange，2009：83）写到，这种类型的视频往往缺乏内容的任何传统形式。这种视频通常既不是原创的，也并非多“有趣”——基于这个词最为常见的意思。相反，它们往往是刻板的、程序化的，并大量利用玩笑和其他俚语。

纵观历史，我们可以想想家庭电影的风格——类似物或数字的——传统上是由父亲在特别的仪式场合录制的，如：毕业典礼、生日宴会、婚礼、圣诞晚会，这些录像常常能成为这些回忆的直接手段。从某种程度而言，这些就是亲和视频：它们连接着想要观看它们的家庭成员、亲朋好友。此外，家庭电影对于更为广泛的受众来说，也有一定的吸引力——这还不包括在这种背景下通过更广泛的传播失误和失败从而创造出来的类型。然而，随着实惠的数码相机和照相手机的普及，人们有更多可能捕捉更为个人化的东西和日常生活中的点滴。与此同时，互联网和YouTube改变了视频传播的方式。告别了小范围的家庭观看模式，大范围的全球分享模式正在悄然增长。个人化媒介 123
可以在不同的分散性人群中双向传播。兰格认为，这种情形会呈现出不同的地点、身份和价值观，可能会干扰传统的父系等级秩序、中产阶级、家庭为中心的家庭电影制作模式。然而，不幸的是，年轻的视频博主和其他非传统方式创作者，经常因为分享无意义的东西而受到不应有的批评。

因此，亲和视频主要不是为了记录事情以便将来能记住它们，尽管从技术角度来看，它们对已经发生的事情进行记录，实现了在特定时刻找回特定感觉的功能——这种感觉或多或少——在视频创作者、观众、订阅用户、点赞用户和评论者之间进行分享。这就是纳迪（Nardi，2005）所说的“连接工作”（work of connection），如果脱离上下文，它可能看起来毫无意义，但对于在特定群体中保持交流领域的开放性是非常重要的。

❖ 犹如社交行为的在线视频

兰格（Lange，2009：83）认为，亲和视频并不是“视像的末路”，而是“在一种延续社交关系中的调解型状态”。这类视频的重点不在于它们的特定内容，而在于它们经由开放性的渠道，对人与人间关系的维系。并且，亲和视频很大程度上是通过视觉方法来行使其功能的，因为它们往往围绕着创作者的动态身体，将其作为影像素材。

因此，即使视频原创者可能一直对着摄像机说话，按照兰格的说法，亲和力的产生，依赖于视频传送出来的大量可视性元素。亲和视频通常摄制于家庭场景，往往是一些自发录制的素材，或者也有可能是精心布置后所呈现的自然即兴效果。它们主要是分享非正式体验，常常包括大笑、鬼脸以及一些滑稽效果。人们的身体通常处于这些视频的中心位置，因为它们很可能是在相当近的距离拍摄的，这样就可以近距离观察说话人的面部特征和表情。纳迪（Nardi，2005：114）在参考社会存在理论（social presence theory）的基础上写到，当人们见面以及当他们面对面地看到对方的时候，他们之间的联系和承诺会得到最好的促进。

与上述相符，亲和视频的一般特征是，它们的对象在相机前吃饭或喝水。无论是啃苹果、喝水、喝咖啡或是喝杯茶。同时对着观众讲话，增强了视频的随意性。我们会经常看到视频博主讨论一些生活日常话题，如：他们是否疲倦、饥饿、无聊；他们是否已经（或需要）打理下发型，以及以其他方式提供他们（所拍摄）身体的社会“证明”。换言之，亲和视频是社交工具——取决于可视性——它缺乏任何传统艺术性、叙事性或信息化的内容。相反，它们只是简单地“展示”个人的在线状态，以期搭建与他人交流
124 沟通的连接通道。就这个意义而言，亲和视频就好像自拍一样，它们是独特的、与生俱来的数字和视觉社会现象。兰格进一步认为，虽然YouTube视频的相关研究分析经常围绕专业内容和用户自制内容的简单区分而展开，但对于视频亲和力的关注，使我们逾越这些分类，进而看到了更加有趣的动态现象。

❖ 视觉社会性的层次

现在，让我们来仔细分析一下数字网络媒体用户之间的视觉交流是如何建立社会联系的。其中一种有效方式是基于语言学家罗曼·雅各布森（Roman Jakobson，1990）的理论，众所周知，他定义了“话语事件”（speech events）的六个要素（1–6）和语言的六个功能（a–f）。他认为，在任何演讲活动中，总有个（1）“发件人”（addresser）向（2）“收件人”（addressee）发送某种（3）信息（message）。例如，一个在网上分享的视频，可能会被发送给某些与创作者有共同兴趣的观众群体，但这并不排除许多不是内容收件方的人仍然会观看它。视频会以不同的方式解码，这取决于它是否意味着要和你说话。

发件人运用(a)语言的情感功能(emotive function)来表达他对于所演说内容的态度。雅各布森写到，这种功能具有产生某种情绪印象的作用。然后就是(b)意动功能(conative function)，它是直接面对收件人的功能，如："请单击下方订阅我的频道！"或"请在下方评论栏发布你的问题！"信息本身则完成了雅各布森所说的(c)诗意功能(poetic function)，它取决于发信人如何(确信地、开玩笑地、修辞性地……)运用语言。

此外，信息总是会被发送到(4)一种或多种情境中，置身其中的收信人可以理解，这也有助于解释所说的话。这与(d)语言的指称功能(referential function)有关，即所表达的内容总是意指某物。一个关于某人喝茶谈论学校的视频所展现的内容实质也是如此。收件人需要知道"茶"和"学校"所使用的情境——它们的文化意义是什么——以便更好地进行理解。还需要(5)一个编码(code)——某些语言类型或某种"语言"——至少在某种程度上，被发件人和收件人分享。事实上，发件人和收件人均知道有关词汇、符号和事物的意思，满足了雅各布森所说的(e)元语功能(metalingual function)。最后，还必须有一个(6)关联(contact)——指有某些能让发件人和收件人双方都可以参与和保持传播的通信渠道。信息的主要作用是"开始、扩展或终止传播"或"检查通信渠道是否起作用("Hello，你能听见我的声音吗？""你在听吗？"……)(Lange，2009：75)，以此履行(f)交际功能(phatic function)。

练　习 125

你已读过了罗曼·雅各布森关于"演说行为"(speech acts)的理论以及不同的语言功能。请观察一下在线视频，找出你觉得可以被定义为帕特里西亚·兰格所说的"亲和视频"。现在，观看一个可以被认为是一种演说行为的视频，并且试着对其进行阐释。收件人是如何行使情感功能的？又有什么样的情感流露？通过怎样的(视觉)手段表现出来？你能辨识出所使用的意向动能吗？视频的收件人是直接联系还是间接联系？举例而言，视频博主可能习惯于作为"你的朋友"(you guys)或其他类似的身份，来与他们的观看者和订阅者沟通对话。你能解读出"你的朋友"的意思吗？如果为了更好地理解视频的意思，我们需要知晓哪些情境或场景因素？视频又通过什么样的方式发挥其交际功能？你可以继续追问类似的问题，也可以找寻其他途径来应用雅各布森的理论概念。然后，请试着以同样的方式来分析一张或多张自拍照。

❖ 延展阅读

* Rettberg, Jill Walker (2014). Seeing ourselves Through Technology. Basingstoke: Palgrave Macmillan.

女权主义新媒体理论学者吉尔·沃克·雷特伯格的这本书，在记述自拍的同时，也论述了其他形式的数字自我表达（不仅是视觉形式的），并说明必须审慎地对待这些现象。这意味着对于这些新现象的诠释，需要置于一种更为宽广的文化和权力环境中去理解。举例而言，她用认知、文化和技术的术语来对“滤镜”进行探讨，并探讨了滤镜和算法机制是如何成为人们日常生活中的重要部分的。

* Wendt, Brooke (2014). The Allure of the Selfie. Amsterdam: Institute of Network Cultures.

在这本小册子中，视觉文化批判学者和摄影师布鲁克·文特对Instagram平台上的自拍进行了分析，来检验目前自拍在社会中的地位。她以历史的维度审视自拍概念，分析了一些关键性的主题，如：姿势、标签和滤镜。

126 * Lange, Patricia G. (2007). Publicly Private and Privately Public. Journal of Computer-Mediated Communication, 13 (1), 361-380.

Lange, Patricia G. (2009). Videos of Affinity on YouTube. In Pelle Snickars and Patrick Vonderau (Eds.), The YouTube Reader (pp. 70-88). Stockholm:National Library of Sweden.

兰格的这两篇文章对于研究YouTube视频领域很重要。首先，她探索了YouTube上的参与者是如何创造和维护他们的社交网络的，这种分析是通过计算谁可以实际访问和解释他们的视频。她对“公共的私人化”和“私人的公共性”这两方面行为做出了概念性区分。第二篇文章是对于理解“亲和视频”理念的一个介绍。

7 感知数字化

127

核心问题

- 数字社会的到来在哪些方面改变了围绕人类情感的社会动态?
- 诸如摩擦、粘附和攫取之类的理论概念是如何有助于解释情感在数字社会中的作用的?
- 网络仇恨言论背后的机制是什么?为什么数字仇恨运动是难以对抗的?
- 如何才能将“网络挑衅”理解为基于数字社会特有的新型情感?
- 关于情感在数字社会中的作用,可爱猫理论(cute cat theory)告诉了我们什么?

核心观点

情感转向　情感/感觉/情绪　情感强度　摩擦

网络论战　网线挑衅　恶搞　可爱猫理论

粘性　攫取　反响　网络仇恨言论

随着互联网和社交媒体被越来越多地在与社会文化科学的视觉转向关系中进行探讨(参见第6章),它们在与情感转向(affective turn)的关联中也很重要。近几年发

生的这种转向，反映了对社会和文化的情绪感受研究的日益重视（Clough & Halley,
128 2007）。当然，情感对人们的行为方式是至关重要的。但是，文化和社会研究已经很久没有关注它们了，反而关注被认为更为中立的发展进程，比如：表现（representation）、中介（mediation）和意义（signification）。

情感转向允许新观点视角的纳入，其中一些观点是与数字社会高度相关的。虽然大多关于情感的社会学理论，关注在社会环境中共同存在的不同个体之间所发生的事情，情感在人与人互动的中介链条中的作用也很重要，规范（norms）和集体意识（a sense of collectivity）就是通过这种中介链形成的。涂尔干（Durkheim, 1912）适宜地谈到，在一百多年以前，人们将情感（感受）粘附于事物（符号、物品、事件等）的结果造就了集力“力量”（the force）的产生。

在本章中，我会对数字社会中的社会性——比如：网络视频、“点赞”、相片等内容的传播和应用——在大多情况下是由不同的情感形式驱动的这一现象进行考察。当人与技术间的摩擦助长了情绪的变化强度之时，社会交换就会在网络中发生。我会对一项研究进行讨论，这项研究将情感强度（affective intensity）视为一种强化数字社会性的重要力量。本章会介绍一些理论概念，如：粘性（stickness）、攫取（grab）、反响（resonance），也会同时覆盖到一些诸如网络论战（flaming）、网络挑衅（trolling）、恶搞（lulz）和可爱猫（cute cats）之类的现象，以此更好地理解数字社会的情感层面。

❖ 网络的摩擦

正如前一章所述，可以提出这样的问题：数字社会在多大程度上，以及如何改变人们之间相互联系和社会交往的已知方式。然后，也可以随之提出以下问题：是否互联网和社交媒体中的互动会改变人们之间的情感形成和表达方式？比如，可以在网络中表达爱意或哀悼吗？如果可以的话，当这些情感在数字网络媒体中表达的时候，其参数会发生怎样的改变？在“点赞”按键下“赞许”某物的真正意义是什么？并且，诸如异步性和匿名性之类的事物（参见第4章）是如何改变围绕在情感左右的社会动态的？

当对这些事情进行思考的时候，重要的是记住：情感和媒介的问题并不是数字媒体的特定问题。毫无疑问，无论是一通电话，还是我们在电视上看到的某事，都会让我们心中产生某些想法。但是一些人认为，关于中介和情感的问题已经在数字社会中变得更加敏锐了。社会学家托瓦·本斯基和埃兰·菲舍尔（Tova Benski & Eran Fisher, 2014: 1）认为，正是由于互联网允许“更加复杂的分享、通信、呈现和展示模式”的存在，而它们“都是影响情感的关键元素”，因此，互联网和社交媒体产生了一种新的情感语言、新的情感呈现、人与人之间情感交流的新方式等。

情感、感觉和情绪 129

“情感”（affect）、“感觉”（feelings）和“情绪”（emotions）这三个词之间的差异一直备受争议。互联网研究学者齐齐·帕帕查丽西（Zizi Papacharissi）认为不将这三个词相互混淆是非常重要的。她解释道，“情感”是一种深度体验，它常常是无意识状态下产生的。这是一种特殊的能量、情绪或动力，它可能会转而产生一种特别的与他人在一起的“感觉”。很大程度上，这种感觉可能继而会以情绪表达的形式出现。换言之，虽然感觉是情感的个人体验，但情感会先于个体而到来。情绪，就其本身而言，是社会交流的感觉。社会学家伊莫金·泰勒（Imogen Tyler, 2008: 88）另辟新径地认为，任何在情感、感觉和情绪三者之间的绝对差异都必须否认，因为这种差异“在政治上毫无用处”。因此，最好记住这三个词可以被用来指代一些不同的事物。尽管这里还没有明晰的术语共识。在本书中，我会对这三个词给予同等的对待，将它们视为同义词来使用。

其中一种理解与数字社会相关的情感问题的方式是运用“行动者—网络理论”，在本书第5章曾简要地提及此理论。在这一视角下，所有研究对象、人类以及其他事物（硬件、软件、小工具、语言等），都会通过与他人的联系而成为自身本来的样子。从根本上来说，行动者—网络理论认为，如同该理论名字呈现出来的内容，行动者必须通过他们所归属的网络来被理解。网络连接是让行动者得以存在的事物。互联网研究学者苏桑娜·帕索宁（Susanna Paasonen）、肯·希利斯（Ken Hillis）和迈克尔·珀蒂（Michael Petit, 2015）认为，因为这些网络处于持续地交流互动、相互作用、变化成长的状态过程中，它们就产生了摩擦。而摩擦又转回来产生了情感、感觉和情绪。他们解释道（2015: 10）：

> 举例而言，注视显示屏的某人是与电脑相连接的，电脑本身成为硬件、协议、标准、软件和数据的集合体。一旦电脑通过调制解调器、电缆、路由器、集线器、转换开关与信息网络相连，它就会提供通往其他电脑、网络环境、用户、群体和文件的路径。所有这些都需要重新思考人类与非人类行动者之间的关系以及情感是如何产生和传播的。

虽然这听起来有些抽象，但另一种说法是，人们在互联网和社交媒体上做的事情，很大程度上与情感依恋有关。在网上，人们清晰地表明自己的期望，应对一些有关
130 信任的议题，以及培养着那些对他们来说可能是非常重要的兴趣、活动和关系。在数字媒体上的讨论中，或当参与不同形式的内容时，我们会笑、会哭、会被诱惑、会变得兴奋或兴趣盎然。帕索宁和同事认为，在线连接和断连，都是由爱、期望和欲望的波动和变化动态而形成的。尽管如此，他们说，许多互联网研究的例子做出推测，数字工具和平台是合理的工具性和中立性的渠道，在其间流动的信息运行得相对平稳。一些方法还似乎认为，大多用户是非常理性和开明的。帕索宁（Paasonen, 2015）认为，由此带来的研究视角并没有将情感带入等式，因此不能完全解释许多在线交流的热情特征。

练　习

请思考一下多种不同的社交媒体平台以及它们被应用的不同方式。想想人类和/或非人类行动者之间的接触类型（图像、视频、关系集）都可能会在这里呈现。请试着对不同类型的情感或感觉进行分类。经"加好友"建立起来的社会联系是怎么样的呢？网络视频、模因或病毒链接（viral links）又是怎样的呢？在何种意义上，我们对这些事情的参与会受到情感的驱动？你能想到的是哪种情感？它又与哪种交友或互动类型相关？在何种程度上，如何才能绘制出中立代理之间的工具交换？此外，试着想想社交媒体平台是如何配置的以及情感是如何成为互动中的一个因素的。例如，可以讨论一下Facebook、Twitter、YouTube和Instagram之间的区别。

❖ 情感强度

毋庸置疑，情绪已经成为互联网使用的一个重要因素，甚至在媒体早期也是如此。一般而言，讨论组、社会连接性以及让我们分享和传播内容的动机，都与人、数字平台、图像、视频、文本和声音之间的在线相遇所产生的强度和感受有关。然而，帕索宁（Paasonen，2015）认为，尽管情感在我们在数字社会的体验中扮演着重要角色，但是对这个领域所做的研究还是太少了。

对于帕索宁，重要的一点是，人们对于社交媒体的应用大体上是由对强度的追求
所驱动的。我们正在寻找某种类型的“情感震动”（affective jolt）。帕索宁认为，这种 131
对强度的渴求增加了数字工具和平台使用者的兴趣，并促使他们在不同的网站、网络和讨论组间移动穿梭。有趣的是，她还指出，尽管我们寻求的刺激往往得不到满足，但事实上，在我们寻找某物时，也存在一种情感因素，可能会让我们从一个内容稳步转向另一个内容。帕索宁认为，数字社会中的互动是通过她所声称的“情感强度”所推动的。情感，是一种将人们贴附于某些社区、网络、主题、工具等方面的力量。它是一种来回助益于人们运用社交媒体的情感。对支持的呼吁、攻击性的爆发、对伤害的描述、或讽刺或娱乐的浪潮，都是将数字社会粘接在一起的行为和经历。

帕索宁的上述论述汲取了女权主义研究学者萨拉·艾哈迈德（Sara Ahmed，2004）的粘性（stickiness）概念。在艾哈迈德的观点中，事物会由于娱乐和敌意的原因变得具有粘附性——产生积极或消极的影响。但是，一些评论人士，如格鲁辛（Grusin，2010），声称社交媒体一般倾向于产生积极的影响。其中一个很好的例子就是Facebook有一个“喜欢”按钮，但是没有相应的“不喜欢”按钮（尽管YouTube有）。按照这种观点，社交媒体的运行是为了尽量减少负面情绪的表达，比如：恐惧、羞耻、厌恶。格鲁辛进一步认为，可爱和古怪的猫视频所带来的欢乐和惊喜的积极震动，更普遍地反映了社交媒体和情绪之间的关系。

粘性

萨拉·艾哈迈德（Sara Ahmed, 2004: 11）提出了非常有用的“粘性”概念，描述了一些在社会上分享和传播的事物是如何“变得有粘性，或渗透着情感，成为个人和社会紧张的场所”的。事物会变得有粘性，是因为它们负载着情感。并且，粘性的物质会明显地贴附于其他物质之上。我们在网络中可能会找到粘性的视频、图像、标签或讨论帖子。随着传播范围的不断扩大，它们就会被人们的情感粘黏在一起。这些事物的粘性可以通过人们回复或评论、分享或喜欢/不喜欢相关内容的频率来衡量。对于艾哈迈德（Ahmed, 2004: 45）而言，有一种情绪的“涟漪效应”：它们（通过符号、图形和物体之间的粘性联系）横向移动。

另外，帕索宁声称，在网络中确实存在混合和负面的情感。她写到，“点赞”按钮
132 可能会以非常模糊的方式使用，因此，“点赞”在所有环境以及对所有用户而言并不是必需的喜欢。并且，她还强调，尽管许多表情包或猫咪照片乍一看似乎是无害的，但它们其实可能具有令人不安的特质。帕索宁（Paasonen, 2015: 29）说道：

> 在网络媒体的应用中，积极和消极的情感强度，以复杂的方式相互交织和聚集在一起，以至于很难区分它们的品质，也很难精确地确定它们的交叉点。

因此，互联网上的交换是由情感推动的，但推动交换的情感类型可能常常是模糊的。人们在网上联系、断联、分享和回馈，因为他们所经历的情绪也是如此。这些情绪可能同时是积极和消极的，也往往比研究学者所期望的许多早期互联网有更多的强度。因此，互联网是一个既能激发情感，又能表达情感的空间。它不仅唤醒和传递情绪，还影响这些情绪被建构和展现的方式。

练　习

请想一下格鲁辛和帕索宁二位学者的观点，前者认为社交媒体在总体上趋向于表达积极的情感，后者则认为许多看上去无害的内容其实会具有不安的性质。试着将这些观点应用于你自己对社交媒体的应用体验中去。并且，请想一下在寻求刺激和平淡无聊之间的平衡，它可能会驱动或指导我们的点击和浏览行为。在何种程度上，你同意“情感强度”是数字社会性中的重要环节？你认为什么样的积极和消极情绪对人们的网络行为是至关重要的？对于情感灰色地带或所有新的情感形式，哪一种可以在线体验？

❖ 煽风点火

以攻击、侮辱和仇恨的形式对其他用户进行宣泄情感的在线社会行为被称为“网络论战”。追溯至20世纪90年代，文化批判学者马克·德里（Mark Dery, 1993）将“网络论战”定义为公开进行的“尖酸刻薄”的在线交流。他在讨论组和电子邮件中认识到这种话语类型，并认为数字沟通有一种“幽灵般的”（wraithlike）性质，这往往会使敌意在网上比在面对面的情况下升级得更快。他写道：“没有实体的、有时使用假名的战斗 133
人员倾向于认为，他们可以不受惩罚地进行谩骂（或者至少不用担心身体受到伤害）。”（Dery, 1993：1）当然，这与第4章讨论的观点是一致的，在计算机—媒介传播中，社交线索的减少可以使人放松。

与舒勒的去抑制观点（参见第4章）的批评意见一致，其他研究“网络论战”的学者强调了不要直接得出结论的重要性，即仅认为它是计算机—媒介传播的直接影响。传播学者约瑟夫·卡亚尼（Joseph Kayany, 1998）认为，网络论战并不是简单地通过电脑交流的反社会后果，它应该从社会环境和群体规范的视角来予以理解。一些政治、宗教或其他“敏感性”的议题，可能趋向于造成不受拘束的敌意宣泄，卡亚尼指出，这是人类交流的一个普遍方面，而不仅仅是在互联网上发现的。此外，按照传播学者菲利普·汤普森（Philip Thompsen, 1996：302）的定义，“除非有人称其为网络论战，否则它也不会成为一场论战”。

在一项实验性研究当中，计算机科学家彼得·穆尔（Peter Moor, 2007）分析了社会规范对于网上发布文字评论的论战行为的感知作用。他发现，当用户效仿其他评论者之时，会做出更多的网络炮火攻击。他就此做出总结，人们趋向于符合网络论战的形成规范，意味着如果某个人开始这么做之后，其他人就会随之如法炮制。网络上所出现的讨论模仿、群体压力或论战升级的类似模式，当然也可能以同样的方式在线下发生。但是在许多网络场景中，相当数量的人们仅会写下一番评论之后就退出讨论了。这种现象削弱了可靠性，并且可能会让人们变得更具有攻击性，因为他们不用承担所说言论造成的任何后果。

正如我们在现实生活中所发现的那样，有些形式的网络论战可以通过开玩笑的方式来完成，这是一种友好的在线“垃圾谈话”（trash-talking）。尽管网络论战的表达可以多种多样，论战的强度也可能不一而同（参见第6章探讨的编码/解码），所谈及的事物其实也没有植根于人们深度的仇恨情绪之中。然而，它们可能仍然是，不管每个人的意图是诽谤或攻击某人，这些评论有时可以成倍地积累成大规模的仇恨运动。这与更普遍的在线辩论的具体动态有关。当情绪以一种计算机—媒介化和网络化的传播模式表达出来之时，平台的具体可供性和局限性似乎很容易造成强烈的影响，同时也会使人们变得刻板有成见。

134 **网恋**

爱情、浪漫、性诱惑，是在互联网和社交媒体上常常被谈论的情感话题。关于网络约会和网络性爱的研究一般认为，在线关系，如果将其与对应的线下关系相比较，它会更加亲密，情感也会更加强烈（Ben-Ze’ev, 2004）。因此，大量的研究都从不同层面对网恋进行了探索。这些研究中的一个主要关注点就是网恋的自我展示策略，许多研究得出了类似的结果，在第4章中有相关讨论。该结果表明，人们可以通过计算机—媒介传播来展示大量的私密细节，并同时建立信任。

❖ 匿名的大多数

然而，我们必须记住，正如前几章所讨论的那样，这些能使情感加剧为侵略的平台可供性，同时也是一些人有机会可能以平和的方式表达其身份和世界观所必不可少的。法律学教授丹妮尔·基恩·西特伦（Danielle Kean Citron，2014：61）认为，互联网并不一定会助长仇恨，也不一定会让我们暴露最糟糕的一面。她强调了匿名对赋权的重要性：

> 持不同政见者，在微博网站上记录政府滥用职权，因为他们可以伪装自己的真实姓名。青少年们在LGBT（女/男同性恋、双性恋和跨性别者）网站上向家人和朋友表达他们的担忧，因为他们不担心被认出来。在匿名的掩护下，新生父母更愿意诚实面对养育孩子的困难，并无须担心被贴上坏父母的标签。

与此同时，网络数字工具和平台还可以明显有利于网络暴徒的出现。各种极端主义团体确实是互联网最早的使用者。直到今天，人们似乎更倾向于反社会行为，当相互作用在网上发生时，人们更倾向于加入偏执的群体——相对匿名、不同步等。随着在线交流趋向于群体极化，事情可能会进一步放大。那些倾向于加入激进团体的人，如果在网上加入这些团体，就会“走向更极端”（Citron，2014：63）。

同样的过程也会促使那些通常观点不那么激进或极端的人转向更无情的网络观点。因此，按照西特伦的想法，网络使用可能会使人们变得激进，将中立者推向两端。 135
并且，在线传播的网络化和病毒性特征，会极大地恶化网络传播所造成的伤害。西特伦认为，还有一种倾向是，把那些在网上成为仇恨和骚扰目标的人的感受轻描淡写。在互联网有时被认为是言论自由的“蛮荒西部”地带，任何感到受到伤害的人，都有可能被视为歇斯底里的“戏剧女王”，无法意识到威胁和攻击可能只是“言语”、讽刺，或是所谓的仇恨者打发时间或战胜无聊的一种方式。

在2014年下半年发生的“游戏门”争议，是一个关于网络暴徒涌现的显著例子。这场争论源于电脑游戏文化中性别歧视与进步主义的长期争论。按照维基百科的说法，这场带有仇恨骚扰性质的运动始于2014年8月，当时游戏开发者佐伊·奎茵（Zöe Quinn）——也就是批判广受赞誉的游戏*DepressionQuest*的发起人——被前男友在一篇博客文章中猛烈地抨击，控斥其与一名游戏记者一起欺骗自己，以此换取媒体的报道。[1]很快，其他人也加入了这场控诉中，在IRC（Internet Relay Chat）、Reddit、4chan和其他论坛中进一步扩大了指控。一些人认为，这次声势浩大的骚乱援助活动，与一些不喜欢奎茵创作的“艺术性”（artsiness）的众多传统游戏玩家有关。那些敢于嘲笑或批评攻击者的人，比如：游戏开发者布里安娜·吴（Brianna Wu）和女权主义文化批判人士安尼塔·萨基西安（Anita Sarkeesian），也很快成为极端仇恨言论和威胁的目标。然而，事情并没有就此停止，因为其他女性游戏创始者和报道者也成为被攻击的目标，其中一些人因此离开了游戏行业，另一些人被一系列暴力和极端威胁驱逐出家园。

这些事件很快地发展成为一个遍布网络的文化现象，对女性在游戏中的角色呈现发起激烈的论战，这一争议有关于女性作为游戏角色的，也有作为游戏玩家或游戏开发者的。根据《华盛顿邮报》的说法，这场论战发生在“一个由尖刻的反对者组成的五花八门的联盟”当中：厌女主义者、反女权主义者、网络喷子、相信自己被左倾和/或腐败的媒体操纵的人，以及不希望自己的游戏改变的传统主义者”和“独立的游戏制作者和评论家，其中许多人是女性，她们主张在游戏中融入更多的内容”[2]。然而，“游戏门”不仅仅是一场消费者运动或是亚文化戏剧的一种表达。它在性别、厌女症、可见
136 性和包容性等有关议题上引发了一场更大的冲突。成百上千参与这场论战的人仍然认为，这场争论只是关于游戏新闻的伦理议题。但是，这样的观点想象与奎茵所收到的强暴和死亡威胁并不相符，也不符合发布奎茵的私人信息（个人地址、裸照等）之类的行为。对于任何声称这场论战较少关乎伦理而更多关于性别歧视的人而言，都需要付出昂贵的代价。

2016年2月，随着奎茵前男友的庭审临近，奎茵变得犹豫不决。她的前男友变成了网络知名人物，而愤恨的暴徒也变得更猖狂了。这个案子似乎加剧了这种威胁，所以她决定放弃这个案子，因为她觉得法律司法系统无法保护她免于受到网络仇恨行为的攻击。她的前男友并不是骚扰者中最糟糕的，也不是唯一的。由奎茵、吴和萨基西安所保存的这份详尽的文件，“描述了匿名的大多数，他们群聚在一起的力量，比（最初）博客文章的威力更加恐怖、更有破坏力”。在一个视频面试中，[3]奎茵解释了她如何“不认

---

① https://thezoepost.wordpress.com.

② www.washingtonpost.com/news/the-intersect/wp/2014/10/14/the-only-guide-to-gamergate-you-will-ever-need-to-read.

③ www.washingtonpost.com/news/the-intersect/wp/2016/02/17/in-the-battle-of-internet-mobs-vs-the-law-the-internet-mobs-have-won.

为法院已经平息了这场风波”，因为“司法机关并不觉得这是一场值得交锋的战役”。西特伦认为，受到网络侮辱侵害的人们非常缺乏足够的保护。在一起与“游戏门”毫无关联的案例中，警方称该起骚扰事件是“令人讨厌且不成熟的互联网通信，不符合刑事起诉的标准”（Citron，2014：88）。西特伦在具体谈到奎茵的案子时表示：“在某种程度上，这个系统受的压力太大了。在像奎茵这样的案件中，其中参与了那么多人，你是无法确定刑事责任的（2014：88）。”

练 习

看看“游戏门”在网络上发酵的轨迹——先是博客和新闻网站，接着是Twitter、Facebook、YouTube等平台。一定要深入了解所遭受的威胁和攻击的类型。试着通过前面对于匿名（参见第4章）、网络公众（参见第2章）、网络个人主义（参见第5章）以及本章中的情感强度和粘性概念，来对这场网络争论进行分析。从总体上，试着辨析一下这类事件中有哪些因素是由数字社会所特有的社会机制所造成的。如果没有互联网，这类事情中哪些是不可能发生的？最重要的是分析一下是什么原因造成的。

❖ 网络挑衅和恶搞 137

毋庸置疑，人们在互联网和社交媒体上恋爱、憎恨、交友以及攻击彼此。随着社会逐渐在网络环境中成形，这似乎是随一些社交、冲突和垄断等基本社交形态应运而生的自然结果。但是，如同我在前几章讨论的那样，数字社会也产生了一些对其交互模式更为具体的社会形式。其中一种现象就是网络挑衅。这种含糊不清地发布煽动性言论、错误信息、虚假指控或其他旨在激起情绪和强烈反应的做法，凸显了在线互动的复杂性。

网络挑衅与煽风点火不一样，它可以转化为敌意、攻击和辱骂。网络挑衅是一种有意的挑拨形式，它涉及更为细致的实践：发表自己并不真正持有的观点、注重所发布内容分类、发表突然偏离主题的评论等。互联网研究学者和文学学者惠特尼·菲利普（Whitney Phillips，2015）就比较关注网络模糊行为的灰色地带。她认为，许多数字媒介的互动介于游戏（粗俗的玩笑、身份实验等）与仇恨（系统欺凌、仇恨言论和其他明显有害的行为）之间。尽管互联网上的所有遭遇都可以用“网络挑衅”来定义，但这一现象仍然带来了社会实践的腹地，这也有助于更广泛地理解数字社交是如何运作的。

网络挑衅的根源

惠特尼·菲利普（Whitney Phillips, 2015）在《关于恶意挑衅》一书中，描述了这种现象是如何出现在alt.tasteless等新闻组以及如何在早期互联网上所谓“令人震惊的网站”（shock-sites）中激增的。诸如此类的论坛滋生了对于内容的无政府主义态度，培养了一种文化，让不知情的网民看到“不可能看不见”的令人震惊的图片，或者看到完全没有意义的东西。随后，臭名昭著的/b/讨论版——匿名在线论坛4chan的一个子集——成为恶意挑衅的温床。/b/是一个“随机”的团体，但它的政策是“无规则”的，成了各种各样的孵化器，目的是将恶意挑衅变成一种连贯和可识别的行为。互联网研究学者李·克努蒂拉（Lee Knuttila, 2011）描述了/b/的“肮脏与污秽”：

138 萦绕于/b/的贬义幽灵源于其习惯性令人不快的话语。这是对于/b/的最小化规制，超出张贴个人资料、儿童色情图片以及在其他网站上的“袭击”讨论之外。甚至这些名义上的规则也经常遭到蔑视。/b/里神秘的笑话、贬损的语言、令人痛苦的血淋淋的画面和无拘无束的争论，往往与敏锐的政治讨论、虚拟友谊的真挚时刻和闪闪发亮的戏谑相配合。

关于“网络挑衅”观念的起源一直存在争议。“troll”这个词能让我们想起斯堪纳维亚民间传说中的巨怪（the trous of scandinavian folklore）。同时，" trolling”也可以描述为一种钓鱼技术，通过这种技术，诱饵被拖到移动的船之后。很明显，神话巨怪的恶作剧特征和引诱某人的行为，都是有关实践的隐喻。菲利普发现，网络滋事挑衅是一个多元化的群体，从表面上缺乏任何形式同情心的个体，到那些明确的种族主义者、性别歧视者或同性恋恐惧者，再到一些令人非常尊重的个体，即便他们也参与了滋事活动。

网络挑衅，指一系列偶然和持续性的行为，其中一些行为非常具有攻击性，在法律上会被视为骚扰，另一些则是出于幽默目的误导他人的相对无害的行为。在菲利普的研究中，她发现，尽管存在着花样繁多的挑衅和滋事行为，但仍然有一些一致的标记，以此注明它们的含义。首先，她认为，“挑衅”总是带有自我识别性质的。换言之，没有意外偶发的网络滋事。简单地挑衅他人，煽动种族主义，或仅仅表达种族主义，性别歧视或同性恋恐惧感，并不构成挑衅。用愚蠢的问题来扰乱网络对话的行为也不例外。根据菲利普的定义，网络挑衅是一种带有自我识别性质的寻衅者着手做的事情。

其次，“挑衅”是由“恶搞”所驱动的。“恶搞”即“lulz”，是“笑声”（laughters）的网络俚语缩略词“lol”的一种变化——或者说是一种堕落。“恶搞”，指某种缺乏同情心和模棱两可的嘲弄。它“庆祝被嘲笑的受害者的痛苦”，并表示“对他人痛苦的快乐”（Phillips，2015：26）。挑衅是“为恶搞者”而做的，网络挑衅的唯一原因是从某种情境中将恶搞提取出来。但是即便如此，也并不意味会造成任何实际伤害，菲利普 139
（Phillips，2015：36）仍然强调，“恶搞是基于不对称性的”，因为恶搞者的追求意味着恶搞的目标对象成了客观被利用的人。

网络挑衅基于一种观念，即没有什么事情应该被认真对待。它反映了互联网和社交媒体的无依赖性。在“寻衅面具”的背后，用户可以自由选择他们所说的内容及其真实程度。同时，挑衅取决于其目标不是匿名的，或者至少是愿意披露他们在线下空间中的某些脆弱点和依赖性的。虽然这样的挑衅显然在思想上和道德上都令人担忧，但它仍然表达了关于在线互动机制的关键。

看上去似乎很容易将网络挑衅视为无目标、不成熟和不必要的事情。但与此同时，它也开发了操纵人们交流或反应信息流的技能——可以说，网络挑衅是“文化消化的媒介”（2015：10）。挑衅还可以使我们意识到我们的感觉在消极或积极、威胁或期望之间可能存在的重叠。菲利普（Phillips，2015：11）认为：

> “挑衅”源于并嵌入占主导地位的制度和修辞，这与“挑衅”最具破坏性的行为一样具有破坏性。

因此，网络挑衅指向网络社交活动的复杂性。人们会怀着不同的动机或目标去做事，而这些行为可以通过网络化的媒体进行累积，也可能是有意或无意的结果，最终的后果既可能是有益的和富创造性的，也可能是可恨的和带破坏性的。

❖ 抓取与共振

为了解释数字媒体与情感之间的复杂关系，帕索宁建议一种从单向关注表象的转变。她的意思是，如果仅从文本角度来研究社会交流和社会经验——仅分析关于人们言行的文字或其他象征性痕迹——那么构成数字社交的感官和具象方面就会被框定了。因此，她认为，我们必须避免“以理性为中心”（logocentric）的观点，因为它们依赖于语言模型来理解社会生活。所以，我们不仅要查看人们发表的帖子，他们上传或查看的照片以及他们创建或观看的视频，还必须考虑内容如何影响用户。然而，这说起来容易做起来难，因为这带来了微妙的分析挑战。

在更普遍的媒介研究和批评中，历史上有一种倾向，即贬低流行的题材，如情感感伤片、惊悚片和低级喜剧。有人说，这可能与以下事实有关：这类体裁往往是身体感觉
140 的，而不是理智的经验。网络文化中的许多类型也是如此。帕索宁（Paasonen，2011）在网上色情案例研究中指出了自己的观点，尽管该案例得到了广泛使用，但仍未得到足够的研究，它至少被四分之一的西方互联网用户所使用，对于互联网如何发展成为一种商业媒体至关重要。它无处不在，但不知何故仍被边缘化。这至少可以通过其强烈的情感冲动来解释。

正如帕索宁（Paasonen，2011：2）的解释：色情将“观看身体附加到其情感循环中：在色情作品中，身体在移动并移动观看者的身体”。此外，人们与网络色情的相遇涉及亲密关系。这种亲密关系可能是令人希望的、令人惊讶的、不被期望的、令人不安的等。但这仍然是亲密关系。在数字社会中，这种机制不仅适用于色情作品，还适用于各种事物，从让我们内心融化的可爱猫咪照片，到可怕的血腥描绘场景，我们无法从脑海中抹去。这种内容是身体体验，这给需要让分析头脑保持清醒的研究人员带来了困扰。特雷莎·森夫特（Theresa Senft，2008：46）认为，与其说人们观看互联网内容，还不如说人们被该内容“抓取”（grab）。森夫特（Senft）将“抓取”描述为数字社会特有的观看和参与的特定动态：

> “抓取”的意思是用手抓紧、抓住片刻、吸引注意力、触摸——通常是不适当的，

有时是相互的。去抓取(to grab)就是要抓、抢、捕捉。“抓取”以不同的方式发生于网络，存在于生产、消费、解释和传播的每个阶段。

受到森夫特“抓取”概念的影响，帕索宁认同使用互联网和社交媒体行事，这与制作电视或电影小说截然不同。在对色情研究中，帕索宁解释说，从狭隘的表现角度看——讲述了什么故事，展示了什么图像——网络色情与前数字色情大体相同。目前的区别在于技术上的组成和有关的参与方式：

> 用户不仅仅会像VHS、DVD或付费频道那样选择观看视频，他们还会搜索、浏览（通过站点，列表和目录）、添加书签、单击、下载、上传、发表评论、评分、登录和比较。(Paasonen, 2011: 259)

与许多另外的媒体以及以前的媒体使用形式相比，此类事情使人与社交媒体的接触更具有出于本能的特性。并不是说书籍、音乐、电影和电视不能在情感上感动我们。事实上，所有这些媒体都经常这样做。响亮的现场音乐当然可以在身体上感受到，就 141
像我们在电影院观看令人震撼的3D电影时所体验到的一样。但是，非网络媒体(non-internet media)的许多内心体验也发生在表象层面。在这些情况下，我们被一本书的故事、一首歌的歌词、一张照片的象征力量所打动。但在某些情况下，特别是在数字网络和互动媒体中，会发生更多的事情。帕索宁建议我们使用共振(resonance)概念来对此进行描述。再次强调，以网络色情为例，共振不仅描述了色情的力量和抓取，还描述了用户如何依附于内容。对于帕索宁来说，“共振”是关于情感内容和情感观众之间的联系，以及他们如何相互共鸣或产生不和谐音调。

❖ AWW!

广受欢迎的社交新闻和娱乐网站Reddit被组建成特别有趣的页面，称为“社交新闻网站Reddit的子版块”（Subreddits）。截至2015年，该网站有数亿的访问者，他们参与提交文本、图片和视频，以及对这些页面的内容投“赞成票”(upvoting)或“反对票”（downvoting）。一个默认的子版块，意味着每个创建用户账号的人都自动订阅了Aww。

它的重心在于“发布图片、视频和故事，让你从极度可爱中走出来”[1]。Subreddit上到处都是可爱的小狗、兔子、小猫等的图片和视频，也可以张贴人的照片，但是到目前为止，最流行的物品是可爱小动物的图像。

正如日本研究学者米奥·布莱丝（Mio Bryce, 2006: 2265）所言，可爱已经成为一种“强大的文化媒介”（powerful cultural medium），Aww只是众多例子之一。这与动漫和其他流派、表现形式或可被描述为“kawaii”（一种可爱的特别形式）的事物有关的日本流行文化有关，但事实上，人们对互联网文化中普遍存在的可爱事物有着过度浓厚的兴趣 （Wittkower, 2012）。例如，可爱（cuteness）是一些网络模因中的一个元素，最突出的是所谓的LOLCats（可爱猫）（Miltner, 2011）。LOLCat模因是一个图像宏（见第2章），由一只或多只猫用幽默、拼写错误或语法错误的标题组成，至少在一定程度上吸引了“可爱的情感诉求”（Shafer, 2012）。由于某些原因，猫的图像和视频在整个互联网上传播非常频繁。在许多社交媒体环境中，它也许确实看起来好像是“一路下来的小猫”（Lobato & Meese, 2014）。

142 公民媒体研究人员伊桑·朱克曼（Ethan Zuckerman, 2015: 134）写到，当代互联网甚至被设计为“在很大程度上是为了传播可爱猫的照片”。当然，他的意思并不是说互联网是用来分享猫咪照片的工具。他用可爱猫来比喻用户创建的日常内容，并且他认为，后Web 2.0互联网总体上是一个普通人制作和传播各种日常事物的空间。朱克曼对数字媒体的公民使用很感兴趣，他认为，在创造、分享、喜欢和评论可爱猫咪的人之间建立和维护的社交网络，具有一种潜在的能力，如果需要的话，可以被动员起来进行政治活动。这一观点有时被称为“可爱猫”理论（cute cat theory），它指出，被设计用来供活动人士或其他专家使用的发布平台，往往不如更广泛使用的数字工具和渠道有效：

> 旨在让普通消费者发布非政治内容的互联网工具，往往对活跃分子有用，因为政府很难在不审查无害内容的情况下进行审查；因为对无害内容的审查，可以提醒非积极用户注意政府的网络规制；因为使用消费工具的行动主义，可以挖掘非行动主义用户的潜力（latent capacity），以此创造和传播行动主义内容（Zuckerman, 2015: 132）。

---

① www.reddit.com/r/aww/wiki/index.

此处有另一个重要的维度，它超出了朱克曼的讨论范围，即这种潜在能力通常来自可爱的粘性(cute stickiness)——回到艾哈迈德关于传播内容的概念。换句话说，采取有力行动的潜在可能性，取决于通信基础设施的情感吸引力。除了基础设施之外，这可能还与可爱猫本身的情感强度有关，在这些案例中，这些猫被动员起来是为了政治目的。正如传播学研究者齐齐·帕帕查丽西(Zizi Papacharissi, 2015: 93)所说，这些平台已经被“情感化处理”(affectively disposed)，如果是这种情况，情感公众(affective publics)就可以被动员起来。

帕帕查丽西在对政治激进主义的研究中指出，互联网和社交媒体促进了基于情感
的政治表达和形式。根据上述关于可爱猫的讨论，帕帕查丽西说，人们通过充满情感
的话语联系起来，对私人和公共问题以及事物的感受是网络公众非常重要的推动力。
换句话说，帕帕查丽西和帕索宁一样，将情感视为数字社交的关键元素。帕帕查丽西
引用了之前书中描述的研究，即社交媒体如何促进人们的参与感，他认为，网络技术
在人们之间创造了情感联系。当“情感手势”(affective gestures)召唤网络公众时，就 143
会发生这种情况。这样的情感手势可以是可爱猫图片的形状，也可以是明确的政治话
语——重要的是，情感并不是任何议程的承载者，而仅仅是强度的承担者。

> 因此，通过点赞Facebook上的一个帖子、在新闻聚合器上支持某个项目、上传和共享一个YouTube视频，或者使用模因生成器通过照片来创建和分享一条简单的信息，情感上的协调表明了公民的热情，因此是一种参与形式。(2015: 25)

因此，尽管互联网和社交媒体可以充当表达几乎任何类型情感的空间，例如：爱、恨、愤怒或看着可爱毛茸茸小猫的那种令人心动的感觉——但是，想想数字媒体的情感特征更普遍地意味着什么也很有趣。从艾哈迈德、帕索宁、帕帕查丽西和朱克曼等人的观点学习得出的结论是，人们通过每天或随机传播的内容来保持渠道的畅通，这一事实本身就创造了一种强大的潜力，即可以出于各种社会和政治原因和目的，来动员网络上的公众。

练　习

你已在本章中阅读了有关情感强度是如何推动网络社交的。这种强度可能来自“aargh”（如恐惧、愤怒等情感）、“lulz”（如网络挑衅）、“eww”（如震惊或厌恶）或“aww”（如可爱猫）的感觉。正如你所看到的，一些研究人员认为，从令人震惊到可爱的事物所引发的情绪有着家族相似性。现在，去imgur.com这样的网站，浏览一些互联网上最流行的图片。你发现的图像在多大程度上能被理解为情感的强度、抓取和共振?这些画面似乎唤起了什么不同的情感?你能对最常见的情感进行分类吗? 试着思考这样的功能内容对社会互动和更广泛的社会有什么作用。你还可以在互联网上搜索“反应视频”（reaction videos），这是一种新兴的风格，它记录并分享了人们对内容的情感反应，并可以从相似的角度进行研究。想想分享反应的社会行为，这是什么意思?

144 ## ❖ 延展阅读

* Papacharissi, Zizi (2015). Affective Publics. Oxford: Oxford University Press.

帕帕查丽西撰写的有关“情感公众”的书着眼于社交媒体如何使在线政治表达（包括日常、休闲和大规模运动）成为可能。这是因为社交媒体特别适合表达参与感。情感公众，在故事叙述的驱动下，可以在数字社会中摸索前进。

* Hillis, Ken, Paasonen, Susanna, & Petit, Michael (Eds.)(2015). Networked Affect. Cambridge, MA: MIT Press.

在这本书中，一组研究人员阐述了网络和情感之间的关系。这本书植根于新兴的情感理论领域，涵盖了我们如何与网站、应用程序、论坛等互动，让我们体验各种各样的感觉，那是关于在线情感交流以及它们可能引起的常常是矛盾和复杂的感觉。

* Phillips, Whitney (2015). This is Why We Can't Have Nice Things. Cambridge, MA: MIT Press.

这是一本关于网络挑衅和主流媒体之间关系的书，是迄今为止关于这一研究问题最好的书。菲利普认为，网络挑衅并不像人们所认为的那样离经叛道，而是非常符合当代媒体景观的运作方式。她认为，网络挑衅也可以被视为一种文化批判形式。

8

145

数字公民身份

核心问题

- 人们的不同资源是如何影响他们使用数字公民身份的？
- 关于互联网和社交媒体是否构成了一个新的公共领域，争论的主要论点是什么？
- “赛博沙龙”和“私人领域”理论是如何扩展和改变“公共领域”理论的？
- 公民新闻是如何促进公共辩论转型的？又是如何重新构建信息流动的？

核心观点

公民身份　网络能力　赛博沙龙　第二阶段的数字鸿沟　公共领域

私人领域　劝告型公民　公民新闻　博客圈　Twitter圈

作为公民，意味着成为一个合法和参与性的社会成员。但是作为一个公民，不是在一个民族国家之中，而是在像数字社会这样流动和抽象的空间里，这意味着什么呢？一个有效的民主，需要人们能在社会中扮演积极的角色，见多识广、善于批判以及有责任心。数字社会的到来，在几个方面改变了参与过程的条件。如同第4章和第5章所讨论的那样，人们相互沟通、建构身份、形成社区以及连接网络，以此改变许多围绕公民参与和公民身份的前数字社会条件（pre-digital social conditions）。今天，媒介图景中迅 146
猛发展的技术和社会变革为政治议题添加了巨大的复杂性，跨越本土和全球领域。人们的身份已经变得更加复杂和重叠，并且有时候相互冲突，这在公共和私人领域间增添了一道模糊的界线。

互联网及其用于互动和传播的社交工具和平台，带来了社会学家所声称的“公共领域”（public sphere）以及一般的政治行为和活动的变革。然而，克雷格·卡尔霍恩（Craig Calhoun，1998）解释说，这些变化必须被理解为一系列持续转型中的一部分。你可能记得在第5章所提及的雷尼和韦尔曼（Rainie & Wellman，2012）的观点，“社会网络革命”不仅仅涉及数字媒体，还关乎更长久的传播和社会关系的社会转型。在本章中，我要探讨数字公民身份概念以及与其相关的网络能力（internet competence）观点，即一组关于人们有能力和机遇对互联网和社交媒体进行政治化使用的技能。我们还要揣摩尤尔根·哈贝马斯（Jurgen Habermas）的公共领域理论，并讨论该理论对于数字社会的相关性。一些关于如何适应数字社会的调整和修正的建议，对哈贝马斯的理论进行了更新，比如赛博沙龙、私人领域和公共球体（public sphericules）的概念。我们会对这些方面进行讨论，也会探讨数字社会中由公民参与复杂议题所呈现的未来挑战。

公民身份

亚里士多德（Aristotle）曾说，公民是参与统治和被统治的人。公民身份，指承担与权利和责任相匹配的一些身份地位形式。历史上，公民身份概念和一些类似自由、正义和民主等重要社会维度之间有着紧密的关联。公民就是政治社团的成员——这些人的声音可以被听见。因此，公民身份是与公民社会和公共领域相连的正式和非正式通道，它与个人所具备的参与能力相关。

❖ 数字公民与数字鸿沟

众所周知，在适当的情况下，互联网和社交媒体可以赋予人们参与社会与政治更

147 好的机会。但是，虽然网络可以使一些人在政治上更加积极，无论是线上还是线下参与，但它可能也在他人面前竖起了屏障。这与“数字公民身份”概念的争论相关。数字公民身份概念，指的是某人在网络上进行社会和政治参与的机会和资源。这些资源包括参与工具以及应用它们的精湛技艺或能力。

在数字社会中，数字公民身份正逐渐成为政治公民的重要组成部分。因此，在数字社会中，人们对数字公民身份不同的获得程度，可以对民主参与产生重要的影响。就像公共教育一直是促使人们保持政治敏感度和积极性的助推器一样，网络数字媒体平台在今天也逐渐具有相似的功能。许多国家有一些向“网络政府”（e-government）发展的趋势，这意味着政府信息和服务正越来越多地通过网络进行传送。并且，许多政治运动和公民之间日复一日对政治议题的讨论，现如今也在网络上发生。研究学者也发现，网络积极性和政治参与之间日益呈现正相关的关系。比如，有人的选举投票行为越来越倾向于在网络中进行。

政治科学家卡罗琳·托尔伯特（Caroline Tolbert）和拉蒙纳·麦克尼尔（Ramona McNeal, 2003）认为，互联网和社交媒体——无论我们认为它们是新闻媒体还是传播平台组合——可能都具有更新政治机构和改善公民对政府信任的权力。与此同时，他们也对这些相同平台所具有的潜在偏见感到担忧，因此，他们仅在那些已经进行政治参与的人们之间强化投票率的统计，进而放大了选民或选区之间现存的差异性。互联网可以被视为一种新的公民竞技形式，但是它也是所有人并没有平等展现自身的场所。但我们必须记住，以非数字领域的形式出现的历史对手，在整个社会范围内也没有平等的“同票同权”。问题是：互联网好在哪里？

政治科学家卡伦·莫斯伯格（Karen Mossberger, 2009）与其他一些研究学者发现了人们使用数字工具能力的综合性不平等——体现在教育、收入、种族、民族、年龄等方面——尽管使用互联网的人数持续呈现几何倍数的增长态势。虽然卡伦对美国数据持有自己的论断，但她认为在全球范围内存在着相似的模式。事实上，一些人接近使用互联网，并不意味着他们就具备有效发现或使用信息的技能，也不意味着他们可以利用这些技术的潜在政治能量，来达到他们自身政治或其他目的。成为一个数字公民，不仅需要定期上网，还应将网络技术投入有效的运用。莫斯伯格（Mossberger, 2009: 173–174）写道：

> 数字公民，可以被定义为那些每日使用互联网的人们，因为频繁的使用需要定期 148
> 的接入方式（通常在家里）、一些技术性的能力以及完成任务的教育能力，比如：查找和应用信息……与他人沟通交流。

这意味着促进网络中的政治辩论和公民对话，需要我们提防那些已经获得机会参与其中的人们。社会学家埃斯特·豪尔吉陶伊（Eszter Hargittai, 2002）在书中提及发生在2000年早期的第二阶段的数字鸿沟。第一阶段的数字鸿沟，是指在那些能接触网络和不能接触网络人们之间的差异，也是关于那些实际使用网络与没有使用网络的人们之间的差异。有趣的是，随着越来越多的人能够上网，越来越多的人积极使用互联网，这样的评估变得越来越不相关了。仅仅关注接触和使用模式是一种技术决定论的形式（参见第3章），这样的思维套路不能解释所有接触互联网的人在使用网络方面存在的巨大差异。因此，第二阶段的数字鸿沟，是关于人们在接触和使用网络方面的差异，但是他们使用网络的技能也是高低不同的。第一阶段是技术接触（物理上具备小工具、软件和网络连接），第二阶段是社会接触（所需要的能够从中获得助益的知识）。社会接触，也就是将人们划分为有悟性和不那么有悟性的互联网用户的技能所产生的政治影响。

❖ 互联网能力

豪尔吉陶伊和她的社会学家同事迪马乔（Hargittai & DiMaggio, 2001）认为，数字鸿沟存在五种不同的维度：

- 技术手段（technical means）
- 自治使用（autonomy of use）
- 技能（网络能力）（skill）
- 社会支持（social support）
- 不同的数字技术使用（different uses of digital technology）

因此，第一种维度就是技术手段，因为硬件、软件和连接的质量和充分性可能会限制人们使用网络的方式。使用慢速连接和老式设备的用户，将无法访问某些信息和空间。第二个维度是自治使用，因为不同的人们对数字社交工具和平台的使用有着不同

149 程度的控制。无论是在家、办公室或公共场所等地方连接网络，都会影响用户做各种事情的自治和自由程度。不同的情境会允许不同的使用类型。正式和非正式的社会规则，可能会对使用方式和硬件设施进行规制，如：可以用多种多样的方式来过滤或监视内容，取决于访问点的不同。

第三种维度是技能，这在前几章提到过。不同的用户在知识掌握程度上不一而同，对于不同类型的工具和平台的理解逻辑也有所差异。另外，在理解如何有效进行引导和互动，以及如何解决多种经常出现的相关问题方面也有所不同。综上所述，迪马乔和豪尔吉陶伊将上述能力称为“网络能力”（internet competence）。那些具有高度网络能力的人，将会像数字公民一样获得更多的政治优势。此外，还有一种机制，已经娴熟应用数字技术的人，凭借它就会变得更加技艺纯熟，反之亦然。这是因为网络能力与用户使用工具的满意度相关。这种经历给人带来的压力或回报的程度，将在本质上影响一个人继续使用这些技术和获得越来越多技能的坚持程度。

迪马乔和豪尔吉陶伊所说的第四种维度是社会支持。这与用户在达到自身技能极限时能够从更有经验的用户那里获得社会支持的程度有关。因此，无论某一用户是否嵌入某个相应用户可以提供引导和强化的社区或网络之中（如第5章），都会影响他们发展自身网络能力的强度。最后，第五个维度与数字技术的不同运用有关。类似收入和教育之类的因素将会影响网络使用的目标范围，并且，所有的用户都不是等同的。正如迪马乔和豪尔吉陶伊（DiMaggio & Hargittai，2001：12）如下所述：

> 预言网络会赋权于公民、增加社会资本、增强机会的均等性的网络先知们，可能在说出这些言论之时，不会想到网络中会出现赌博或色情之类的事物。

因为如此，他们认为，重要的是思考不同的决定因素（如：社会阶级、种族、民族以及其他身份元素）如何影响个人使用网络。一些人也许是受经济因素驱使（就业机遇、教育、消费信息等），另一些人则通过强化他们的政治或社会资本（比如：关注新闻、收集相关信息或参与公民对话）。而其他人只是“简单地”为了娱乐消遣而使用网络。

练 习 150

在一则源于路透新闻机构的报道中，研究学者科林·伯恩（Colin Byrne，2015）探索了数字社会工具和平台在2015年英国大选（2015 UK General Election）中所起到的作用，这些平台有Facebook、Twitter、Snapchat、Vine和Instagram。人们前期认为网络会很大程度地助益于这次选举活动，所以劳工党（Labour）和保守党（Conservatives）都投入了大量的金钱在社交媒体活动之上。社交媒体公司，如：Facebook和BuzzFeed，也有意识地向选举工作倾斜。在一些不同的案例研究中，伯恩总结发现，尽管新的数字平台并没有造成影响，但传统广播媒介也具备更多的影响力。他认为，也许将来，我们会最终达成社交媒体选举（social media election）。在其他国家和选举中也可以发现这一模式。但总的来说，在选举前，社交媒体的作用已经被大肆宣传，但事后得出的结论也与伯恩较为相似。当然，一个主要的原因可能是简单的改变需要时间，因为人们通常倾向于用他们一贯的方式做事。但是现在，试着想想“社交媒体选举”的失利——以及社交媒体在一些如“英国退欧公投”（Brexit referendum）或特朗普选举（Trump presidency）的公共事件中的成功——用不同类型的数字鸿沟观点视角进行审视。选举中常常意味着均等化的方式，就好像所有人都是数字化过程中的一部分。试着从以下维度思考鸿沟：（1）技术手段；（2）自治使用；（3）技能或网络能力；（4）社会支持；（5）不同的数字技术使用。可能会影响竞选在社交媒体上兴办与否。也许这不仅仅关乎活动的数量，还关乎其相应的质量。它可能有助于建构假想的用户位置——与这五个维度相关的富人和穷人——以此有能力反映客观事实。总而言之，你感觉网络中的政治公民参与的前景如何？互联网能够强化现有的鸿沟吗？它能让那些在无网世界中的团体或个人发出自己的声音吗？传统的大众媒体还具备任何优势吗？

❖ 公共领域

在社会和政治科学领域，关于公民社会的民主讨论以及探讨谁有机会参与的议题一直存在。社会学家和批判理论学者尤尔根·哈贝马斯以其公共领域理念闻名遐迩。

按照哈贝马斯的观点（Habermas, 1989），公共领域是一个与公民社会相连的社会场
151 域。它是一个用于交谈、互换和建构观点的竞技场。哈贝马斯在其著作《公共领域的结构转型》（*The Structural Transformation of the Public Sphere*）中探讨了他的理论，该书于1962年在德国出版，尔后于1989年被译为英文出版，但是由于互联网的兴起，该书中所探讨的议题重新被提及。

哈贝马斯认为，两个领域在语言和哲学方面有着历史性的差异：公共领域和私人领域。在20世纪70年代之前，社会所关注最多的是“代表型的公共性”，在这一体系当中，国王或地主是唯一的公共人物，而所有其他人被视为私人观众。但是，在1700年的英国，资本主义的崛起让公共知识分子间进行的“理性—批判性辩论”日益增多。人们关注文学艺术领域中发生的崭新文化形式，在咖啡馆和沙龙里对一些事情进行讨论。即便无人在明确地谈论政治议题，哈贝马斯也觉得这是一种公民社会用来表达其兴趣的方式。他将正在兴起的“资产阶级公共领域”（bourgeois public sphere）描述为一个混合了私人和公共领域的竞技场，如同“私人”群聚在一起形成“公众”一样。因此，公共领域是进入公共区域的私人世界的一部分。虽然在沙龙和咖啡馆存在一种包容性的氛围，但是入场通道仍然会被性别、阶层、种族、教育和产权等因素筛选。

按照哈贝马斯的观点，这些公民论坛已经发展成为一个全面的政治公共领域，该领域在19世纪通过欧洲宪法国家被制度化。但是，对把公共领域并入国家民主系统，各国并没有表现得太积极。哈贝马斯将这一事件视为公共领域开始被侵蚀且走向消亡的开端。媒介开始变得更加廉价和强大，似乎开始简单地将注意力投放在合意的生产而非批判的辩论之上。取而代之的是被操纵的媒体受众，而不是一个真正的公共领域。

在哈贝马斯的书中，他谈论了在公民间存在的理性—批判性辩论是如何消失的。公共领域已经被媒体、广告和娱乐占据了。但是他认为，社会需要一个强大的公共领域，以此来保持对从上至下权力和垄断的审视。“普通人”必须有能力交谈和展示他们的意见，因为民主需要无所不知的批判型公众。在哈贝马斯动笔之时，他呼吁一个功能强大的公共领域的重现。并且从那时起，互联网和数字网络化社交媒体的到来，给予了我们可以见证这一发展历程的希望。但是你会记得在第3章中，对于这是否真的是值得期待的事情，人们的看法不尽相同。互联网和社交媒体确实模糊了公共和私人之间的界线（按照哈贝马斯的说法，这是不好的现象），但是它们也是潜在地由用户驱动的

用于交谈和互换观点的社交领域（哈贝马斯认为这是非常好的现象）。哈贝马斯描述了18世纪沙龙中对于艺术和文学的讨论是如何日益变得政治化的，与此相仿，亨利·詹金斯（Henry Jenkins，2006：257）前瞻性地做出如下论述：

> 目前，我们正在学习如何通过与商业娱乐的联系来应用这些新的参与技能—— 152
> 或者更确切地说，现在，一群早期使用者正在试水，并规划出我们中间更多人所倾向于遵循的方向。这些技能首先被应用于通俗文化，但也很快地被用于政治行动或教育以及工作场所之中。

因此，这里的问题是，人们是否真的可以把人们在网上做的常常娱乐化且看似无关政治的事情，看作一个哈贝马斯语境中新兴公共领域的先驱。

❖ 主—从架构

在对Twitter的分析中，克里斯蒂安·福克斯（Christian Fuchs，2017）提出社交媒体的具体案例是否可以被视为公共领域的问题。他的发现是在Twitter上有相对较少的政治讨论。相反，该空间主要被娱乐占据了。Twitter空间被名人所统治，而那些著名的政治家是已经拥有大量资源的人。对社会现状进行批判的政治代理人会较少在平台上见到，他们也有比较少的跟随者。在对大量关于显著政治事件的Twitter信息分析的基础上，福克斯总结发现，哈贝马斯意境中批判性的公共辩论，并不像今天看上去的简单地经由Twitter平台所获得。他随后提出了Twitter的短信形式和类似的平台是否真的为重要的政治辩论提供了好机会的问题。他担心平台上的简短沟通会造成形式简单的论断。一般而言，按照福克斯的观点，社交媒体就如同公共领域危机一般，遁入了哈贝马斯（Habermas，1989：162）所说的"伪公共领域"（pseudo-public spheres）类别之中，它是一种被大众媒体和文化消费掏空、变得无力的公共领域形式。

从哈贝马斯的视角来看，评估某种事物是否是公共领域，可以依据两个关键性的标准。首先，每个人是否都有接触通路；其次，参与者是否可以不受限制地进行协商。然而，显而易见的是，并不是每个人都有同样接入互联网的条件。2016年，互联网渗透率在北美和欧洲西部达到90%，而在非洲和亚洲南部区域则是25%左右。[1]并且，在一些可接入互联网和社交媒体的世界区域也是保持较高的水平，同时也存在一种通过不同方式收获参与优势的层次结构。你会忆及本章一开始对于互联网能力和技能的讨论
153 。在这一谱系阶梯的末端，可以发现积极程度较高的用户，他们通过可以接触的平台进行内容的评论和参与。他们可能在正式和非正式的讨论和信息共享网络中都很活跃，即使在前数字社会也是如此。在谱系阶梯的另一端是消极、绝缘的大众，他们也许确实在使用相同的平台，但是主要是为了内容消费，而非参与和贡献。

传播学者艾利森·卡瓦纳（Allison Cavanagh）认为，关于评估互联网是否可以被视为公共领域的关键问题，说明了数字工具和平台在何种程度上展现了与传统媒介之间关系的瓦解。举个例子，电视在很大程度上不是互动性的媒介，它大体用于被动地观看，或者仅是作为背景噪声般的存在。电视是一种大众媒体，它建立在以广播为中心的模式基础上，向外传输内容给被动接收的受众，这是一种主—从架构的关系。与其相较，网络在线至少意味着最低程度的活动机制，因为用户在某种程度上被迫通过点击、建立连接和决定他们想做什么来“行动”。这与被动的电视观众形成对比。在被动和愚蠢的受众反乌托邦社会中，互联网有着较高程度的互动性，给人们带来希望。卡瓦纳（Cavanagh, 2007: 68）指出：

> （互联网）作为一种救赎的力量出现，它提供了一种可能，即打破将观众彼此分隔的藩篱，并要求参与者超越被动在场。然而，这种对受众的看法取决于人们对网络行为的归因，这种归因可能是合理的，也可能是不合理的。

因此，卡瓦纳认为——如第3章所讨论的那样——我们不能确信，只是因为基础设施已经到位，人们就将开始利用它来实现民主的目的。并且，与福克斯的看法一致，卡瓦纳认为，即使可能会出现新的受众行为，互联网在很大程度上仍被大众媒体内容所垄断。即便人们有机会参与草根论坛以及参与不同另类媒体的平台活动，许多互联网活动仍然隐现于由报纸、企业电视频道和其他老牌内容提供商制作的传统媒体内容中。

---

[1] www.itu.int/en/ITu-D/Statistics/.

目前有一种风险是，互联网的商业重心将其外围的互动和创意用户吸引到不那么活跃的“大众中心”。这与“富者更富”(rich-get-richer)机制相关，而这种机制存在于所有网络之中(参见第9、16章中关于权力法律分布的讨论)。由于这些因素，必须谨慎地假设互联网生产了大量“网络公民”，他们都有政治敏感性，参与公民事务，遵循自 154
由主义理想，反对威权主义体制以及可以进行理性的辩论。你会在第3章认识到有许多网络乐观主义观点似乎都基于这种理论假设。

练 习

尽管到目前为止在本章中已经说了很多，但是一些人会说政治并不是大多数人在思考互联网之时首先想到的东西。对于大多数人而言，数字工具和平台是用于社交、娱乐和休闲的，或者成为他们工作的一部分，又或者完成诸如买票或付款之类的工作任务。请找出一些关于数字媒体使用的统计数据。例如，请找一下关于在YouTube平台上播放量最多的视频的数据，或关于人们在线习惯的调研结果。反思和讨论一下在何种程度上政治是网上少数人的活动，反思一下当你做出评估之时是如何定义“政治学”的。你如何看待詹金斯的预测，即与商业娱乐相关的技能可以“迅速应用”到更严肃的政治问题上?

❖ 网络沙龙

在介绍“网络沙龙”观点的时候，乔迪·迪安(Jodi Dean，2001)谈到，互联网和社交媒体其实——在某种适宜的条件下——会起到类似于哈贝马斯所构想的作用。然而，她认为我们必须记住，人们以不同的方式在网络上群聚，如同哈贝马斯描述的18世纪的沙龙和咖啡馆场景一样。这种思维方式对于所有关于数字社会的研究和理论都是非常重要的。一方面，我们必须记住要谨慎对待网络乐观主义的程度，但另一方面，我们也必须考虑事情是不是可能没有那么糟糕，如果我们努力以新的方式看待新事物的话。迪安认识到网络沙龙的交流是如何在人们之间发生的，这些人之间的联系是通过他们使用网络互动的能力来实现的，而不是通过邻近性或传统来实现的。迪安谈到，我们需要这种新观点，因为哈贝马斯的公共领域理念不能充分地应对网络空间的复杂性，这种复杂性体现在人们在数字社会如何互换信息、交流和互动。她解释道，这并不意味着网络互动不可能助益于民主。她认为，社交媒体没有达到哈贝马斯对于公共领
155 域的定义，恰恰说明了他的概念中的局限性。

举例而言，如同我们在第7章讨论网络挑衅和可爱猫理论等数字文化现象之时看到的那样，网络存在着情感上的模糊和复杂的政治潜力，而这些概念都是在数字时代之前产生的。迪安认为与此相一致的是，互联网拒绝被纳入一个关于政治和公共领域是什么的规范性视野。因此，如果我们对政治和公共领域的定义太狭隘的话，就无法辨识出任何新兴政治形式或公民对话的迹象。迪安认为，如果我们的观念停留在对单一或自上而下民主讨论的理解上，就会阻碍对于新的争论和辩论领域的认知和概念化。正如第4章中的讨论，在计算机—媒介传播中身体和话语的割裂，是指出传统公共领域概念在数字社会中不适用的因素之一。网络互动基于身份的离身性、多元性和不确定性。并且，由于人们在互联网和社交媒体上不总是参与特定的交互类型，这就改变了可能出现的公共领域类型的参数。例如，哈贝马斯理想中的公共领域在很大程度上依靠包容性。这就是他定义中的关键部分，意味着如果没有包容性，公共领域也就不存在了。然而，迪安（Dean, 2001: 260）强调在网络沙龙中并没有绝对的或统一的“我们”。

> 尽管一些视域宽广的网络热情人士为网络的包罗万象喝彩，但在过去的几年间，这种天真的想法日益减少了，因为无论是网络热衷者还是批判人士，都得应对加密、监控、路由器速度、不兼容协议、在所有纷杂万物中寻找有用信息的艰难、英语垄断的困境、网络少数民族，以及大多网民利用网络资源的基本经济能力的欠缺。

因为有上述这些事情，迪安认为，我们必须以一种不同于前数字时代的方式，重新提出公共领域的包容问题。虽然参与哈贝马斯所说的沙龙和咖啡馆的社会身份是可以简单且稳固地进行识别的，但线上的情况又是另外一番风景。如同我在第4章中讨论的那样，互联网和社交媒体生成了更多流动和多面性的身份。这是因为有更多的机会在不同的情境中，为了不同的受众，以不同的方式进行自我展现。因此，虽然哈贝马斯的观点是基于主体性是单一的观点假定的，迪安却认为，在建立网络沙龙的理论时，我们

必须考虑不同类型的主观性之间的各种对抗，而不是明确的个体之间的相互作用。

数字社会不是简单地被包括在一个“沙龙”中，而是要求个人做其他事情，以便他 156
们参与塑造公共领域的政治和观点。技术发展的可能性产生了社会的压力，使人们趋向于流动性、适应性和一致性。这意味着不同的人会有非常不同的社会经验，一些人会有越来越多的自由，同时也会有一些人所拥有的机会和自由被相应地削减。迪安认为，必须提出这样一个问题，即一个人能否令人信服地构想出公共领域所依赖的任何单一的普遍主观性。并且，在数字社会中，空间的互动超越了国家的界线，因为人们在各种各样的空间中相遇和交流。所以，迪安觉得，政治必然是人与人之间不平等的交流，他们有不同的观点和不同的推理方式。

❖ 私人的也是公共的

仍是基于哈贝马斯的公共领域理论，帕帕查丽西（Papacharissi, 2010）认为，我们不能忘记这一理论在私人领域中的角色，特别是在数字社会中。正如你可能忆及的，哈贝马斯认为，如果公共和私人领域变得太混杂的话，就会降低公共领域的能量。置身于公共场所，意味着至少部分的私人空间是必须隐藏起来或在视线之外的。文学批判学者和社会理论学家迈克尔·沃纳（Michael Warner, 2002: 23）解释道，按照主导性的理解，“置身于公共场域是一种特权，它需要过滤或压缩一些被视为私人性的东西”。如哈贝马斯所见，一些非正式且属于个人领域的议题，应归属于政治上有效用的主流讨论。然而针对此种观点，许多互联网研究学者认为，公共领域和私人领域之间的界线在数字社会中正在一点一点地被腐蚀。

帕帕查丽西就是想要强调这一点，她认为数字文化越来越多地关注私人化或表面上以自我为中心的事情，这些事并不会自动地导致更普遍低水平的公民参与。相反，她认为，社会中积极作为的新方式，正在随着数字化的网络工具和平台一起兴起。今天，人们正在形形色色的情境中做着高度政治化的事情，但不是以我们在互联网和社交媒体出现之前想过的方式。政治参与目前发生在许多不同的领域中，并不仅仅具有明显的政治性。似乎一些数字化和自我激励的私人行为，也可能确实具有一种公共的政治化效能。这种混合的动态是数字社会的独有特征，因为这些私人行为可以在个人、熟悉和自治的空间内进行，但仍然有和公共行为一样的潜在观众。

因此，技术、社会实践和新社会空间类型之间存在复杂的关系，私人领域正在慢
157 慢开放，它就像一个活动场所，让人们表达全新的参与形式和公民身份。在这种崭新的公民参与范式中，帕帕查丽西认为，人们不仅在商议政治议题，也在讨论其他方面的话题。因此，哈贝马斯模型中属于公共领域（政治）的东西，在一个混合领域中以新的——甚至可能更强大的——方式被处理，它包含了个人社会存在的公共和私人方面。所以，数字公民社会包括多种多样的原子化行为，它们发生于大范围不同的空间之中，也有可能是公共和私人混合的空间中。这类似于沃纳（Warner, 2002: 30）的观点：

> 因为情境或场域彼此重叠，许多事情有时是私人性的，有时是公共性的。书籍可以被私人化地出版；公共剧场可以是私人性质的娱乐活动；私人生活也可以被公开地谈论等。

此外，沃纳提出的这一观点，在互联网上尤其如此。在混合的“公共性的私人”与“私人化的公共”网络空间中，人们可以将政治议题与他们自己日常的思想和行为联系在一起。这改变了公民参与的总体逻辑：在数字社会中，人们可以以私人化的方式从事政治性质的事情。你可以认为“个人的就是政治的”这一观点源自著名的激进女权主义口号，因此，这一思维脉络也并不是全新的思考维度。但是，互联网为政治化地动员个人思考提供了一个有形的基础设施平台。在数字工具和平台的帮助下，政治事件、社会议题以及新闻报道，可以被不同的个人在各自社会—私人化的解释中加以累积和评论。按照帕帕查丽西的观点，这可以部分被解释为一种对于主流话语的联合抵制，从而许多用户也许会感到疏远隔离。相较于在公共空间中履行政治职责，在私人空间中做出政治性的评论也并不是必然没有任何价值的。

这听起来让人兴奋和激动，但仍没有任何东西可保证这种私人化的领域比公共领域更加民主。后现代社会和互联网，也充斥着冷漠、怀疑、幻灭和政治无趣。因此，为什么人们就应该被政治性的事务所烦扰呢？另外，也许人们相对地投注了更多的兴趣在社会新闻网站、博客和网络行动之上，这证明了一个事实：从更广阔的角度来看，人们对政治并非毫无兴趣，他们只是厌倦了主流的政治惯例和政治辩论。然而，在线空间似乎还是存在很大的风险，它变得日益商业化，意味着不平等的接触机会以及不太充足的交流互惠。帕帕查丽西得出了一个重要的论断：尽管人们发送Twitter信息或博客文章时

会因其平台潜在的大量受众群体而感到政治性的赋权，但技术的民主特征并不会获得同等的民主权益。

❖ 准备行动 158

在互联网和社交媒体时代，关于民主社会和公共辩论如何转型，还与新闻报道和新闻主义相关。首先，新平台的发展和新受众行为的涌现改变了新闻生产情境以及媒体公司和新闻记者工作的环境。他们逐渐采用了新的编辑工作流程，慢慢适应了新闻采集的新式实践以及速率上涨的生产流程。我们在数字社会，必须将新闻生产视为新闻记者和公众的协同努力。今天的参与式媒介文化带来了新闻媒体和受众之间关系的变革，这种关系从单向传播日益转化为双向传播。数字社会中的人们可以被描述为“监测型公民”（monitorial citizens）。新闻主义研究学者迈克尔·舒德森（Michael Schudson, 1999: 310–311）提出了以下观点：

> 监测型公民浏览（而非阅读）信息，在这种环境中，他们警示各式各样广博的议题，以此达到各种各样的目的，并可能以多样化的方式围绕这些问题进行动员……相较于信息采集，监测型公民更多参与环境监视。想想父母在社区游泳池边观望其孩子的画面。他们并非在采集信息，而是观察四周的情境。他们看上去并不积极，但时时为行动做着准备，当然如果这种行动是必要的话。监测型公民不是缺席的公民，而是守望型的公民，尽管他们正在从事别的事情。

换言之，目前，人们正持续性地与大量信息流建立着连接。通过一种消极—积极的公民身份方式，他们可以保持信息的获取、网络化的连接以及时时行动的准备。当需要的时候，公众就可以冲入霍华德·莱茵戈德（Howard Rheingold, 2002: 175）所说的“合作的突然流行”，它也可以用“点对点新闻”的形式来表现。在他2002年出版的书《智慧暴徒》（*Smart Mobs*）中，莱茵戈德刻画了这样一种未来。他让读者想象1999年罗德尼·金视频（Rodney King video）带来的影响，包括洛杉矶警察暴行的公民目击镜头，并强化了该视频与Napster（当时流行的文件共享服务）的“民众力量”所产生的强大影响力。目前我们了解了，这种计算的结果就是我们日益熟悉的“公民新闻”（citizen journalism)。

作为一种现象的公民新闻，可以追溯至1998年克林顿—莱温斯基性丑闻的信息在线发布、1999年科索沃战争期间网络新闻的重大突破，以及2001年“9·11”事件中人们
159 在线对目击证词、图片和视频的分享。在这些案例中，公民目击事件的在线网络传播的作用证明了在戏剧或创伤时期参与式叙事的力量。2001年9月12日，《纽约时报》引用了网络行为人士罗杰斯·卡登黑德(Rogers Cadenhead)的言论：

> 这种难以预料的灾难，让我们忆起互联网在1969年发明的初始原因——它是作为一个去中心化的网络而存在的，并且不易于受到军事的袭击。业余新闻报道者在博客上作为分散的媒体发挥作用，这是今天这个令人心悸的日子里唯一令人振奋的事情。[①]

显而易见，数字化的网络通信和用户自制内容，在危机时刻对于公民新闻的转型起到了很大的作用。新闻主义研究学者斯图尔特·艾伦(Stuart Allan, 2009: 18)将2004年12月发生的南亚海啸作为一个决定性时刻，作为第一人称账户用手机和数码相机记录——其中许多网上发布的内容成为主流新闻媒体能够提供的独家报道。公民新闻在很大程度上是由数字技术支持的，它关乎普通人见证和记录世界上正在发生事情的能力，事情或大或小都会被纳入其观察范围之内。公民新闻起源于一些契机，当时“普通民众”在适宜的时候，促使自己扮演起暂时的记者角色，向人们讲述周围正在发生的事情。并且，随着能促进人们这种参与行为的数字技术和互联网的发展，近几年来，公民新闻作为一种新兴的风格形式，促进了新闻专业主义的转型，促使它由一个主流独家人士转向专业性的参与者。

练 习

但是，我们必须谨慎，不要过于夸大公民新闻的权力和潜能。这是因为人们普遍可能对于网络上的新闻内容贡献并不是那么热衷。此外，许多博客也倾向于

① www.nytimes.com/2001/09/12/national/12ONLI.html.

与公共事务关系并不太大的议题。被认为是独立的在线新闻网站，也常常依赖于传统新闻工作室的报道。如同前面所论述的，公民新闻可能在危机和突发事件中特别有效力。它还被证实在偏远的地区和极权主义体制中很有效，被当作监视政 160
府规制和揭露权力滥用的一种工具。请仔细观察一些近期出现的重大新闻事件，并评价一下公民新闻在何种程度上对主流新闻媒体的位置构成了挑战。你能辨识出任何关于事件类型的特别模式吗？公民对于互联网和社交媒体的使用又是如何作用于公共讨论的呢？

❖ 持续的结构转型

当哈贝马斯写到公共领域的结构转型之时，他当时指的是18世纪的沙龙和咖啡馆是如何被公共领域所取代的，而后者转而又被20世纪早期出现的极度媒介化的公共领域（mediated public sphere）所取代。他认为，大众传播形式的报纸和广播的到来，导致了公众更为直接辩论和讨论模式的消亡。但是，自从20世纪60年代哈贝马斯撰写这本书以来，结构转型就一直持续存在。在众多国家中，由少量媒体机构占据主要统治地位的现象已经不复存在了。相反，出现了大量形形色色的媒介形式和平台。当然更为显著的是，从传统广播出版到网络内容的出现有一个转变。阿克塞尔·布伦斯（Axel Bruns）及其网络研究同事蒂姆·海菲尔德（Tim Highfield, 2016: 57）论述如下：

> 新闻和公共事务报道呈现在日常用户面前，已经从主要由寡头垄断的媒体环境、少数主要的公共和商业媒体组织主导、为国内受众提供大众市场新闻产品，转变为多样化的媒体环境、复杂甚至令人困惑的媒体生态。

因此，虽然公众的注意力可能不像某些时候所假设的那样一致——甚至在大众媒体的黄金时代，但毫无疑问，今天的复杂性要大得多。因此，有必要更新一下观念，有助于解释逐渐细分的公共领域，它目前包括了大量形形色色的公众。举例而言，人们有时会讨论如博客领域（blogosphere）、Twitter领域（twittersphere）那样的场域空间，以此说明有平台特性的子群场域的存在。此外，布伦斯和海菲尔德指出其他研究学者也对其做出了观念上的解释。一些人设想公共领域正在分解为不同的主流公共场域（政治
161 公共领域、文化公共领域、经济公共领域等）（Hartley & Green, 2006），其他人则在讨论网络化的公共领域（Benkler, 2006），或公共集群（public sphericules），即由少数群体组织起来的一种迷你型公共领域形式，遵循类似哈贝马斯的公共领域逻辑（Bruns & Highfield, 2016）。哈贝马斯也提到了在相似的思维模式中对于最初观点的更新。他写道（2006: 423）：

> 互联网……通过在电子通信中重新引入商议性的元素，来平衡由于广播的非人格化和非对称性而造成的表面缺陷。互联网确实重新激活了作家和读者平等的草根阶层。（但是）世界各地数百万个分散的聊天室的兴起，往往会导致规模庞大但以政治为中心的受众分裂为大量孤立的问题公众。

总而言之，不断演变的社会媒体生态对公民社会的影响潜力，很可能会继续被讨论，因为它将继续挑战对公共领域（无论是单数还是复数）可能是什么的理解。卡尔霍恩（Calhoun, 1998: 383）提醒我们：

> 如同其他技术一样，互联网主要使我们易于去做一些我们早已做过的事情，并且它也会让人们运用现有的资源去做一些他们早就想做的事情……互联网应用越依赖于社会组织和大量资源的动员，它越容易被那些已经有组织和富裕的人所控制。

此处内容与第3章所讨论的网络乐观主义观点相呼应，但是卡尔霍恩也持有乐观的态度，“随着时间的推移，会发现更加激进的新用途”。

❖ 延展阅读

* Habermas, Jurgen (1989). The Structural Transformation of the Public Sphere. Cambridge: Polity Press.

哈贝马斯的书不是关于数字社会的，但是他关于理想中的公共领域的历史性分析

讨论仍然是值得阅读的。这本书是一本经典的读物，任何研究公共辩论或社会讨论的 162
人都应知道其中主要的观点。

* Dean, Jodi (2001). Cybersalons and Civil Society. Public Culture, 13 (2),243-265.

Calhoun, Craig (1998). Community without Propinquity Revisited. Sociological Inquiry, 68 (3), 373-397.

这是两篇关于数字媒体、公民社会和公共领域的文章。卡尔霍恩描写了“虚拟社区”是否有能力强化公民能力的事实。他认为，数字媒体在民主上具有模糊的效用。举个例子，它们可以助力于动员活动，但也可以促进阶层身份的建构。迪安的文章是关于在互联网时代重新思考公共领域的需求。她认为，“网络沙龙”是人们通过兴趣分享而形成的计算机—媒介化的讨论，为在数字社会中思考民主议题提供了一个观念性的工具。

* Allan, Stuart, & Thorsen, Einar (Eds.) (2009). Citizen Journalism. New York:Peter Lang.

艾伦和索尔森的这本书既提供了一个观念上的讨论，也对公民新闻的历史进行了思考，同时也分析了大量的研究案例，横跨全球不同国家和政治系统的大量观点。这本书还论述了“公民新闻”一词用于描述许多不同类型的公民传播的局限性。

9

163

数字权力与剥削

核心问题

- 网络科学是如何帮助我们理解社交网络变得等级化的原因的?
- 权力和威权是如何出现在一个像互联网一样开阔的基础设施之上的?
- “数字劳工”理论是如何改变关于社交媒体使用方式的主导性理解的?
- 数字社会中的性别、种族、身份和权力之间有什么关系?

核心观点

幂次定律　无标度的网络　偏好连接　威权　在线部落
领袖权威　无产阶级　玩工　数字劳工　数据商品
网络女权主义　身份旅游　网络类型

互联网,已经由一些人在不同的演进时期,通过不同的方式将其视为一个“巨大的均衡器”(Great Equalizer)。在第3章中,网络乐观主义人士肯定了数字媒体在挑战和重新定义权力结构方面的作用,它使人们的自我解放、紧密联结、组织和赋权成为可

能。本章会更具体地讨论关于我们所认识的线下世界的等级和界线，是否以及如何变 164
革或分隔线上世界的议题。传播研究学者博萨·埃博（Bosah Ebo, 1998）对数字社会是一个自由解放的“网络乌托邦”（cybertopia）的事实提出质疑，或者如果它是一个“网络聚居区”（cyberghetto），是否有着如同线下世界一样的在种族、阶层和性别方面的内在偏见。那么，我们究竟是在谈论一个互联网，还是一个“外联网”（outernet）？

在本章中，我会探讨数字社会中关于支配（dominance）、歧视（discrimination）和从属（subordination）的不同方面。例如，研究网络科学的学者，已经有能力展现互联网是如何——在结构层面——远离随意性连接的。相反，在它的发展过程中，有一种“富者愈富”的逻辑，即那些拥有众多追随者、读者或朋友的人将会很快获得更多。而那些边缘化的用户则会趋向于变得非主流。并且，根据社会学理论定义，社会群体如何需要某种社会结构——从而需要某种至少是非正式的领导和权威——在网上创造完全开放和民主的空间，其前景似乎相当糟糕。虽然数字工具和平台对普遍的规则、价值和社会刻板印象进行了大量的重新商议，但是还是有一个巨大的风险。因此，许多学者提醒——我们忽视了新的统治和剥削形式可能正在兴起，形成了类似“玩工”（playbour）和“网络类型化”（cybertyping）的现象。

❖ 相互连接的人变得更加关联

当互联网和万维网呈现雏形之时，网络科学家们对这种新兴的社会系统进行了更详细的分析，他们对所发现的结构类型有着非常简单的想法和期望。物理学家和网络研究学者阿尔伯特-拉斯洛·巴拉巴斯（Albert-Laszlo Barabasi）做出了解释，当他于20世纪90年代开始自己的研究之时，对于网络页面如何通过点击链接跳向其他页面进行了检验，他认为，许多网站可能会变得同样流行。与其他许多现象一样，他希望找到经典的钟形曲线结构，根据该结构，大多数观测集中在平均值上，而极端的高峰和低谷非常罕见。但是，与之相反，他发现大多网站仅拥有少量转向它们的链接，一些极为流行的网站却有超高数量的链接。巴拉巴斯还认识到，这种形式（一种在第1章所讨论过的典型“长尾”曲线）遵循一种数学性质的呈现，即幂次定律（power law）。巴拉巴斯（Barabasi, 2003: 67–68）解释如下：

> 幂次定律是一种持续下降的曲线，暗示着许多少量小概念事件和多数大概率事件并存。如果一个想象中星球居民的身高遵循幂律分布，那么大多物种就可能确实很
> 165 矮小，但是，没有人会对在街上偶遇百尺高的巨人而感到惊讶。事实上，在60亿居民当中，至少有一人身高超过了8000英尺。因此，幂次定律的显著特征是：虽然有许多小概率事件，但许多小事件与一些非常大概率的事件共存。这些异常巨大的事件在这一钟形曲线中常常是被禁止的。

此外，另一个关于依赖典型钟形曲线建构的网络的例子是一种道路地图（road map）。虽然大量的城市会有相当数量的连接，然而少数城市具有的连接数量会很少。相较而言，飞机航行路线图解释了幂次定律：大多城市具有少量的连接，但是它们中的一部分核心枢纽城市会比其他地方拥有更多的连接。我们可能会惊讶地从巴拉巴斯的发现中学到，互联网也就是他所声称的"无尺度网络"（scale-free network），它是围绕大量有影响力的核心枢纽（流行网站）所建构的，是网络科学中的一个变革。以往的网络理论在很大程度上认为网络是随意连接的，但是，由巴拉巴斯与其同事雷卡·阿尔伯特（Reka Albert）所发展的模式强调，许多网络可能其实有一组大型的枢纽网站，它们对于网络拓扑学的界定起到了关键性的作用。虽然从社会学的角度来看，权力分配不均衡的不平等现象会在关系系统中出现，这并不奇怪，但从网络科学的角度来看，这种观点是新颖的。

在现实世界中，连接从来不是随意的

巴拉巴斯-阿尔伯特模式（The Barabási-Albert model）认识到枢纽（权力中心）的重要作用，与以往流行的两个模式有所不同。无论是埃尔多斯-雷尼（Erdös-Rényi）模式（Rényi & Erdös, 1961），还是沃茨-斯特罗盖茨（Watts-Strogatz）模式（Watts & Strogatz, 1998），它们都注重节点间的随机连接，并给予所有节点同等的对待（尽管不同的节点当然也可能以多种或随机的方式进行连接）。巴拉巴斯和阿尔伯特的关键天才型想法在于——尽管它很简单——"在现实的网络中，连接永远不会是随机的"（Barabási, 2003: 86）。相反，诸如经由互联网和社交媒体所建立的网络趋向于自我构建，就好像它们自己会成长和演化一样。对于生长和演化的关注尽管是新的，但它们与视网络为静态的埃尔多斯-雷尼和沃茨-斯特罗盖茨模式也有一定关联。那些以往的模式没有考虑到，随着时间的推移，会有新的节点添加到网络中来。

巴拉巴斯和阿尔伯特认为，某一网络成长的过程是以其偏好的连接（preferential 166
attachment）为标注的。这意味着有更多连接的节点具备更多获得新连接的机会。按照此理论，一个点击率较高的YouTube视频有更大可能去获得更多的关注度，一个有上百万订阅者的频道也更可能比其他频道获得更多的订阅用户。同样，如果一则Twitter消息已经被转发了很多次，那么它很有可能被再次转发，如果一个Twitter账户有很多粉丝关注，那么它会吸引更多的追随者。巴拉巴斯以电影演员为例来解释一个事实，在电影行业中有很多关系的演员（在许多优秀电影中与其他好演员搭档），就会获得更多拿到好角色的机会。另外，有一个进退两难的情况——一个演员需要被人熟知才能得到好角色，但是得到好角色才能被人熟知。这也同样适用于科学领域，高引用率的文章更有可能被更多的人所引用，以此类推。

练 习

在第1章中，你会读到“长尾”概念，依据此理论，小概率或小众事件也会在数字社会中获得生存的机会。由于网络上存在各种各样的人群，他们的兴趣也各不相同，与多数群体、主流观点以及流行趣味之间的结盟显得不那么重要了。本章探讨的幂次定律和偏好连接认为，人们在网络中的链接和点击往往趋向于最为流行的事物。试着思考一下这两个观点是如何并存的。在这个社会里，有可能多数人和领袖同时重要或不重要吗？有可能其中一个观点正确，而另一个错误吗？此外，调查一下最受关注和订阅最多的社交媒体账户排名：社会中的哪些群体、哪些类别的人在这些社交媒体精英中有代表性？你认为这有什么后果？

因此，基于网络科学的观点，互联网和社交媒体具有结构属性，以此促进不同形式的不均衡性传播——可见性、点击、点赞、链接以及其他社会资源。正如本书第3章讨论的网络乐观主义观点一样，互联网被许多人认为是比其他许多社会场域更为平等的环境。这是因为人们认同社交网络中的所有节点是平等的（就好像埃尔多斯-雷尼模
式和沃茨-斯特罗盖茨模式所论述的一样）。那些认同此观点的人通常会认为，在数字 167
社会中的人们可以更自由地参与社会和政治互动以及分享活动。他们还认为，尽管在网络连接和技能上有些许不平等，但线上世界在很大程度上还是一个人们可以进行自我

表达、自下而上建构的场所，它是无等级差异的结构，以参与和合作为标识。换言之，互联网有时会被认为是与等级秩序不兼容的，并且它会自动地适应民主规则。然而，上面提到的那些有联系的人似乎变得更加有联系，这也是一些人质疑这些关于民主化的假设是否真的成立的原因之一。

❖ 在线部落中的威权

数字传播研究学者马蒂厄·奥尼尔（Mathieu O' Neil）是那些声称互联网其实满是等级阶层的人群之一。并且，这并不仅仅是由于在线网络常常是“自由尺度”（scale-free）的。更重要的是，奥尼尔（O' Neil, 2009）认为，在数字在线网络的社会互动中，威权是一个极为重要的元素。首先，参与者为了有能力自我组织和表达，他们需要对自己正在做的事情进行某种质量控制，同时进行活动组织。此外，他认为，威权会成为“一个不合逻辑的巴别塔”（an incoherent Babel）。换言之，在他的观念中，在线组织不可能没有一些等级结构出现。因此，克雷·舍基（他的网络乐观主义观点在第3章中做过探讨），为其著作《每个人都来了》（*Here Comes Everybody*, 2008）赋予一个副标题，名为《没有组织的组织权力》（*The Power of Organizing without Organizations*），相反，奥尼尔则认为，为了组织一些权力，至少一些组织（权力）结构的痕迹会有必要浮现出来。

其次，信任和可靠性的议题在第4章探讨过。依据奥尼尔的观点，为了让在线自我表达和组织发挥作用，参与者还需要能够以某种方式决定谁是可靠的，谁是不可靠的，以及了解哪些贡献是相关的和重要的。最后，他认为，信任的建立将转而决定谁应该成为群体的一分子，因为需要面对包含（inclusion）和排斥（exclusion）的议题。尽管网络具有“无国界”的特征，奥尼尔关于威权如何在网络上出现的解释源于他所提出的“在线部落”（online tribes）观点。这种部落是基于草根民主的直接形式以及人与人之间的亲密感在网络中形成的。然而，由于上述原因，威权仍然是这种部落的一个重要的维度。

奥尼尔在此引用了经典社会学家马克思·韦伯（Max Weber）的观点，韦伯认为威权是所有人类关系复杂系统的一个基础性特征，比如互联网。在韦伯的观念中，一个人
168 的权威是其他人同意这个人有行使权力的合法权利的结果。韦伯（Weber, 1922/1978: 36）将威权定义为“被认为是合法的且符合法规要求的人”。奥尼尔指出这样的假定是

错误的，因为互联网拥有一个鼓励多对多传播的横向结构，而这种结构会导致威权毁灭。相反，他认为，权力和统治的新形式已经在网络中出现。他更新了韦伯对现代工业主义官僚体系的经典观点，并建议通过一种新型的组织安排——他称为在线部落官僚（online tribal bureaucracy）——来授予在线权力。

这种安排可以被用来解释群体中的治理结构，而它可能最初看起来是反权威的。这里有一个有趣的矛盾：一方面，环境需要保持完全开放、非官僚、无等级，但同时又需要某种体系来实现其目标。比方说，维基百科是一个大众并行生产的项目，它关注一个用于贡献的开放性机会，并且似乎拒绝所有形式的传统官僚制度。但是，奥尼尔（O' Neil，2009：172）解释道：

> 事实上，维基百科很明显是基于某些制度的；它对每种可能的交易记录给予保留；并且，它是由精英所管理的……以传统的方式：通过对于贡献的认知。所有这些特征都与官僚主义模式相呼应。

这只是数字社会的一个例子，它说明了一点：尽管民主的“点对点”群体可能会挑战或提供一种不同形式的统治替代品，但某种形式的威权总是从互动中产生。那么，一个关键的问题就是数字社会是如何同时依赖于自治和威权的。

练　习

其实真的会有没有领导的团队吗？想想不同的社会圈，从不太正式的到比较正式的，当你通过数字媒体互动时，你是或者曾经是其中的一部分：Facebook、Instagram或Snapchat的朋友圈，YouTube的频道，你所参与的论坛讨论等。你还可以想想线下的社会环境，你能识别出真正没有层级和完全水平交互的情况吗？在这些情况下，如果有的话，你认为什么样的环境因素使其成为可能？

❖ 网络领袖和超凡魅力 169

奥尼尔（O' Neil，2009）认为，不管我们对互联网和社交媒体抱有什么样的乌托邦想象，群体总会需要某种类型的领袖。这就是在线部落中的网络领袖（cyberchiefs）。然而，奥尼尔用官僚主义的观点强调这种制度并不总是中心主义性质的。网络和集体主义倡议可能仍是官僚主义的。在传统的官僚机构中，一个关键的决定性因素是组织角色和具体人员之间的分离。但是，正如奥尼尔所言，网络部落官僚制度的新而独有的特征是韦伯所称的魅力型威权（charismatic authority）与官僚结构的结合，从而重新建立了角色与人之间的联系。

魅力非凡的威权

在马克思·韦伯关于社会统治的理论中，他认为有三种不同类型的威权。对于这些类型的定义是基于让它们合法的东西。他一而再地解释道，威权可能在法理或传统的基础上变得合法。对于第一种情况而言，某些人变得很有权力，是因为他们被指派了某种头衔或担任某种职位（教师、牧师、CEO、经理等）。在第二种情况中，威权是让权力合法化的传统（国王、王后、宗教领袖等）。第三种是最为著名的威权类型，它基于某个人的超凡魅力。这是一种非常有能量但也不太稳定的威权形式，它不可避免地会沦为“常规”，并丧失掉它的吸引力。韦伯（Weber, 1922/1978: 1112）在书中描述了具有魅力气质的领袖人物：

> 既不是指派的职场领导，也不是当今意义上的“专业人士”……相反，而是被认为是集“超自然”身体和精神于一体的特定天赋持有者（从这个意义上说，不是每个人都能接触到他们）。

因此，当将此观点应用于互联网与社交媒体上的互动性研究之时，就可以想象某些“魅力非凡”的人们——或者甚至是一些主题或议题——在特定情境中、特定时间内与威权一起出现。有人可能会想象这一切，从拥有数百万订阅户的YouTube明星，爱德华·斯诺登（Edward Snowden）等黑客活动偶像，到发布一个短暂却非常成功的标签或病毒视频的个人，或是在互联网某个特定讨论线程的微社交环境中成为关键人物的人。

170 所以，虽然在线项目（从全面的活动家运动到其他社会“项目”，如一个话题标签或某论坛中的单个讨论线程）围绕魅力非凡的领袖人物所设立，这些领导会影响许多人，并激励他们追随，但他们仍然能够在参与者之间维持正式的平等。并且，在奥尼尔观念中的数字社会标注着“永久性冲突”（permanent conflictuality），即一系列重复的行动以这种方式进行：

> 做出声明、检验事实、继续讨论。最终可以得到以及采用一种解决方案……在线部落主义有一种平衡的效果，并且系统性地对自以为是给予质疑（O' Neil, 2009: 181）。

总而言之，奥尼尔提供了一个罕见且详尽的尝试，以此来解释和绕过网络悲观主义和网络乐观主义之间的僵局。一方面，他强调在数字网络媒介的社会互动和组织结构中根深蒂固的民主特征。在“达成并接受”决议方面，它具有“平等效应”。这也与哈贝马斯构想的理想型公共领域中所应发生的事情相似（参见第8章）。另一方面，社会项目本身必然具有“官僚化”的性质，这是无法逃避的。然而，必须有某种结构和某类领导来进行创造和收获。

因此，当谈到数字社会中的权力和统治之时，领导和威权会不可避免地出现，尽管某些人会对他者抱有乐观的构想（参见第3章）。但是事实上，数字媒体能够支持这种永恒的社会形式是完全出乎意料的。某种权力结构或领导力是不可避免的。当论及社会形式的时候，齐美尔认为“当一个群体达到一定规模时，必须发展出能够维持和促进它的形态和结构”，此外，“群体结构需要一定配额的成员服务其领导力”（Simmel, 1950: 87/107）。

❖ 玩工和剥削

任何纯粹的民主化都是很难获得的，因为领导和威权总是会出现，除却这一事实，很多学者也展示了数字社会是如何使旧的结构主导形式在网络上以新的形式存在的。其中一种老旧的主导形式就是资本主义对于人们工作创造价值的剥削。的确，整个数字媒体硬件和软件行业，是以全球资本主义生产的积累形式为基础的，它包括许多不同形式的劳工和剥削。举例而言，在“信息行业”中有拿着低薪酬的数字“知识工人”——程序员、技术写手、系统分析员、研究学者等（Drucker, 171

1959)。其中有一部分人被经济学家盖伊·斯坦丁(Guy Standing, 2011: 13–14)称为“无产阶级”(precariat):一种异质的工人阶级——不稳定的无产阶级(a precarious proletariat)——它们没有任何工作保障:

> 在网吧里穿梭,靠短暂的工作生存的青少年,与用自己的聪明才智过活的移居人士不一样,他们在担心警察的同时,也在疯狂地在网络上游走。这两种情况都不像单身母亲为下周的食品账单发愁,也不像60多岁的男人为了支付医药费而打临时工。但是,他们的相同之处在于,他们的劳动是工具性的(为了生活)、机会主义的(接受即将到来的)以及不稳定的(不安全的)。

举例而言,也有被高度压榨的工人和奴隶工人——他们在发展中国家提取作为原材料的矿物质,用以生产数字硬件,以及在恶劣的条件下在电子工厂里工作,如富士康(Chan & Pun, 2010)。这些紧迫的议题日益与全球资本主义的发展相关。马克思主义媒介和信息学者尼克·戴尔–维特福德(Nick Dyer–Witheford, 2015: 13)在书中写道:“全球经济有赖于……非正式的、受束缚的奴隶劳工以及其他形式的潜在工作,其中许多我们可能添加的工作不会在数字网络中出现。”但是,除了所有这些劳工之外,也有一种劳力是由互联网和社交媒体的所有用户共同完成的。

数字劳工和“玩工”

一些研究学者认为,每个点击鼠标以及“生产”诸如状态更新、博客文章、Twitter消息、维基百科以及YouTube视频的人——都可以被视为部分被剥削的劳动力。克里斯蒂安·福克斯(Christian Fuchs, 2017)和特雷博尔·肖尔茨(Trebor Scholz, 2013)之类的作家和研究学者指出,当用户在Facebook、Twitter、博客以及各种各样的社会内容分享网站上参与内容建构的时候,他们其实在生产一种创造价值的数字劳工形式,其也许进而被资本家剥削压榨。尽管用户经常做这些事情是因为他们想做,由于这对他们来说是一种或另一种回报,或者仅仅是因为很有趣,但它仍然可以被视为工作。这种工作兼具乐趣和劳动属性——它是一种娱乐性质的劳动形式,或叫“玩工”(playbour)。

该逻辑认为，用户的点击和内容会成为一种"数据商品"（data commodity）形式，172 即一组关于用户在网络上所说所做的信息——它可以被社交媒体公司出售给广告商，而广告商可以进而锁定用户，进行广告投放。我们都有过搜索某一特定区域的酒店或某一特定设计的T恤的经历，并且会很快发现再上网时会受到相同服务和产品信息广告的轰炸。传播学和经济学研究学者达拉斯·斯密兹（Dallas Smythe，1977）为此提出"受众商品"（audience commodity）这一术语。他认为，人们阅读报纸、倾听广播以及观看电视都是在为他们的"工作时间"做出贡献，这种工作是没有报酬的，但它可以促使媒体公司销售广告。

数字劳工理念的支持者认为，相信互联网和社交媒体能提供一个参与、创新和民主的环境的看法是错误的。福克斯（Fuchs，2017）认为，这种观点不仅是错的，而且它还助长了为资本主义欢呼喝彩的意识形态。他认为是公司集团及其资本主义逻辑在统治数字社会，其实它仍然是一个资本主义社会。通过列举一系列实验案例，福克斯还展现了如下观点：YouTube平台上点击率最高的视频（大多是音乐视频）是由跨国媒体公司制作的，而YouTube上的政治无疑是少数人的兴趣。政治性的Facebook群体环绕着的是那些已经很有权势的政客，而不是另类的政治人物。在谷歌平台上搜索"政治新闻"的结果常常由企业新闻机构主导。拥有最多追随者（粉丝）的Twitter账号往往是属于知名人物的，而简短的推文格式促进了简单化的争论。福克斯（Fuchs，2017：127）做出如下总结：

> 上述例子说明公司及其逻辑主导了社交媒体和互联网，而互联网主要是由资本主义所主导的……社交媒体不能自动地建构资本主义世界中的公共领域或参与民主空间。主导性趋势是公司和资本主义逻辑对社交媒体进行殖民。多媒体公司、名流以及广告主导着人们的注意力和内容可见性。政治是少数人在社交媒体中谈论的议题。

然而，这些并不总是对用户可见的，用户还是会高兴地上网进行自我娱乐，但这意味着，与此同时，他们正遭受着剥削。娱乐和劳动之间的界线已经变得模糊，对于玩工的压榨正逐日递增。对于研究和理论而言，去捕捉这种复杂性、尝试对此提出新知识以及作用于这些进程之上的新视角是一项挑战。正如大卫·冈特利特（David Gauntlett）所言，虽然剥削理论在数字社会的宏观层面是真实的，但是还是很难将其用于个人的

维度。事实上，人们可能乐于自由地创造和分享事物，并且很少有人会把他们在社交媒
173 体上做的事情看作自己希望得到报酬的“工作”。冈特利特（Gauntlett, 2011: 188）在书中论述，这项工作的大部分更像是“把相册放在一起，给朋友们看，或者把自己创作的一些音乐录制下来，这样你就可以把它重放给一个发烧友看”。因此，劳工或奴隶的理念可能不是大多数人历经这些事情的最好描述。

练　习

数字劳工观点是一种批判性的理论，该理论认为，人们有时会无视社会现实的本质——他们会被灌输或洗脑，或他们至少对正在从事事务的特征和顺序抱有错误的想法。与此同时，这也是那些看起来正确的理论之一。事实上，一个人在社交媒体平台上发布内容是为拥有该平台的公司创造价值的分析是正确的。但是，冈特利特还是对的。大多自我创造内容的人，不会觉得他们已经被欺骗或奴役。相反，他们可能在多个方面通过自我创造而获得回报，这种回报或大或小。想想你自己关于这些事情的经历，并且记住，在这方面即使像发布简短的状态更新或评论这样的小事情，都可以被认为是创造性的工作（或劳动）。这个等式是如何得到的？此外，我们处于一种情况之中，其中数字社会似乎同时是不可调和的两种事物。某人在网上制作东西的时候，想想是谁和什么事物决定了奴役/创造在每种特定情形下的衡量技巧？

❖ 技术的解放政治

如同第4章的论述，关于互联网和社交媒体的一个共同观点是：它们使人们能够创造和保持自己流动且有弹性的身份。据预测，网络世界的社会联系会变得越来越快速、短暂和碎片化，这可能会潜在地使性别、种族、两性身份、民族、（无）能力等因素在很大程度上成为可供自由选择的东西。但是，以数字媒体使用模式为例，许多研究表明，现存的、传统的、性别的范式和其他刻板印象——与种族、民族、社会阶层和年龄等维度有关——也与许多对于数字技术的不同使用方式保持一致（Hargittai, 2012）。

此外，技术设计的各个方面——包括广泛的功能，但最著名的可能是主流视频游 174
戏角色，因为这些角色可能缺乏与女性观众对话的选项，但也支持性别、种族等方面的假设和范式。社会学家德博拉·勒普顿（Deborah Lupton）对于性别进行了具体的论述，他认为互联网早期发展中的军事联系（参见第1章），“书呆子”“极客”和“黑客”文化的性别特征，以及在数字方面必须擅长的旧观念（这种刻板印象被认为是一种男性技能），以此来应对计算机方面的事务，这些都是有男性特质的事情，对于女性与数字技术的关系具有一定影响。计算机用户的原型被认为是白种（有时是亚裔）中产阶级的年轻男性，这种观念本身就带有一种刻板印象。电脑“极客”被认为是物理上毫无吸引力的、不太友好的以及有社交障碍的人。这一观点局限于一些男性，并将许多女性排除在外。

社交媒体和移动设备的到来使数字技术变得普及、无处不在、被视为理所应当，并且很容易获得，彻底消除了以往的神秘感。尽管如此，“现实的”计算机科学在很大程度上仍然是由男性所主导的。虽然许多人并不符合刻板印象，但也有很多人有能力进行超越性的思考，底线是需要对数字社会中的包含和排斥进行更为细致的理解。如同我们在本章以及前几章所看到的，认为社会关系和身份已经变得完全弹性化以及可以自由塑形的想法是超前和错误的。社会的数字化进程可能改变了许多事物，但是事实上，媒介化的互动总是嵌入社会结构之中的，这种结构在数字化之前、之后一直都是存在的。

用女权主义举个例子，互联网和社交媒体无疑一直以来在为提高女性地位的历史性斗争中做着贡献。这些技术通过各种各样的解放性使用，为男女平等开拓了新的可能性。这一进程被一些网络女权主义学者（cyberfeminist）记载，如：唐娜·哈拉维（Donna Haraway）、萨迪·普兰特（Sadie Plant），第4章对此有过探讨。然而，社会学家朱迪·瓦吉克曼（Judy Wajcman）也在这些学者当中，她并没有受到乌托邦观点的冲击，理想中的网络空间是一个自由和超越身体的虚拟空间，包括性别（和其他）身份。她描述了意念中有关网络女权主义的乌托邦观念（Wajcman，2004：66）：

> 其中的信息是，年轻女性在网络空间中占据了主导地位，那里的性别不平等就像地心引力一样，已经感觉不到存在。在网络空间中，所有实体的身体暗示都会从传播中移除。其结果是，我们的交互在本质上就有所差异，因为他们不受性别、年龄、种族、声

音、口音或外貌的影响，而只受文本交流的影响。

175 你会在第3章对网络乐观主义观点的探讨中认识到以上论述。但是，瓦吉克曼提醒，尽管这种关于自由和变革的观点是令人兴奋的，但我们必须确保不被它催眠，因为它可以夸大自己的意义。她认为，网络女权主义似乎只是想用技术来取代深思熟虑后制定的促进社会和政治变革的计划。瓦吉克曼表示，这是关于技术决定论问题（参见第3章）的一个例子。她认为：

> 一个技术的解放政治不仅仅需要硬件和软件，它还需要湿件（wetware）——身体、流体、人类机构。（2004：77）

网络女权主义观点可能对很多悲观的观点做出重要的回应，那些观点认为技术是一个本来毫无希望的男性领域。相反，像哈拉维和普朗特这样的作家强调女性机构及其主体性，以及数字技术内在的娱乐性。但是不幸的是，瓦吉克曼认为这并没有反映出真实的情况。事实上，通过经验性研究表明，女性大多访问的网站是购物和健康网站，她们对于社交媒体的使用重新肯定了女权主义传统的观点（着重美貌、时尚、家庭和孩子之类的事物）。

虽然这些模式可能并不是恒久不变的，瓦吉克曼指出，对女性经验进行概括归纳是不太可能的。然而她认为，鼓舞人心的网络女权主义思想，也许赞同技术仍然可以复制甚至强化性别规范。这也适用于与其他社会分类（种族、民族、性别身份、残疾、年龄等）相关的规范和分歧。比如，对基于性别、种族和阶级的身份进行重新加工的自由，绝不能被误认为是消除了与之相关的各种分歧和平等。

❖ 网络类型和二进制开关

在关于数字社会的主流研究和理论分析中，往往缺乏对在使用上存在的显著差异的认识，这些差异是在性别、种族、民族等交叉领域形成的。这就给我们对数字化的看法带来了风险，它可能在实际中掩藏了存在的不平等。社会学家艾琳·格林和卡丽·辛格尔顿（Eileen Green & Carrie Singleton, 2013: 36）认为，“与其被数字时代似乎开启的崭新前景弄得眼花缭乱”，还不如关注更广泛的结构不平等和数字运作方式的局部差异。在数字时代，性别和种族等问题并不重要，我们必须以潜在的新方式来看待这些问题。按照技术的社会建构理论（the social shaping of technology），技术是由社会所 176
（重新）构建的，而社会是由技术所（重新）构建的（Williams & Edge，1996）。从这一视角来看，格林和辛格尔顿认为，我们必须仔细观察数字社会的性别化（the gendering of digital society）或者数字社会的种族化（the racialisation of digital society）等。

数字工具和平台是通过互动和互联进行社会情境化和社会构建的。这不仅适用于它们的设计和开发，也适用于它们的功能和驯化。一些平台也许确实允许参与文化理论学者莉莎·纳卡穆拉（Lisa Nakamura，2002：14）所说的“身份旅游”（identity tourism）。在这一过程中，任何人都可以在网络环境中（比如在游戏中）短暂地指定与其本身不同的身份。然而，纳卡穆拉提到，这样的旅游实际上并不是为了崇尚差异性，而是把身份当成“可以被戴上和脱掉的有趣假体”，并且不承担任何实质性的后果。很明显，性别、种族以及其他分类属性会继续在数字社会中起作用，只不过会以新的方式起作用。纳卡穆拉认为，我们与其盯着“刻板印象”（stereotype），还不如关注网络类型（cybertype）的形成进程。

网络类型不应被简单地理解为前数字社会中的文化刻板印象——它已经被转化成了新媒体。相反，它们是互联网具体发展进程的结果，在这一过程中，网络类型由此产生，并经过了集体化的定义。但是，它们同样是霸权主义和文化规范的产物。在纳卡穆拉的研究当中，她已经表明，当提供“身份伪装，以此减轻实体在年龄、性别和种族等方面障碍”负担的机器时，人们仍然会“创造非常像种族、性别之类刻板印象的网络类型”（2002：5）。一个相似的观点——被称作“宗教建筑”——是由研究宗教的社会学家斯蒂芬·格尔夫格伦和蒂姆·哈钦斯（Stefan Gelfgren & Tim Hutchings，2014）所提出的，他们发现，虚拟世界中的教堂也会明显以传统的方式来设计。此外，他们还发现，少数虚拟教堂早已拒绝使用传统的教堂建筑风格。

如果给予如何表现自己、他人或事物的“自由”选择，就会有一种在现有霸权主义语境范畴内做出选择的强烈倾向。更有可能的是，有人会表现成一个饥渴的艺妓——这符合现有的东方主义成见——而不是一个三条腿的猫头鹰臭鼬——这将是一种全新的、意想不到的东西。因此，“网络空间 VS 现实世界”的二元对立，并不像人们有时认为的那样清晰。尽管乌托邦式的言辞是与此相对的，种族、性别和其他社会分类在网络上的重要性，并不亚于它们在现实生活中的重要性。我们所有把时间花在网上的人，在很大程度上，都已经被这些分类在社会和文化中的作用所影响。我们将自己所拥有的学识、经历和价值观都投注于键盘之上。这意味着即使少数人或被歧视的群体可能用合适的数字工具来假设“流动性”的身份，但大多数人往往仍会被粗鲁地拉回到充
177 满傲慢与偏见的物质性现实世界当中。这似乎存在一种趋势，要么重新肯定前数字化社会中所存在的刻板印象，要么使诸如性别和种族之类的因素一起消失不见：

> 网络空间是一种完全由“0”和“1”组合而成的环境：这是闭合和开启相互转换的简单二进制。没有中间选项，没有中途道路，没有灰色地带。在通常情况下，当提到虚拟文化的时候，关于种族的主题似乎像是这种二进制开关：要么完全地“关闭”（比如：种族是一个不可见的议题，因为它既没有被标识，也不被讨论），要么完全地“开启”（比如：这是引发愤怒辩论和过激言辞的争议性导火索）(Kolko et al., 2000: 1)。

总而言之，无论我们变得多么数字化，总会有好的理由相信，社会的不平等和歧视、统治和被统治会持续存在。然而，这并不会改变现实情形：数字化可能改变我们对这些进程的理解，也会带来全新形式的不平等。

❖ 看得见，听不见

即便我们对互联网有着无限民主化的乌托邦想象，但也会认识到线上和线下环境并没有那么不同。如同我们可能在任何社会环境中发现的那样，社会结构也会出现在网络当中，这意味着我们也许不能逃脱社会等级的束缚，或者避开一个现实——不同的人有着不同的社会地位类型和层次。如前所述，虽然奥尼尔已经表明无论什么样的平台总会有“领导”存在，其他人也相应地指出，数字化不会把我们从不平等和歧视中救赎出来。尽管如此，有些人曾经认为，在数字社会中，类似于性别的事情是不重要的，也许有些人仍然这样认为。女权主义学者劳丽·彭妮（Laurie Penny, 2013: n.p.）解释道，就在不久之前，与第3章讨论的网络乐观主义者一样的人还认为，互联网将意味着完全从性别中解放出来：

> 为何它是重要的？在这个焕然一新的网络世界中，你所拥有的身体类型是怎么样的？并且，如果你的身体并不重要，为何当你作为男人或女人、男孩或女孩，抑或其他全然不同的身份之时，身体又变得重要了呢？

彭妮认为，与本章所述一致，事实很快证明并非如此。然而，性别在互联网上确实很重要，它在不止一个方面起了作用。就像第7章所讨论的那样，厌女症（misogyny）和性别霸凌（sexual bullying）在一定程度上是由互联网和社交媒体所促成的。但是，178
同样的工具和平台也会允许非中产阶级群体就算不能进入公共领域（参见第8章），也至少进入某种形式的公共空间，在那里他们可以自由地交谈，分享彼此的故事，同时努力改变他们的现实状况。与朱迪丝·巴特勒的观点一致，如在第6章中讨论的，“展示”性别的新环境会在数字社会中显现出来。可以想象，许多数字平台的“虚拟性”（virtuality）如何能让不那么严格遵循流行规范以及面对面表现的行为成为可能。有可能出现更有趣和颠覆性的表达方式，也许会潜在地破坏现有的性别观点。

但是，人们最终还是常常会需要或被迫去展现他们的“真实”身份，这一身份会趋向与刻板印象中的性别属性保持一致。尽管身份扮演仍会持续下去，但是也存在一个强大的趋势，即对于女性主义和男性气质的标准化期待依然会贴合于这些身份之上。在现实中，人们一般在很大程度上会趋向于发布和分享与其真实“线下”生活有关的东西，而不是在想象的“虚拟”世界中扮演完全虚构和超越性质的身份。事实上，可能会有相当小的空间来进行非传统或实验性的角色塑造。

因此，再次说明，在数字网络技术如何使坏的和好的事物以病毒式的和有效的方式进行之间存在着二元性。尽管如此，彭妮认为，女人和女孩在很大程度上被排除在构建或影响这个“充满无限可能性的穹宇”之外。她认为，尽管部分互联网（当然不是整体的空间）促进了围绕性别议题的新社群和新对话的形成，“美丽新世界”（the brave new world）仍然与“残酷的旧世界”（the cruel old world）非常相似。互联网告诉女性，她们总是潜在地被监视，暴力和骚扰的风险其实总是存在着。彭妮在书中写道：“欢迎来到次日能让你乳房上镜的屏幕世界。”（Penny, 2013: n.p.）总的来说，在互联网和社交媒体的某些领域中，人们对“女性应该被看到而不是被听到”的这一老旧的厌女成见表现得越来越明显。

❖ 延展阅读

* O' Neil, Mathieu (2009). Cyberchiefs. London:Pluto Press.

本书通过观察协作式Web2.0平台的实际工作方式，来对其著名的自我组织和自主性提出质疑。横向的组织和自治在数字社会中是受到推崇的，但是，任何项目想要变得
179 有效，都必须具备相应的规则和领袖。奥尼尔介绍了一个“网络部落官僚主义”的概念，以此作为独属互联网的机构类型名字。本书的关键议题是关于自治和权威是如何在互联网中共同生存的。

* Nakamura, Lisa (2002). Cybertypes. New York: Routledge.

纳卡穆拉的这本书在一开头就介绍了“网络空间”不会成为没有任何社会阶层歧视的网络乌托邦，她用“网络类型”的观念去检验种族、民族和身份在互联网中所起到的作用。对于网络类型的认知取决于对“线下”世界中不同社会等级的理解。种族会继续存在于网络之中，部分会保留其以往的方式，部分会以新的演化方式起作用。

* Penny, Laurie (2013). Cybersexism. London: Bloomsbury.

彭妮这篇影响广泛的文章对于数字社会的厌女症现象给予了细致严谨的论述。她已经起草了一份宣言，希望能阻止社交媒体上女性退化的持续正常化。她所说的一个关键点，是线上和线下的区隔是错误的，互联网空间是真实的空间，真实的事情实实在在地发生在真实的人身上。

10
数字行动主义 181

核心问题

- 数字社会中的社会运动以何种方式区别于历史中的社会运动?
- 网络行动主义和线下抗议活动之间有什么关联?
- “个人行动框架”“连接行动”之类的新理论概念对于我们理解社会动员在数字社会中的作用有何帮助?
- 在何种情况下,互联网和社交媒体可以使行动主义更加有能量?

核心观点

干扰性的空间　网络社会运动　传播力　个体行动框架
连接行动　(大众)并行生产　争议类目　策略性媒介

现在应该很清楚,数字媒体对社会的影响既不是普遍的,也不是明确的。如第3章所述,并且在其他章节也有重复地提及,关于互联网在多大程度上推动社会转型以及在何种方向上改变社会的观点各不相同。根据第8、9章的论述,数字社会对于民主和开

182 放的影响也是一个复杂的问题。尽管在网络乐观主义和网络悲观主义之间存在审判的力量，但已经有充足的研究对数字行动主义的主体进行分析调研，从而认为互联网和社交媒体具备些许创造网络抗争的能力。正如诗人和作家汉斯·马格努斯·恩岑贝格尔（Hans Magnus Enzensberger, 1970: 15）谈到的，“电子媒体”可以让人们“像舞者一样自由”。此外，我还运用“分裂性的空间”（disruptive spaces）概念来描述“可能像运动跳板一样起作用的新兴网络空间”（Lindgren, 2013: 2）。

一份分析数字干扰的宣言

摘编自《新噪音》（*New Noise*）（Lindgren, 2013: 143–145）：

干扰即噪音，是“有序序列中的干扰”（Hebdige, 1979: 90）。在数字社会中，越来越多的网络社会文化空间以其干扰力而受到推崇。源于这些空间的群体和话语可能具有相应的能量，去规避起主导作用的通信流、颠覆偏好的意义以及挑战权力结构。数字社会研究的一个重要任务就是评估这一力量实现与否的条件。

干扰空间（disruptive spaces）是一种新兴的网络空间，它或多或少地体现了阻碍或提供一种主流权力结构替代物的有意尝试。有时这些尝试是成功的，有时它们却是失败的。在最佳的情况下，这种干扰空间可以作为替代公共领域的基石。在最坏的情况下，它们被理想化为技术决定性的美好图景。

实现干扰空间潜能的关键在于运用恩岑贝格尔（Enzensberger, 1970: 26）所说的“媒体的解放性使用”（emancipatory use of media）。我们需要去中心化的传播结构，其中的每个信息接收者同样也是发送者，其间的互动和集体生产可以创建一个有动员作用的自我建构社会系统。作为数字干扰的研究者，我们必须观察使用这些媒介的痕迹和案例。

关于干扰空间的研究需要我们采用一种网络现实主义的观点。这意味着要认清数字社会中存在着一种在网络的统治领域和自由领域之间的长久争斗。

183 在本章中，我们着眼于一组关键概念，它们与互联网和社交媒体如何（以及已经）被作为通过激进政治来挑战社会秩序的平台有关。我会介绍数字媒体是如何被行动主义者所使用的背景，并且讨论“传播力”“连接行动”之类的概念。

❖ 抗议的模因

2010年左右，一波抗议和革命性质的社会运动似乎席卷全球。一些人认为，这是一场社会运动的新浪潮，不同于我们所知道的以往运动，比如：工人维权运动、环境运动、和平运动以及妇女运动。在某种程度上，参与者还似乎强于他们的祖先。新闻记者保罗·梅森（Paul Mason, 2012）提到了一系列的抗议、运动和战争是如何在2009至2011年间“拉开帷幕”的。曼纽尔·卡斯特（Manuel Castells, 2015: 1）认为，当时正处于“被经济低迷、政治犬儒主义、文化空洞和个人迷茫所笼罩的全球黑暗时期”，突然间“独裁统治被人们白手起义推翻”。

梅森这本书的书名为《为何四处都在开幕》（*Why It's Kicking Off Everywhere*），在它出版之前有一篇2011年发布的博客文章，列举了很多事情开始的原因。①这些原因包括逐渐形成的“专门网络”（ad-hoc networks）、对于“封闭意识形态”（hermetic ideologies）的拒绝，以及拓展人们权力和空间的技术——“从避孕药到iPod、博客和闭路电视摄像头”。此外，对社交媒体的使用让人们可以进行自我表达，以此消除垂直的社会等级。梅森认为，诸如此类的抗议已经成为席卷全球的“模因”（参见第2章）。

当时，出现了各种各样的运动——包括“阿拉伯之春”运动、在西班牙和另外一些国家爆发的反对紧缩措施的运动（Indignados anti-austerity movement），以及在世界范围内爆发的反对社会和经济不平等的占领抗议运动（Occupy protests）——所有这些例子都被卡斯特（Castells, 2015）称为“网络社会运动”（networked social movements）。这些运动都有共同的特点：它们忽视政治党派、不信任主流（新闻）媒体、不认可任何传统形式的领导力，以及很大程度上拒绝正式的机构。重要的是，他们中许多人还会通过互联网上的社交媒体来发起运动。卡斯特将这种网络称为“自治空间”（spaces of autonomy），在这一空间中，参与者可以相互合作、集体辩论议题以及得到不同形式的合意和决定。

因此，这种由公民和行动主义者参与、互联网和社交媒体上的连接互动形成的网
络，是一种自发且潜在有干扰性质的空间。这是因为他们超越了那些一直垄断传播渠 184
道的政府和集团的掌控。回溯第3章，我们可以发现，卡斯特在某种程度上可以说是一

① www.bbc.co.uk/blogs/newsnight/paulmason/2011/02/twenty_reasons_why_its_kicking.html.

名网络乐观主义人士，他认为互联网和社交媒体会让世界变得更美好：这些平台可以为人们提供一个相互连接的免费公共空间，在网络中进行不同的项目构想，而个人的观点或附属性事物可以作为空间背景存在。然而，他也承认，尽管当前许多运动是起始于互联网的，但参与者也会涌到街面上去。他认为社会运动需要开拓公共空间，不应仅限于网络空间。这就是为何许多人通过抗议和宣誓占领城市空间的原因。他在2010年左右对历史性的运动进行了描述：

> 从网络空间的安全出发，不同年龄、不同条件的人们，通过匿名会面，怀着对于打造命运的期待，朝着占领城市空间的方向前进，因为他们宣称自己有创造历史的权利——创造他们自己的历史（Castells，2015：2）。

同样，政治科学家兰斯·贝内特和亚历山德拉·西格伯格（Lance Bennett & Alexandra Segerberg，2012）认为，有争议的行为，总是以重要的方式由基层人民制定和体现。但是在他们走上街头之前，抗议运动还是能够通过病源传染的方式扩散开来——通过一种对于观点和想象快速、类似病毒传播的方式扩散——在数字社会中，那里四周密布着无线网络以及日益增多的移动技术。

练 习

卡斯特将“网络社会运动”（networked social movements）定义为缺乏传统领导和正式机构的运动。并且，如你在前一章所读到的，可以认为，如果没有任何形式（领导力、结构等），就可能很难动员或组织起一个群体。另外，如前所述的“数字干扰”概念认为，围绕数字社会建构的各种各样的“干扰空间”可以作为一个替代公共领域的基石。因此，数字行动主义的权力，可能来自它采用分散、非正式的游击战术的事实。你认为有着松散结构的草根运动可以动摇集中传统的权力结构吗？想想最近在互联网和社交媒体上开展的干扰运动或活动。改述一下恩岑贝格尔的观点：行动主义者可以“像舞者一样自由”，并且真的会对社会产生影响吗？

❖ 为何政府重视互联网? 185

数字网络化的社会运动所潜藏的强大影响力可以用卡斯特(Castells, 2009)的"传播力"(communication power)理论来理解。该理论认为,权力关系建构了社会,因为那些拥有权力的人会总是按照他们特定的兴趣和世界观来建构社会制度。反过来,权力可以部分地通过暴力方式,通过强制和实际控制来行使。但在必要的情况下,仅建立在强制基础上的权力将是短命的。卡斯特做出解释,基础的争斗是人们脑中对于意义建构的争斗,它是通过"符号操纵"(symbolic manipulation)发生的。这就是马克思主义理论家安东尼奥·葛兰西(Antonio Gramsci)在论述霸权概念之时所传达的意思,"霸权"意指社会中处于从属地位的群体在不受强迫的情况下接受处于支配地位群体的领导、思想和价值观的过程。葛兰西(Gramsci, 1971: 12)将霸权定义为通过以下过程的"存在":

> 大众对占统治地位的基本群体强加给社会生活的总体方向给出"自发的"同意意见;这种认同在"历史上"是由威望(以及随之而来的信任)所造成的,它由于在全球生产中所处的位置和所具备的功能而受到统治群体的喜爱。

按照此观点,社会统治群体维持其统治地位,是统治和被统治群体之间合意的结果,这种合意使统治的不平等模式变得具有合法性。简而言之,那些权力精英处于统治地位,是因为每个人都认为这样是合理的,即使他们处于被领导的位置。这种合意是在人类通过与社会环境的互动进而创造意义的过程中建立起来的。它发生于传播过程之中,也就是人们通过信息交换来分享意义的实践。重回卡斯特的观点,他认为,数字时代中传播技术的持续变革带来了意义建构的新方式。

你会忆起在第5章中,卡斯特将数字社会中的新型互动模式命名为"大众自传播"(mass self-communication)。目前,由于人们可以自主地自我生产、自我选择内容,这种大众自传播就具有到达大量不同接收者的潜能,因为传播网络正日益向横向发展。另外,如卡斯特所指出的,数字传播是多模式的——它被嵌入一个包含网络文本、图像、
视频和关系的复杂系统,允许用户不断引用内容的"全球超文本"(global hypertext)。 186
这种数字网络内容可以被用户依据许多不同的特定需求和结果,进行重新使用和重新

混合。总而言之，大众自传播为自主的社会行为者的组建提供了一个技术性的平台，这些行为主体同时包括个人和集体。卡斯特（Castells，2015：7）认为，这就是为何政府重视互联网以及“集团公司为何对其又爱又恨，并在试图抽取利益的同时对其自由度进行限制”的原因。

纵观历史，社会运动总是依赖于现有不同形式的传播机制，比如：谣言、布道、小册子和宣言。这些都是通过相关的运动、任何可用的通信手段进行传播的。在数字社会中，随手的工具都是多模式的，传播的横向网络在很大程度上为不受束缚的讨论和行动合作提供了可能性。

练 习

如同将在第12章中所探讨的，人们正越来越多地被网络所监视，因为随着关于群体和个人行为及偏好的数据快速增长，这些数据都被记录了下来。在全球政治运动崛起之时，许多政府反复对互联网和社交媒体使用监视、规制或屏蔽之类的策略。这意味着行动主义人士——或总体范围的公民——也应该对互联网恐惧吗？随着同样的政府策略被用于防止恐怖主义和其他类型的犯罪，我们会因知晓自己处于被监控之中而感到安全吗？互联网总会全然地开放吗？当它需要被控制的时候，谁应该对其进行控制呢？

❖ 个人化的政治

贝内特和西格伯格（Bennett & Segerberg，2012）对争议性行动的新模式做出了解释，比如：“阿拉伯之春”、反对紧缩措施的运动以及占领运动，这些运动模式被他们称为“个人行动框架”（personal action frames）。他们认为，所有这些运动都是统一的，因为参与者使用数字媒体的方式远远超出了仅仅发送和接收信息的范畴。他们部署的抗议活动几乎没有传统社会运动组织的参与。相反，他们依赖于在层层叠叠密布交织的网络中的数字并行传播（digital peer-to-peer communication）。贝内特和西格伯格认
187 为，这还是挺惊人的，即使这些新运动看起来比较松散地游走在边缘以及以高度非正

式的方式组织在一起，他们也能进行自我维持，甚至与时俱进地获得一些额外的能量。总体而言，这些运动都表明：他们没有领袖，他们希望工会、政党以及更激进的团体停留在边缘地带。

这些运动的力量是他们以一种完全看不见的方式组织起来的结果，而不是将他们的行动与任何具有传统形式会员资格的特定组织联系起来或打上烙印。从历史上看，社会运动在很大程度上是通过一种同质化、以“我们”为中心的思想来塑造身份和行动的，这种思想借鉴了集体行动框架（collective action frames）。相反，这些新的运动使用的是个人行动框架。它们通过一些更为广泛的公共参与而起作用，以“易于个人化的行动主题”（easy-to-personalise action themes）为基础。类似于卡斯特关于助推个人观点广泛传播的大众自传播概念，贝内特和西格伯格认为，这些新运动是人们通过数字社交方式进行个性化分享的注解，就像模因。例如：“我们是99%”的口号被广泛地运用于占领运动之中，通过个人的在线社交网络快速地扩散。

与此同时，政治也日益成为人们观点、期望和痛楚的表达，其形式是高度个人化的。在许多情况下，这些新的政治组织所处理的问题，可能与以前的运动或政党所关心的老旧和众所周知的问题类似，例如：环境问题、民权、贸易公平、性别平等等。但是在数字社会，贝内特和西格伯格认为，基于此行动之上的机制是以更为个人化的方式来组织的。人们不再基于严格的群体身份、正式会员或共享的意识形态。他们可能确实仍会大量加入到各种事业中去——甚至比以往还要多——但运动身份可能是非常混杂的，是大规模个人表达形式多样化的结果，而不是与一个共同群体或意识形态相一致的结果。

个人行动框架

数字网络运动常常以易于个人化和类似模因（meme-like）的形式来传播他们的思想（参见第2章）。例如：在2015年法国周刊《查理周刊》（*Charlie Hebdo*）的办公室发生大屠杀后，“我是查理”（Je suis Charlie）一语被广泛而多方面地采用。首次被使用是在Twitter平台上，这一口号很快以多种语言的海报、便签、横幅和标签的 188
形式传播。这种个人行动框架是有包容性的，它使人们可能有各种不同的个人原因来表明或质疑某件事。数字社会也提供了各式各样的个人化通信技术，使以文字、图像、Twitter消息、状态更新、个人档案、重新混合或插件的形式来分享这些主题成为可能。与之相对，集体行动框架需要个人分享更为深远的共同认知，以便能够在同一旗帜下有所行动。

回溯第5章讨论的内容，政治行动领域的这种发展，与社会资本和社区传统形式的减少以及网络个人主义的出现有着更为广泛的联系。当今时代的特征是个性化和结构碎片化，对个人行动框架的日益强调无疑是这一普遍发展状况的一个侧面。碎片化和个人主义可能听起来不像是集体行动的良好温床，但个人行动框架已经被证明是相当成功的。相较于传统成员机构已经被放弃的传统运动，更为个人化和数字媒介化的集体行动形式已经常常被证实其规模扩展得更快，在解决不同问题和追踪动态政治目标方面更加灵活。

❖ 连接行动的逻辑

个人行动框架的能量，至少在一定程度上可以被人们建立和扩散集体认同的需求所解释，这种需求要比个人认同的需求高得多。共同创造彼此分享的观点和身份，需要我们对成员和潜在成员的社会化施加更多的压力。这也就意味着这种行动形式需要被正式地组织起来，需要花费更多的时间、精力和金钱。传统集体行动还需要人们做出更多艰难的选择。参与传统形式的社会运动，需要采用更多的自我改变的社会身份。加入类似绿色和平（Greenpeace）的运动，可能比在互联网和社交媒体中参与更为个人化的行动，更需要在生活方式方面有较多的改变。这说明了一种替代集体行动模式的出现，也就是贝内特和西格伯格（Bennett & Segerberg, 2012）所提出的连接行动（connective action）形式。

189 连接行动是在数字社会中日益常见的政治参与形式，其中许多正式的机构正丧失他们对个人的影响，传统群体联结也被网络个人主义所取代。贝内特和西格伯格表明，当传播沟通成为组织结构的主导部分之时，连接行动就相应发生了。集体行动（collective action）依赖于高度有益于集体身份构建的组织资源，连接行动则是以横跨媒介网络的个人内容分享为基础。重要的一点是，基于集体行动的运动确实可以使用数字工具和平台，但在这种情况下，它们不会改变行动的核心动力。但在基于连接行动的运动中，它们有这样的能力。在此，社交媒体中社会性的逻辑本身成为组织代理。你可能记得第3章的内容，尤查·本科勒（Yochai Benkler，2006）将这一逻辑描述为（大众）并行生产。正如本科勒所假设的，当人们在网上参与分享，而那些认可他们努力的人也因此做同样事情——参与和分享之时，集体行动的参数被改变了。这成为一个自我动员的参与系统。

贝内特和西格伯格得出结论：当数字社交平台协调并扩大行动网络之时，某种类似于集体行动的东西虽没有正式的组织，但可能成为结果。这就是连接行动——一种关于行动和争论的模式，其取决于人们思想的共同生产和共同传播。

当人们在连接行动的逻辑中采取行动或以其他方式做出贡献之时，他们的个人行为——但不一定是以自我为中心的——表达成为一个强大整体的一部分。因此，尽管集体行动的一个问题可能是让个人做出贡献，但个人的贡献是连接行动最初的基石。传统行动面临的挑战是使支持者和潜在支持者将运动的思想、意象和本质进行内化和个人化。相反，基于连接行动之上的运动，是通过社交媒体、个人（已经内化的）思想和资源与他人的网络连接而成。因此，这种运动从一开始就是高度赋权的，因为它们已经根植于参与者的心灵和精神之中，这些参与者在现如今也是通过大规模网络相连的。

❖ 反原生物力量

本章中已经探讨多次的各种观点一致认为，数字工具和平台在适宜的情况下可以
加强或改变人们的行动，使其变得更加有力量。然而，哪些因素对这些情况有决定性作
用呢？哪些规则决定这些情形是对还是错？数字媒体研究学者亚历克斯·加洛韦（Alex 190
Galloway，2004）在其著作《协议》（*Protocol*）中探讨了这些议题，在书中他提出了“权
力下放后控制如何存在”的问题。如果数字媒体可以潜在地推动大众自传播和强有力的
争论形式，那么它如何决定这种潜能实现与否？加洛韦探讨这些，是通过关注一些“协
议”的创建是如何对互联网和万维网的构建以及持续发展起关键作用的。他解释说，
互联网传播需要实现一整套不同的协议——网络上计算机的通用语言。根据加洛韦
（Galloway，2004：111）的研究，数字社会是一个“协议成为社会生活的掌控力量”的
社会。

换言之，协议位于所有使用互联网的数字工具和平台的中心。举例而言，万维网发展的协议，如：超文本标记语言（html）和层叠样式表（css），决定网络内容的工作方式和显示样式。此外，其他行动者也创建了许多其他的协议，用以实现大量的目标。就TCP/IP和DNS协议之间的关系而言，加洛韦（Galloway, 2004：8）认为，互联网依托于“两种对立机器之间的冲突”而存在。他解释了前者（为设备分配IP地址的那个）如何将控制分配给大量的自主代理。但是对于后者而言，即将IP地址转换为URL的那个，严格地将控制力组装进一个集中式和等级化的数据库之中。

这就是政府和企业可以通过规制、屏蔽或关闭互联网服务来反击抗议人士和其他行动者的部分原因。事实上，任何控制根服务器的人都可以按下删除键，从网络上删除整个国家或大洲。这意味着互联网能够以许多不同的方式起作用，因为它是建立在不同的协议基础上的，这些协议涉及不同的复杂力量，有些是有对抗性的，有些是进步的。尽管它的分布式网络结构标志着在代码和技术层面上消除等级的尝试，但互联网仍然是围绕着控制和指令所建构的。因此，回到争论和社会运动的议题，为了成功地利用数字工具和平台的可用性，行动者们必须能够部署“反原生物力量”。这是通过加洛韦（Galloway, 2004：176）所定义的“战术型媒介”（tactical media）完成的：

> 那些现象能够利用原始和专有的命令和控制中的缺陷来打造协议……使其更适合于人们真实的期望……战术型媒介以更为合适和有趣的方式，将协议进一步推动至一种膨胀的状态。

191 虽然加洛韦的探讨很大程度上依赖于代码在机器互联中的作用，但此争议无疑可能会扩展至社会行动领域。他举例说明，作为一种战术型媒介形式的网络女权主义成为一种成功运动，是因为它有“干扰”协议的能力。就像在代码上有干扰的计算机“故障”，网络女权主义或其他形式的行动主义，可以被视为社会系统中的隐喻性故障。成功的数字行动主义可以类比为系统故障、崩溃和病毒，它能够侵扰协议，并且以崭新和有趣的方向推动技术（或社会）的前进。换言之，数字社会中成功的行动主义战术，最好由“既在协议之内又在协议范围之外”的“阈限代理”（liminal agents）来执行（2004：186）。

❖ 一种数字争论剧目系统

社会学家查尔斯·蒂莉（Charles Tilly）写过关于社会运动依赖于不同的剧目争议（repertoire contention）的方法，这意味着这些运动拥有不同类型的工具和方法，通过对于它们的运用，人们可以形成自己的行为。他在书中提及，“每一种集体运动的方式……在历史上某个特定的时刻……都属于一个熟悉的集体行动汇编，而这一行动剧目是由普通民众所支配的”（Tilly, 1977: 493）。蒂莉认为，在19世纪中期，在此之前影响集体行动的传统剧目系统被现代剧目所代替。现代剧目的特征之一是它能使运动变得更加持久——更持久地跨越空间和时间——例如：绿色运动，或妇女运动。但是，这两套剧目系统都要求一个运动的成员同时出现，并且他们所使用的战术被视为达到明确可识别目的的连贯手段，同时，这两套剧目系统也都假定运动是有政治导向性的，关注社会中可能被视为“重要”的议题。

然而，在数字社会中，厄尔和金波特（Earl & Kimport, 2011）发现了这一历史性持续模式的断裂。一个新的数字争论剧目系统正在兴起。互联网和社交媒体使集体行动成为可能，在此过程中参与者无须在同一地点或时间出现。数字社会运动大多与规模更大的传统社会运动无关，它们可以是短暂的、零星的、偶发的，就像它们可能具有持久性一般容易。并且，数字争论（digital contention）并不必然与狭义的政治有关，或者甚至并不与“重要”的议题相关。用于谨慎思考的相同战术可以被广泛地应用。随着行动成本的降低，可能风险也会相应变低。这意味着我们可能看见一个完全新型的行动主义正在浮现，它更多基于蜂拥的人群，看上去（或事实上）是随意的或碎片化的，但它具有一种新的合作感。

练　习 192

传统上，当谈到集体行动之时，就有种趋势将有组织性的社会运动视为好的现象，而将杂乱且不可测的群体行为视为不重要或不被期望的坏现象。但在利用新的数字争论剧目系统时，情况不一定如此。目前存在一种快速、短暂、突发且如病毒般的行动主义。在短暂的参与热潮中，互联网用户也许是“5分钟行动者”，并且仍然能产生一定的影响力。怀疑主义人士可能认为，这是一种“易来易走”的政治。如果人们在不同的议题之间穿梭游走以及支持各种理由而怀有较少的承诺或思想，他们的行为就会沦为没有任何真实社会基础的“点击主义”（clicktivism）（参见第2章）。你是怎么想的？到底点击主义是民主的问题，还是一种有着强大力量的行动主义的新形式？

❖ 延展阅读

* Enzensberger, Hans Magnus (1970). Constituents of a Theory of the Media. New Left Review, 64, 13–36.

恩岑贝格尔在1970年所撰写的论文被广泛地引用，其主要内容是关于公民是如何为了消费和生产而运用“电子媒体”的。这篇文章包含一些他所提出的恰逢其时的惊人洞见，这些思想产生于大范围普及互联网和社交媒体的时代之前。他写到了新型网状传播模式反转媒体传播方式的潜能：“一份由读者撰写和发行的大众报纸，一个政治活跃团体的视频网络。”

* Bennett, W. Lance, & Segerberg, Alexandra (2012). The logic of Connective Action. Information, Communication & Society, 15 (5), 739–768.

这篇于2012年发表的文章确实引发了对于数字媒体和政治行动学术性的讨论。贝内特和贝格伯格创造了“连接行动”概念（相对于集体行动），以此指建立在沟通基础上的组织中出现的组织动力。在利用数字媒体力量为个人化的公共参与赋能方面，传统的集体运动将会比新的连接行动能力更弱。

193 * Earl, Jennifer, & Kimport, Katrina (2011). Digitally Enabled Social Change. Cambridge, MA: MIT Press.

这本由厄尔和金波特所写的书探讨了网络政治行动和更为传统的行动之间的差异。作者通过大量经验性的案例研究，对新的“数字争论系统”的诸多方面进行了讨论。他们辨识了两种重要的数字媒体可供性——它们降低了成本，缩短了物理距离，并认为，这些媒介的杠杆作用越大，行动主义的变革性就越大。

11 移动文化 195

核心问题

- 互联网研究可以从移动传播研究中学到什么?
- 移动手机以及类似短信发送的行为实践以什么样的方式改变社会的肌理?
- 通过移动通信,有哪些新的社会机遇可以控制我们与谁交流、如何交流、何时交流?
- "微观协调"和"超级协调"概念如何帮助我们理解移动手机是怎样转变社会互动的?

核心观点

超连接　发短信　准会议　微观协调　超级协调
机器精神　持续的联系

数字社会的历史能以许多不同的方式划分为不同的阶段或时期。方式之一是看见它在演化进程中介入的四种关键性的技术。第一,在普通人之间计算机应用的广泛普及;第二,引介互联网至大规模乃至全球的公众;第三,网络2.0技术、用户自创内容以及社交媒体网络的演进;第四,移动设备的到来,四周接入无线网络——笔记本、平板

196 电脑以及最为显著的移动电话。移动电话一开始作为紧急服务工具，存在部分的科幻幻想，它进入更为广泛的消费市场是在20世纪90年代，当时作为商人和名人生活方式的附属品进行展示，并在2000年早期发展成为一个始终存在、理所应当的普通用品。

一般而言，移动电话已经改变了全世界大量人口日常生活的参数，在某种程度上，移动电话可以被认为是一种“社会变革动因”（agent of social change）（Nurullah, 2009: 19）。这至少在某种意义上，与以往相比，在移动通信到来之后，为完成日常任务和与他人相关的大量工作，我们是以非常不同的方式完成的。这种发展速度是极为快速的。在20世纪90年代早期，拥有一部移动电话是非常了不起的事情，或者至少是一件有点奇特的事情。十年后，还没有一部移动手机的人会显得突兀。

本章主题是关于移动通信的发展和演进的方法——主要是移动电话——对社会和社会性造成了改变。的确发生了许多重要性的变革，其结果是，移动通信作为一个特定的研究领域快速地显现出来（Agar, 2003; Ito et al., 2005; Goggin, 2006, 2011; Baron, 2008; Goggin & Hjorth, 2009, 2014; Ling, 2012）。人们勾画了许多社会转型，并认为那是移动连接的结果。关于使用移动电话的隐私和规范的问题慢慢浮现；企业的组织结构在不断变化；青少年与父母之间，以及青少年之间的关系也在发生变化；距离和亲密的新形式开始形成，各种地位和权力的斗争已经转移到一个新的领域。在某些情况下，移动通信的效果可能是不太明显的。然而，有时候，这种影响力更具有变革力量，会从根本上改变我们的社会性。例如，当我们研究数字社会之时，“移动革命”（mobile revolution）让关于地方和情境重要性的思考变得越来越重要。

从移动电话到智能手机

20世纪80年代至90年代，移动电话初具雏形，它可以让人们在异地通话和发送短信，但其发展并没有就此止步。雷尼和韦尔曼（Rainie & Wellman, 2012）解释说，移动电话的持续发展是由于2000年中后期不同技术革新的融合。计算机技术变得更先进了，数字存储改善了，移动连接性也由于管理无线电频谱的新方式而变得更加容易和便宜。这些发展逐渐带来了今天最为通用的移动电话发明：智能电
197 话。智能电话是轻便万能且有内置高清照相机的小工具，并且是我们今天大多数人随身携带的一整套应用程序（App）。

关于人们对移动媒体使用的无数调查表明了社会分享是如何起作用的，比如：发送和公布照片和视频，访问社交媒体服务，都已经变得与移动活动一样重要。今天，许多人可能无法想象离开智能手机该如何生存，我们使用移动设备完成越来越多的事情：交谈、发短信、听音乐、拍照、视频通话、网络访问、获取方向和其他位置信息、玩游戏、看视频等。

由于移动电话常常以其新颖性成为人们诠释和讨论的议题，对于它们的使用也往往被视为青年文化的一部分，青年人被视为移动设备使用的先行者。研究类似议题的传播学者里奇·林（Rich Ling, 2002）研究表明，年轻人中存在着一种特定的手机文化（mobile telephone culture）。这一文化的特点包括：对于手机的频繁使用，通过短信来维系社交网络，用幽默戏谑将群体凝聚在一起，以及通过使用手机壳、珠宝、铃声、壁纸、图标等对设备进行实体装饰和展示。林（Ling, 2002: 44）还发现了手机的性别化使用差异，在2000年早期，手机开始"从男孩使用的小工具慢慢变成女孩用于使用社交网络的工具"。

❖ 一种新的情境地理

移动连接的最大好处是，可能是历史上第一次，人类现在不必依赖固定在某些物理位置或地理位置的设备而相互交流。事实上，这是对社会学家约书亚·梅罗维茨（Joshua Meyrowitz）自1985年以来研究工作的现实体现。他当时认为，电子媒体将改变社会生活的情境地理，使物理位置变得不那么重要。他写道：

> 电子媒介已经将以往不同的社会环境进行整合，将私人和公众行为之间的分割线移向私人，削弱了社会情境和实体地方之间的关系（Meyrowitz, 1985: 308）。

虽然梅罗维茨所论述的是特指电视媒体，但移动通信技术有更为强大的能量，可 *198*
以"破除存在于这里和那里、现场直播和媒介转送、个体与公众之间的差异"。用梅罗维茨（Meyrowitz, 1985: 308）的话来说，在数字社会中，我们普遍认为"不关我们的事"

的议题，以及“物理的障碍和通道”，都被认为“在获取社会信息的模式上相对没有意义”。当谈及互动情况之时，人们可能会持续地接触彼此，而不管他们在某一特定时刻身处何方。许多随之出现的社会变革乍一看似乎很平常，也不引人注目，比如我们如何预约会议、决定去哪里喝咖啡、什么时候去，或者告诉别人我们要迟到了。但是，如果你认为这些只是表面上的略微变化就错了，事实上，它是宏观层面的一场革命性的改变。媒介研究学者圣地亚哥·洛伦特（Santiago Lorente，2002：10）在书中写到，作为贝尔电话的孩子，可以传声音；莫尔斯电报的孩子，用于发送文本；马可尼无线电台的孩子，用于语音和文本的无线传输。另外，让我们补充一句，作为第一台ENIAC计算机的孩子，手机可能是迄今为止最为复杂、最具变革性的通信工具。

在2005年左右，探索移动计算机在何种程度上改变社会和社会关系的研究与十年前关于互联网的研究相比，似乎处于相似的阶段。霍华德·莱茵戈德（Howard Rheingold）于1993年出版的《虚拟社区》（*The Virtual Community*）一书掀起了关注网络上社会生活的学术浪潮。与此相似，他于2002年出版的《智慧暴徒》（*Smart Mobs*）一书也激发了人们对于移动通信研究的兴趣。研究学者们开始关注互联网研究和移动通信研究之间的关联，也有许多学者将他们的研究兴趣从前者转向后者。但重要的是都认识到，没有人可以简单地使用现有的网络研究工具和观点，去获得对社会移动通信全面充分的理解。研究移动电话和笔记本、平板电脑之类的便携工具是如何改变人与人及世界之间的关系的，需要不同于一般互联网研究的方法和理论策略。新的跨学科理论和方法联盟已经形成，移动通信研究领域的跨地区和跨国界的联系也比互联网研究更加紧密。

❖ 情境变化

移动媒体具有一定的技术地缘政治，这在相关的学术思考和对移动媒体的实证研
199 究中都有所体现。正如伊藤（Ito，2005）所解释的那样，移动通信研究因此以一种在互联网研究领域并不明显的方式——特别是最初并不明显的方式——预测了使用及用户之间的社会文化多样性。其中最为显著的原因之一是移动电话的发展和应用主要还是由亚洲和欧洲国家驱动的，尽管美国在技术发展和用户网络使用方面起主导性作用。这颠覆了数字社会演进的地缘政治。伊藤（Ito，2005：7）做出如下论述：

互联网是由相对较小规模的社会特权群体（这些人主要是受过教育的白种北美男性）创造的，与此不同，移动技术的发展不仅依赖于社会和文化边缘人群，更依赖于它们的实际形态：斯堪的纳维亚（Scandinavian）发送短信的青少年、日本少女的寻呼机文化、承担多种任务的家庭主妇、菲律宾青年活动家、移动服务工作者。

Keitai文化

“Keitai文化”是日本手机文化中最早出现的说法，后来流传到世界各地。“Keitai”是日本词语，意指“便携”。“Keitai文化”很早就将手机视为一种亲密的个人用品，手机在很多事情上有先驱作用，如：文字短信、表情符号（emojis）、移动游戏以及QR代码。但需再一次指出的是，尽管这些技术和实践可能由某种情境过渡到另一种情境之中，但情境间的差异还是会一直存在。伊藤瑞子（Mimi Ito，2005：4）提到，“Keitai使用和文化的发展是一种包括技术、社会、文化、经济和历史因素在内的复杂炼金术，这些因素使得大规模移植变得困难”。然而，毋庸置疑，Keitai文化对于全球发展有着重要的作用，手机促进了“虚拟世界”与日常线上和线下生活的无缝融合。

在互联网研究中，人们从一开始就普遍认为：互联网是一种普遍的、跨文化的解决方案，在任何地方都将以同样的方式实施和应用。直到后来人们才意识到，它的用途和效果可能会有地域性的差异。但是，移动通信基础设施的早期应用模式，意味着无线技术从一开始就被视为处于特定的社会文化和历史情境之中。例如，移动手机在全球南方的许多发展中国家都具有革命性的作用。原因是在许多地区，移动电话实际上是人们所知道的第一个通信工具。这些见解也有助于数字社会研究更普遍地认识到，200
技术的影响力总是取决于技术实施和使用的社会和文化环境的。与其假定模式应该是普遍的，以及做研究是为了解释差异，还不如把社会、文化和技术多样性作为一个出发点。

技术系统不仅进行技术性建构，而且还在很大程度上进行社会建构，正如“行动者网络理论”所论述的那样（参见第5、7章）。我们必须克服这种看法，伊藤（Ito，

2005：7）谈到，“我们正在面对单一技术在多种环境中应用的状况”。并且，我们必须认识到，情境多样性并不必然地稳步走向全球标准化。除了可能助推技术标准和移动市场统一的跨国联盟之外，社会大众的活动远不止这些。这是“一个性别、国家、阶级、制度位置和年龄等不同的、本质上具有异质性和弹性的社会技术结构的症状”。（Ito，2005：7）

如同本书其他章节所论述的，数字社会的早期观察者常常非常专注于对于我们线上、线下生活和自我之间、流动的虚拟空间和位置性的实体空间之间的差异和分界线的定义和理论。然而在今天，有一种相对普遍性的共识：线上和线下世界以多种多样复杂的关系类型相互缠绕（Lindgren，2014）。这一研究兴趣和视角转向也是移动媒体研究出现的结果。20世纪90年代出现的首个互联网研究，萌发于对于诸如“虚拟现实”和“赛博空间”之类事情的理论兴趣（参见第2、3章）。只是到后来，这种类型的研究才开始关注线上世界如何与线下世界建立可能性的关联。在移动电话的领域中，这一进程向相反的方向发展。伊藤（Ito，2005：8）解释如下：

> 移动通信的外向性和户外特征及其起源于平淡无奇的电话技术的低调经历，意味着移动通信的在线元素并没有与日常现实、地方和社会身份脱节。互联网研究一直在通过现实生活中的身份和政治来追踪迄今为止“自由”的网络领域中日益增长的殖民化；作为日本移动文化，Keitai代表着对于日常生活中越来越多环境的虚拟化殖民的反向运动。

因此，即使移动通信研究没有完全创造用于解释情境、区域性以及类似地方的观
201 点，但它们至少带来了这些观点在互联网研究中的复兴。重要的是记住：任何在某种社会环境中兴起的技术，都会对现有的结构和实践产生影响，当然，后者也会对前者产生影响。

❖ 一直在线

随着移动通信的发展而产生的一个重要的社会变革，即许多人现如今一直处于在线状态。世界上大多数人一直具有搜索信息的能力，与他人建立着互动，并创建和传播

他们自己的内容。许多人躺在床上自拍，小型手机也增强了轻松访问个人社交网络的程度。这就好像我们把所有的社会存在都装进口袋里一样。

随着移动手机越来越嵌入我们的生活，它们改变了社会环境的动态进程。虽说我们在今天将手机视为非常寻常的事物，但是在不久之前，在任何时间、任何地点、任何数量的窃听者和旁观者面前，电话的到来还是一种新鲜的现象。这意味着适用于这些情形的新社会传统和礼节规范已经获得了发展。举例而言，人们不得不开发出一种方法来处理两种同步发生的情况——一种是在电话里，另一种是在我们恰巧涉足的物理空间里。虽然有些人的目标是成功地保持谨慎的互动，但其他人选择了普朗特（Plant，2001：49）所说的“演戏式通话”（stage-phoning）策略。她解释如下：

> 例如，在一辆火车上，一部手机可以用来播放大量的信息，从而吸引大量听众的注意力。在某些情况下，手机的出现甚至可以被用来告知听众：这是一个人的生活，一个人的移动世界。为了这个目的，可以发明电话，在这种情况下，手机即使不使用，也可以进行通信交流。

无论是接电话的人，还是旁边听得见的人，处理这些干扰的能力已经成为一项重要的社会技能。此外，在某些地方，以不同形式和程度使用手机被认为是不合适的，比如：坐飞机、开车、在医院、剧院以及演讲场所。火车已经开发了“静音车厢”（quiet carriages），一些餐馆也制定了“禁用手机”政策。这些决策也反映出我们社会文化环境适应于移动媒体使用的进程，反之亦然。

如同雷尼和韦尔曼（Rainie & Wellman，2012：95）所述，这种持续的网络连接将人们安进“一种网络先行的思维模式”（an internet-first frame of mind）之中。如果某一问题出现于某次线上或线下讨论中，它的答案通常可以通过快速搜索查询到。如果我们 202
有一些想要发布的东西，比如：视频、照片或状态更新，通过移动设备快速接入数字网络工具和平台，将会鼓励我们进行内容分享。此外，网络先行的思维让许多人喜欢通过短信与朋友分享故事，而不是打电话给他们，或是等到见面后再当面讲述。这种“超连接”（hyper-connectivity）带来了深远的影响，这种影响体现在社会个人和群体如何与彼此以及周遭的世界相连。时间、场所以及社会联系和存在感，在数字社会中呈现出新的形式和意义。

❖ 短信

正如我们在这本书的其他地方所看到的，数字媒体真正有趣的效果往往发生在它们被用于最令人期待之外的用途之时。因此，20世纪90年代至21世纪初，当移动设备的使用增加时，并没有引起太大的轰动。然而，当人们开始用他们的设备做一些“非语音”（unphondike）事情的时候，情况发生了改变。其中一个例子就是短信（texting）——有时也指短信服务（Short Message Service）——它早在20世纪80年代就存在了，但在20世纪90年代晚期，160个字符的信息可以用非常低廉的价格获得，短信由此变得越来越流行起来。发短信迅速成为每个人都在做的事情。正如科学和技术学者乔恩·阿加（Jon Agar）所言，短信在刚开发时一度被认为是一种小众的服务。短信的能量来自用户的发现和采用。阿加（Agar, 2003: 105）记述如下：

> 短信的发现是偶然的。没有人对它抱有任何期待。1993年，诺基亚公司第一次发送短信之时，电信公司认为它并不重要。短信服务被认为是GSM的一个重要组成部分。如同许多任务一样，短信的“能量”——实际上是无线网络业务的“能量”——是由用户发现的。就短信而言，其用户是东西方的年轻人或穷人。

短信一开始是在北欧国家被大规模地使用的，特别是芬兰，被称为“诺基亚陆地”（Nokialand, Kasesniemi & Liikala, 2003）——随后，短信文化在菲律宾、日本和中国香港等地普及开来（Goggin, 2006: 74–87）。今天，与其说短信是一种亚文化现象，还不如说它是一种极为普遍的现象，它已经根植于全球大多数人口的日常生活当中。人们倾向于发短信，因为它是不唐突的，在任何情况下都可以悄无声息地完成。

203 **发短信：新潮or危险？**

语言学者大卫·克里斯特尔（David Crystal, 2008: 3）从短信如何改变语言的视角进行研究，他认为，从没有一种语言现象像短信这般同时具有“好奇、怀疑、恐惧、困惑、自大、喜爱、兴奋、热情”等多种情绪。克里斯特尔解释说，短信是一种纯粹的21世纪现象——一种萌生于数字社会的语言实践——它自身具有显著的风格特征，包括缩写、表情符号以及其他使用语言的不同方式。一些人担心短信可能会导致语言标准被侵蚀，并由此可能会对语言整体造成伤害。其他人对语言并不担忧，他们担心发短信可能会取代讲话、干扰睡眠，并以各种各样的方式使大脑处于混沌迷惘的状态。然而，如同克里斯特尔指出的，当新技术引进之时，这些反应类型往往出现在任何时候。许多人认为印刷机是魔鬼的发明，电报、电话和广播的到来都产生了某种恐惧，尽管较为短暂，但还是惧怕社会肌理受到威胁。总体而言，这种恐惧被证明是毫无根据的。克里斯特尔认为，对于短信而言也一样，因为目前没有任何清晰的证据支持短信会导致语言下降的言论。相反，它可能会有助于文学的进步。

❖ 超合作

短信是移动电话支持的新协作形式的核心业务。雷尼和韦尔曼（Rainie & Wellman, 2012: 99）在书中写道，移动媒体已经引入了一种新的实体聚会编排，在移动电话时代到来之前，安排一次约会、聚会、会议或其他形式的会务是“一种会产生坚定协作的正式谈判”。以前，人们如果想要聚会，会在此之前强制性地决定较为准确的时间、地点和见面人。这种状况起源于19世纪工业社会，当公共时钟、手表、“机器、城市、官僚机构、商店和铁路线以严格的时间运转之时”，就开始需要人们出现在准确的地点和时间，这与前工业时代大相径庭（2012: 99）。雷尼和韦尔曼记述如下：

> 相较于前工业乡村生活，社会发生了翻天覆地的变化，人们依据自己的需求去农 204
> 场、商店或酒馆，而非他们的钟表。从某种程度上而言，移动电话让我们稍微回到了这种更随意的交谈时间。在移动互联时代，时间具有更多的流动性，人们的期望也发生了改变（2012: 99）。

这反过来又改变了社会规则和期望，即在什么时间、以什么样的方式与他人接触，或者何时可以与他人接触。作为今天网络化的个体，我们很少需要完全独处，至少在社会意义上是如此，因为我们总是可以与家人、朋友，或附近或遥远的人保持联系。相反，我们有时会用我们的设备来商议是否在社会情境中有实体性的存在。人们可能会由于不同的理由，假装运用他们的智能手机来避免卷入与周遭人的互动之中。更普遍的是，萨迪·普兰特（Sadie Plant）认为，手机制造了一定的生理和心理需求，使人们在社会中产生了新的姿态、姿势和身体动作，而这些在移动媒体到来之前都是没有的。例如，手机带来了身体、手指（特别是拇指）等人体部位在参与移动互动之时产生的崭新活动方式，这些行为和姿势属于一种新的身体语言，是数字社会所特有的，已经被全世界的观察者所熟悉。

在数字社会中，一些我们的会议——特别是那些仅有少量参与者的非正式会议——已经成为普朗特所说的"准会议"（approximeeting）。这个名字指的是我们在决定何时何地与某人会面之时所达成的日益固定的约定。例如，如果约某人吃午饭，我们不再依赖通过面对面、信函或固定电话的方式提前安排，因为手机可以让我们首先粗略地决定某事，而后当日子临近之时，再通过手机通话或发短信的方式对会面细节进行确认。乍一看，这似乎是对会议计划的一个相当温和的实践性改进，但事实上，这是数字技术给日常社会结构带来的一个颇为显著的变化。普兰特（Plant, 2001: 61）记述如下：

> 松散的安排，建立在它们可以在后续阶段被再次确认的认知模式之中；人们可以被预先警告或晚或早的到达；会面安排可以被渐进地加以完善。但是，这种弹性——我们称之为"准会议"——还可以产生一种新的不安全感。除非聚会、地点以及时间等要素都实实在在具备了，否则任何事情都是虚无缥缈的。在这样的情境中，如果没有一部手机，人们就会变得有缺陷。

移动媒体研究学者里奇·林和比吉特·耶特里（Rich Ling & Birgitte Yttri, 2002）认为这种转变是更普遍现象中的一部分，是微合作（micro-coordination）和超合作
205 （hyper-coordination）之间的联合。他们将"微合作"描述为一种为了有益于事情顺利协调进行而使用手机的行为。这是普兰特在上述摘录中描绘的一种合作类型：人们可以通过发短信或打电话来告知他们会晚到，已经开始的行程可以被修改和重新安排，此前松散的会议安排也可以变得逐渐确定和清晰。后一种是超合作，它超越了单纯的

工具逻辑用途，增添了聊天和闲谈的表达性的层面，即一种合作的文化维度，由此社会纽带和价值观得以建立、维持和表达。因此，微合作是关于“在流动空间中排演每个人的动作和姿态，达到最终相互重叠和融合的程度”（de Vries, 2012: 144），超合作则更多关乎对于亲密社会关系的维系。这类似于第6章对于YouTube视频功能的讨论，认为其功能是简单地维护一种鲜活开放的传播通信渠道。超合作是指不断确认个人关系、分享经验、了解彼此生活的最新情况，以及交换各种形式的象征性礼物（图像、笑语、表情符号等）。

练 习

现在，在你的移动设备上查阅一下关于短信的历史。你可以分别举出关于微合作和超合作的例子吗？你以前认为它们是两种不同类型的活动方式吗？作为一项实验，试着想想其他也许能够替代以上合作行为的通信模式（电话通话、面对面等）。在哪些方面是可以替代的？哪些方面只能通过发短信来实现？

❖ 控制互动

语言学者娜奥米·巴伦（Naomi Baron, 2008）认为，移动通信应用所带来的最重要的变化之一就是我们目前具有越来越多的能力来控制何时与谁进行交流互动。她解释说，即使我们总是有对我们的社会互动进行“程度控制”的选择——如：过马路或假装看商店橱窗来避免不必要的交互，或者说一声简短的问候，以便快速匆忙地参加各种活动——数字、移动通信技术使这些可能性成倍地增加。确实，当人们在互动的时候，
总是试图寻找控制的各种办法，但控制机制和控制程度一直在发生改变。早期的固定 206
电话鲜有机会用来逃避互动。第一批电话总是处于在线状态，在响铃之时必须拿起来才能让铃音停止。后来，答录机、访者ID以及通话等待等功能，提高了在潜在交互中进行筛选和选择的技术可能性，甚至可以屏蔽其中的一些互动。然而，另外一种控制互动环境的方式是让人们用免提，让其他人旁听，而不需要电话另一端人的同意。

巴伦解释说，移动电话在这个等式中引入了更多的控制机制。以短信为例，人们可

以控制他们的环境，因此，他们看上去处于“离开”或离线状态，尽管他们没有。或是让短消息看上去处于“未读”状态，尽管实际上已经被获悉了。短信还可能决定是否、如何以及何时回复来电，以此进行互动。一些信息平台可以通过阅读个人资料或发送信息而不是直接联系，来获取人们的行踪和活动信息。同样，相较于面对面或语音互动，发送短信改变了交谈内容及感受的参数。它可以通过减少闲聊来节省时间，也更容易处理一些尴尬或敏感的话题。这种连接方式转变了社会活动的实质，把手机短信和面对面的社交活动叠加在一起。人们可以在面对面会谈之前接触双方，这样就可以减少实际会面交互时遇到的阻碍，因为会存在一些共同和近期的参考。并且，在面对面会谈之后，移动连接会有助于互动联系的保持。

练　习

对技术与社会转型之间关系认知的方法之一就是在没有特定技术类型的情况下行使社会功能。想想你生活中的一个典型的日子，思考一下在前移动世界（pre-mobile world）你做过什么不一样的事情。回溯至1992年——或类似的年份——想想你如何面对每天的事务，比如：检查巴士时间表、跟踪新闻报道、安排一次与朋友的聚会、在排队时的消遣等。出人意料的是，即便我们中许多人都经历了智能手机出现之前的世界（pre-smartphone world），但仍然惊讶地发现，由于移动技术的发展，我们现在以不同的方式管理着许多事情。你认为这些变化都是好的吗？

207 **黑盒谬论**

数字社会发展的一个重要环节就是出现了数字人类学学者拜伦·霍克和大卫·里德（Byron Hawk & David Rieder, 2008）所说的“小技术”（small tech）。这是小型设备生态系统的一个概括性术语，如：便携式媒体播放器、移动电话、数码相机和其他手持数字设备。许多这样的设备流行于20世纪90年代——寻呼机、个人数字助理（PDAs）、掌上电脑——但在2000年和2010年初，它们逐渐融合成两种流行模式：智能手机和平板电脑。这是因为智能手机和平板电脑——紧随应用程序的快速发展以及更为强大的硬件设备——变得开始有能力处理各种各样的事情，而在以前，人们需要依靠不同的设备才能完成这些事。这种发展与一些学者对于不久的将来所做的预期一致，所有的媒介内容都会流经一个“黑盒子”（black box）。然而，亨利·詹金斯（Henry Jenkins, 2006: 14）将此观点称为“黑盒谬论”（the Black Box Fallacy）。他声称，我们使用越来越少的设备进行互动交流和内容访问的看法并不真实。相反，他认为，融合的只是内容。我们观看同样的电影、处理相同的邮件以及在大量平台上阅读相同的新闻，比如：电视、平板电脑、移动电话、笔记本、纸质杂志、电影等。这是因为“媒介融合不仅仅是技术的转型”，还是一种持续改变现有技术之间关系的发展进程。詹金斯（Jenkins, 2006: 16）说道：

> 请铭记于心：融合是指一种过程，而非一个终点。并没有一个能控制媒介流向我们家庭的黑盒子。由于媒体频道和具备移动特性的新电脑和电信技术日益增多，我们正在进入媒介无处不在的时代。

举例而言，几年前移动计算明显地融合到笔记本电脑、智能手机和平板电脑的“三合一”中，而现在，随着健身腕带、智能手表和类似的硬件再一次使电子产品生态系统变得更加复杂，这一融合正面临着挑战。随着更小的硬件的不断开发和已有软件的重新语境化，事物不断被带入新的关系中。这些发展是一种不断演变的手持文化中的一部分，从基本的无线通信设备到功能强大的计算机和照相机（智能手机），移动电话的发展是核心。

❖ 机器精神 208

为了努力捕捉移动技术所带来的社会变革的复杂类型，传播研究学者詹姆斯·卡茨和马克·奥克胡斯（James Katz & Mark Aakhus, 2002）认为，移动通信——被他们称为个人化的通信技术（personal communication technology）——产生了一种特殊的社会精神形式。他们创造了“机器精神”（apparatgeist）一词来指“能同时影响技术设计和用户、非用户、反用户赋予它们的初始和后续意义的机器精神”（Aakhus & Katz, 2002: 305）。在移动电话的例子中，机器精神是指手机如何被设计、如何起作用、如何被应用、如何不被使用以及它们如何对所有人产生相应的影响。不同群体的人们——从那些使用和热爱技术的人到那些拒绝和厌恶技术的人——起着为技术赋予不同意义的部分作用。

“机器精神”一词来自“机器”（apparatus），德语“Geist”（意指思想或精神）。机器精神理论将所有关于技术如何与社会互动的层面汇聚起来。基本而言，是关于一种“机器”如何在社会“精神”上打上印记。奥克胡斯和卡茨（Aakhus & Katz, 2002: 11）解释如下：

> 我们创造了一个新鲜术语，以此涵盖社会人的互动和移动机器的交叉融合。这一术语同时包括民众和专家框架；有形和无形层面；物质和社会议题；典型地，机器和“精神”元素的灵活互动与辅助技术。

奥克胡斯和卡茨认为，数字社会是由一种永久联系（perpetual contact）逻辑来加以治理的；工业社会是由永恒运动的理念驱动的——着重于对生产方式的稳步提高；信息社会则是由永久联系所驱动的，因为它偏重于社会传播和互动的方式。机器精神理论的目标在于探索用户—技术、用户—技术—社会的关系。它还旨在说明用户对他们正在使用的技术所赋予的意义，以及使用这些技术所造成的社会影响。

练　习

与技术决定论（参见第3章）不同，机器精神理论主张减少因果关系，而采用更多的中介视角。它的三个重要观点如下：

209 • 技术重塑了社会关系（例如：私人领域和公共领域之间的关系）。

• 人们不仅通过技术的日常功能和使用与技术之间建立联系，还拥抱和积极塑造它们的“Geist”——气质或精神。

• 即便是那些不使用特定技术的人，也还是会被其机器精神深度影响。

试着将“机器精神”理论应用于其他技术：车轮、印刷机、英语、视频游戏控制台等。基于以上三个观点，试着想想相关例子。这会帮助你探索不同的技术是如何影响社会性的。

❖ 延展阅读

* Goggin, Gerard (2006). Cell Phone Culture. London: Routledge.

戈金的这本书是对全球“手机文化”理论和观点的全面思考。他探索了手机现象是如何助力改变社会和文化模式的。戈金将技术置放于历史和全球情境之中，解决生产、消费、身份、设计和象征等大规模的议题。

* Ling, Rich (2012). Taken for Grantedness. Cambridge, MA: MIT Press.

里奇·林关注技术的社会学影响，特别是手机。在本书中，他着重于将移动通信嵌入我们的日常生活当中，这在某种程度上成为一种想当然的事情。他将手机与其他技术（钟表、汽车等）进行了历史性的比较，发现它们也嵌入社会之中，并已经改变了社会互动的特征。

* Baron, Naomi S. (2008). Always On. Oxford: Oxford University Press.

在本书中，语言学者娜奥米·巴伦探讨了移动技术（但一般是社交媒体平台）是如何对我们的语言使用产生巨大影响的。她还讨论了人们使用移动设备来屏蔽传入通信和自我伪装的各种方式。正如本书的标题“一直在线”所建议的，她还涉及这样一个问题：当越来越多人“一直在线”乃至成为一种文化之时，我们会成为什么样的人。

12

211 软件、算法和数据

核心问题

- “软件研究”对数字社会更传统的社会和文化视角有何贡献?
- 我们怎样才能从社会学的角度梳理出固有数字化事物的有趣之处,比如:链接、喜好和搜索引擎结果?
- 算法有什么社会和经济作用?
- 怎样从批判社会学视角来审视“大数据”现象?

核心观点

软件　算法　链接经济　点赞经济

计算型公众　大数据

软件(software)一词在大多情况下被用于指计算机程序和应用。软件是一组包括指令和代码的系统,它向技术对象发出指令,并让其以期望的方向发挥功能;与此相反,硬件是物理技术对象,包括计算机、移动电话、电视或冰箱。软件这一术语首次公

开见诸1958年统计学家约翰·图基(John Tukey, 1958: 2)的一篇关于计算的文章: 212

> 今天,由精心设计的解释程序、编译器和自动编程的其他方面组成的“软件”,至少与电子管、晶体管、电线、磁带等组成的“硬件”一样,对现代电子计算器很重要。

然后,他认为,不是每个运用硬件工具的人都需要学习所有关于“引擎盖下”发生的细节,当然,虽然情况仍然如此。当我们使用电脑、手机或某种社交媒体之时,我们一般并不会过多推敲产生这些事物的逻辑。我们只是使用这些东西,而并没有考虑它们如何进行编程及其相应原因。即使那些相关细节和选择可能对我们所使用的工具用途和方法有巨大影响,但思考它们潜在的逻辑还是越来越不实际。

但是,近些年,随着软件成为一种构建和支持我们当代世界的力量,研究人员从更普遍的意义上看待软件,并且越来越感兴趣。新媒体理论家列夫·马诺维奇(Lev Manovich, 2013: 6)将软件定义为“当代社会的引擎”。媒介理论学家和文学学者弗里德里希·基特勒(Friedrich Kittler)在一次采访(Griffin et al., 1996: 240)中谈到,对于理解文化而言,软件已经变得越来越重要。他做出如下论述:

> 我无法想象今天的学生可能仅会用26个单词字母来进行阅读和写作。他们至少应该知道一些算术、积分函数、正弦函数——任何关于符号和函数的一切。他们还应至少知晓两种软件语言。然后,他们就具备谈论当前文化事务的能力了。

与第11章所谈到的奥克胡斯和卡茨(Aakhus & Katz)的“机器精神”理论很类似,基特勒强调了将计算机“本质”作为一种复杂现象进行批判性分析的重要性。首先,他认为“软件并没有独立于机器而存在”。这意味着软件不能与硬件分开来研究。其次,他声称“如果计算机系统不再被日常语言的环境所环绕,那么就不会有软件”。这意味着软件并没有严格地局限于计算机领域。它的逻辑和影响延伸至社会其他区域,反之亦然。

在本章中,我会对软件研究领域的出现进行探讨。直到最近,社会科学和人类学已经在很大程度上忽略了软件现象——数字社会的基层代码,相反,他们更广泛关注于数字媒体的社会和文化影响,就像本书其他章节所讨论的一样。然而,近年来,我们

213 越来越注重从批判视角分析软件如何支持和限制各种社会实践，以及软件如何被定义为一种符号和功能的通用系统，并被社会互动所塑造。这涵盖了多种研究对象，研究内容包括代码、文件、拷贝、可视化、函数、小故障、交互界面、故障等，以此“从逻辑领域渗透到日常生活当中”（Fuller, 2008b: 1）。本章主要探讨数字社会中算法所潜在具有的重要作用，还有讨论诸如计算公众（calculated publics）、点赞经济（the like economy）、大数据之类的概念。

❖ 世界运转的通用引擎

作为一种研究对象的软件，是一个不断运动的对象。正如马诺维奇（Manovich, 2013: 2）所述，技术的快速发展以及消费资本主义的与日俱增，意味着“这个世界现在已经习惯于运行那些从未正式完成但永远处于测试阶段的web应用程序和服务”。人们在日常生活中接触的应用程序和服务的很大一部分，都运行在远程服务器上，这意味着它们可以在任何时候隐形地（或秘密地）更新。这是常有的事，因为期望成为数字社会运行系统的服务—如：谷歌和Facebook每日都会更新他们的代码。如同马诺维奇（Manovich, 2013: 2–3）所说：“欢迎来到这一永远变化的世界——此世界在如今并不是由不常发生改变的重工业机器所定义，而是由常常变化的软件来定义的。”

正如文化研究学者马修·富勒（Matthew Fuller, 2008b）的解释，对于那些通常不会与狭义的“软件”联系在一起的研究人员和思想家来说，软件研究的一个重要任务是表明软件是一个重要的研究对象，同时也是一个实践领域。虽然计算机科学、信息学的学科以及研究电脑和人类之间交互的相关领域已经围绕软件议题做了许多重要工作，但是长期以来没有在文化和社会研究中对其进行研究。马诺维奇（Manovich, 2013: 2）提出一个令人信服的案例，认为无论我们用数字设备做什么样的社会和文化事务——如：娱乐、观看、倾听、书写、写博客、发微博、打电话、通话、发电子邮件、编辑、照相、看电影等——我们总是在使用软件，并且：

> 软件已经成为我们与世界、他人、我们的记忆以及想象相交互的界面——它是一种使世界发声的通用语言，一种让世界运转的统一引擎。软件之于21世纪初，就像电力和内燃机之于20世纪初一样。

软件趋向于变成数字社会的一个透明或隐匿的部分，尽管它在社会中起着至关重要的作用。就像霸权和意识形态是自然的、不受批评的、自发的一样，软件也有它的
“意识形态层面”（ideological layer）（Fuller, 2008b: 3）。即使软件常常是特别有用 214
的，甚至是可以赋予人们权力的，软件研究的学者提醒我们：很多软件，作为一个副产品，也以某些方式定义了社会关系，这些方式一旦建立，就会变得系统化，并且不可能改变它们的初始设置。比如，想想第3章中贾伦·拉尼尔的担忧：抽象的自动化功能会将人性移除。社交网络中“用户友好”软件将会抹杀那些“网络有喜好”的日子以来的个人化、多样性以及通常较为奇特的主页（Lanier, 2010: 15）。在这种情况之下，软件会导致一种自行消减（self-reduction）的形式：

> 位于软件工程核心的二进制字符往往在更高的层次上重新出现。例如，告诉一个程序运行与否要比告诉它运行的种类简单得多。同样，在数字网络上建立一种严谨的人际关系表征也更加容易：在一个典型的社交网络网站上，你要么被指定为双人，要么被指定为单人（或者你处于其他几个预定的存在状态之一）——这种生命的减少一直在朋友之间传播。人们之间的传播沟通最终成为他们信奉的真理。关系承担了软件工程的麻烦（Lanier, 2010: 71）。

类似的例子阐释了常被定义为非物质性的软件其实在数字社会中会产生极为物质性的后果。软件的设计在许多层面上予以实施。它定义了语言和交互界面的特征；它在允许某些使用类型的同时，也对其他类型进行了屏蔽。

练 习

用这种新的视角去审视你日常生活中常常使用的网站或应用程序。试着将其作为基本软件分析的主题。远离你现在所处的位置——在这个位置上，组成这个站点或应用程序的功能和资源对你来说是非常熟悉的，可能几乎是透明的——对此提出批判性的问题：它的设计目的是什么？哪些功能被提供？如何提供？它还能达到什么目的?还可以包括哪些其他功能？在兴趣、目标、技能水平、性别（或其他能带来有趣见解的维度）方面，它似乎对用户有什么假设或期望?哪些用户被排除

在外？该网站或应用程序是否基于特定的价值观或信念？这样思考能对软件进行批判性分析。

215 ❖ 从点击到链接

软件研究关注本质上是数字化的事物。如果没有数字媒体和互联网，这些东西就不会存在。因此，举例而言，尽管两个人之间的对话或电视广播可以通过或不通过数字工具和平台进行，但仍存在一些与数字无关的现象。新媒体研究学者理查德·罗杰斯（Richard Rogers, 2013: 25）认为，为了更好了解"跟随媒介"（following the medium）的重要性——在第16章有更多探讨，可以更仔细看看什么是数字化特有的。除了分析在线文化或社会变得数字化之后的后果，还需要研究、捕捉分析本质上数字化的事物，如"超链接、标签、搜索引擎结果、收藏网址、社交网络网站"配置文件、维基百科日志文件等（2013: 19）。这种方法是关于一种分析，传播研究学者塔尔顿·吉莱斯皮（Tarleton Gillespie, 2010）将其命名为"平台政治"（the politics of platforms）。

新媒体研究学者卡罗琳·格利茨和安妮·赫尔蒙德（Carolin Gerlitz & Anne Helmond, 2013）已经探索了不同类型的"网络原生对象"（web-native objects）是如何组织价值生产的，如：经济价值和其他网络价值。在20世纪90年代中期，在网络1.0时代（参见第2章），最为重要的对象是点击和超链接。在这期间，大量网络上的点击开始被广泛用作衡量用户参与和网站流量的标准指标。许多网站都有"点击计数器"（hit counters），用来显示访问网页游客的数量，这是基于访问该页面的算法请求的数量。然而，在20世纪90年代晚期，这种标准被一种新型的搜索引擎"谷歌"所取代，它开启了衡量"点击"和"链接"总体影响的新方式。这是互联网历史上的一个分水岭，它催生了以搜索引擎排名为中心的新型网络经济。

页面排名

众所周知，谷歌引入了一种关于页面排名的分析算法，它是由创始者拉里·佩奇（Larry Page）和瑟吉·布林（Sergey Brin）于1996年在斯坦福大学的一项研究课题中研发的。页面排名——页面名称和网络页面概念延伸出来的名称——根据一种相对直观的逻辑来计算页面的相对重要性：

> 如果某一网络页面可以与许多页面相连，或如果某些与其相连的页面有很
> 高的排名，那么这个页面就有比较高的页面排名……页面排名通过网络的链接结 216
> 构，递归地传播权重来处理这两种情况和它们之间的所有情况。（Brin & Page, 2012: 110）

换言之，基础的观念是：页面A比页面B有较高的排名，即便B有更多的关联链接。这是因为A也许被链接的次数较少，但是与更多重要的页面相连。这样做的意义在于，除了传统的文本索引外，还可以使用页面排名来生成更精确的搜索结果。谷歌的算法把重点放在站点的关系价值上，从而改变了网络资源价值的确定方式，不再以点击率，而是以链接作为衡量相关性的主要标准。这是根据页面排名的逻辑完成的，其中链接的价值取决于来源的权威。

这使链接成为一种新网络经济形式的商品，搜索引擎优化（SEO）成为那些想要吸引人们在线关注的行动者的重要实践。包括为网站元描述仔细选择关键词、创建包含频繁搜索词的内容、频繁进行状态更新，从而吸引搜索引擎的自动爬虫，以此重新索引网站等。许多日渐浮现的SEO实践不仅仅是帮助搜索引擎建立合适的索引，更是接近于垃圾邮件——也就是所谓的“垃圾分类”（spamdexing）。其中一种刻意操纵索引过程的做法是通过所谓的“链接农场”（link farms）进行的，它是一群彼此连接的网站，以此来提高它们的页面排名。链接在数字社会有直接的价值，它们也因此被视为一种“伪货币单位”（pseudomonetary unit）（Rettberg, 2005: 526）。并且，不仅仅是链接本身具有价值，不同内容之间关联的知识也日益成为一种“上等的房地产”（prime real estate）（2005: 525）。链接日益以多种策略互惠的方式进行交换。吉尔·沃克·雷特伯格（Jill Walker Rettberg, 2005: 526）解释了链接经济是如何发挥其功能的：

> 当我连接B的时候，我赋予了B一个链接。这一链接转化为一种在谷歌页面排名和其他索引系统中的精准（未公开）的价值……该链接对B的价值比B页面内容对我或我的读者更为清晰。我用我的链接为B内容付费。这种关于链接工具性的观点并没有将其
> 217 他性质排除在外。许多人在网络上慷慨地、小心地或随意地创建或跟踪链接，但没有考虑链接的经济性及其价值。

链接经济的结果是，链接物交换（link bartering）——一种组织松散的连接某人和被链接的交换系统——通过“网环”（webring）和“博客链接”（blogrolls）等功能变得更加正式。这样的实践颠覆了谷歌对于链接“对象化”的量化，并且当他们变得过于明显战略化之时，有时就会被贴上“链接荡妇”（link slutting）或“链接乱伦”（link incest）的标签（Rettberg, 2005: 528）。无耻或不适宜地把你的全部出售给链接是令人愤慨的。然而渐渐地，人们也越来越公开地用链接交换现实世界的金钱。关于售卖链接的黑市出现了，人们可以付费与链接农场、链接圈子以及其他技术代理相连，这些代理除了与他人链接之外什么也不做。因此，谷歌发展了不同的实践，以此对一些活动进行规定和禁止。当然，谷歌注重保护其系统的整体性，因为他们曾经、现在仍然开发的网络地图是无价的，不仅有助于尽可能产生“好的”搜索结果，而且也是个性化搜索和广告扩展能力的体现（参见第9章）。随着我们越来越多的在线活动与谷歌、Facebook或苹果等公司的用户配置文件联系在一起，这些行动者将在他们扩展的数据库中拥有越来越多关于我们的数据。

❖ 点赞经济

社交网站和社交媒体到来之后，网站和内容的价值属性发生了进一步的变化。最初，网络2.0的参与特性，使那些日益参与自身内容创建的用户更加积极地构建网站、账户和平台之间的连接。早期的链接经济主要是基于专家推荐和聚合引擎，如Technorati和Blogpulse。然而，正如理查德·罗杰斯（Richard Rogers, 2005: 27）所解释的，博客圈开始成为一种新型的聚合来源——它免受“（旧媒体）编辑的暴政”（tyranny of old media editors）。

可以置放于任何网站的“社交按钮”（social buttons）的出现，是一种朝向更具参与性的链接实践的进一步迈进。这些按钮使在一些于2016年就引入了共享按钮的类似Digg和Reddit等平台上提交、选举和张贴成为可能（Gerlitz & Helmond，2013：1351）。其他许多平台也纷纷效仿，提供了不同的社交按钮，允许各种预先定义的用户活动：书签、投票、推荐、分享和发推文，以及显示用户点击次数的计数器。

按钮 218

数字审美学者索伦·珀尔德（Soren Pold）解释说，网络交互界面和App程序上的按钮具有一定的社交权力，因为按钮“象征着互动的潜力”，也因为按钮让人感觉非常真实和明确。珀尔德（Pold，2008：32）写道：

> 在按下按钮和通过杠杆传输的手指力量改变设备状态之间存在一种模拟连接——就像在旧的磁带录音机中，人们实际上是将磁带头与按钮一起推到既定位置。计算机交互界面取消了模拟机械功能，但按钮的功能呈现同样稳定的内涵，即便它的物质基础已经消失了。也就是说，接口按钮将数字中介的符号任意性伪装成某种坚实、机械的东西，以使其看起来好像功能是基本固定的。

较为重要的转型源于Facebook在2009年时引入了“点赞”按钮。目前，为了便于做出评论，经典“拇指上翘”的按钮被创造出来，代替了一些简短的情感评论，如“祝贺！”（Congrats!）或“太棒了！”（Awesome!）。自从2009年以来，对于“不喜欢”（dislike）按钮的缺乏就一直存在争议。一些批评者认为，一个针对积极情绪的按钮，仅是为了支持商业利益，比如：建立品牌或推广产品和服务。Facebook创始人马克·扎克伯格（Mark Zuckerberg）在2014年谈到：

> 一些人要求创设一个“不喜欢”按钮，是因为他们想要说“这件事情不是很好”。我们认为这对世界不是好的事情。所以，我们不打算这样做。

然而，在2016年2月，Facebook引介了较大规模的“反应”（reaction）选项：喜欢（Like）、喜爱（Love）、开心（Haha）、惊讶（Wow）、悲伤（Sad）和生气（Angry）。

像“点赞”或“回复”这样的社交行为——可以在Facebook上的大多事情上施行，通过诸如状态更新、共享照片、共享链接或评论之类的行为呈现。就像之前的社交按
219 钮一样，从一开始，点赞按钮就有一个计数器，并展示已经点赞用户的名单。后来，在2010年，Facebook开启了一个外部点赞按钮，它可以用来作为任何网站所有者的一个插件，“会潜在地让所有网络内容变得可爱”（Gerlitz & Helmond，2013：1352）。

这种革新让链接——链接经济的主要流通方式——不再那么有趣，而是将重点放在如何“点赞”或呈现其他预设的“回复”之上，将用户互动转化为可比较的、可操作的数据形式。这种新兴的点赞经济，助推了更多的社交网络体验，点赞的内容以及看见他人点赞使新的参与形式成为可能。然而，格利茨和赫蒙德（Gerlitz & Helmond，2013）认为，这也创建了“后端网络的另一种结构”（an alternative fabric of the web in the back end）。在这种模糊的维度中，“社会性、可追溯性和市场化”之间产生了特定的关系。因此，尽管链接经济带有民主化的痕迹，因为它是一种任何人都可以联系到其他人的体系，但类似的经济意味着再中心化。许多人都碰触了点赞经济的“点赞”环节，但是他们中许多人都无法完全获得自己参与生产的数据。与通过相互链接的实践产生的模式不同，点赞经济呈现出一种另类的网络结构，此结构是通过来自Facebook等社交媒体平台的数据流来组织的。

Facebook内部和外部的点赞按钮，是一种“追踪设备”（tracking device）的范例，它建立了新的在线关系标记，超越了传统网站之间的超链接。因此，点赞经济的结构并没有通过网站间的联系来进行构建，而是通过链接到数据挖掘服务的第三方追踪设备来实现的。从根本上来说，Facebook上的“点赞”或“回复”按钮的数字产物，在社会的社交和经济层面之间建立了一种特殊的关系。Facebook的普及使用、点赞按钮的出现以及深嵌网络中的点赞按钮的浮现，使汇聚大量有价值的服务数据成为可能。

练 习

试着想想“点赞”对于你而言意味着什么。基于以上论述的观点，点赞按钮是一种产生经济价值的追踪设备。从另一种视角来看，它可以是表达积极情绪的一种简要手段。还可以想象一下点赞的意义是非常情境化的。在一些案例中，当你对某些事“点赞”之时，你可曾思考一下这种点赞是如何被其他人理解的？“点赞”是我们必须从事的事情吗？点赞的意思是想当然的吗？从某种意义上而言，点赞的意义是不固定的，那么它可能是一个空洞的能指吗？

❖ 算法 220

算法在社会的软战争（softwarisation）中起着关键的作用。以一种严格的计算观点来看，算法是一种数学程序，以一种受控制的方式对数据加以执行，以便能够以其他形式的数据呈现输出。算法是一种强化所有计算的重要程序性逻辑。对于数据的存储和阅读、对于某些程序的应用以及对于某些输出形式的传送，都可以通过双手来完成，但是，数字社会所依赖的计算工具的方式将自动化和数字路径转化为一种社会关键机制，它对我们所依赖的信息进行治理。撰写“程序社会性”（programmed sociality）的媒介传播学者泰娜·布赫（Taina Bucher, 2012：1），是已经证明算法可以“建立某种形式的社会性”的学者之一，其方法是证明算法如何“为可感知和可理解的事物创造条件”。我们依靠搜索引擎来对海量信息数据或整体网络进行导航，在这一过程中，算法帮助我们决定和选择对于我们重要的信息内容。举例而言，许多在线服务和平台都有算法推荐，它们向我们建议哪本书可以购买、哪个Twitter用户可以关注、哪部电视剧可以接着收看、可以加谁为“好友”、哪个内容是“热门”或“流行”的话题等。在从事这些事情的时候，算法强调了世界的某些部分，同时对其他部分予以隐藏。对吉莱斯皮（Gillespie, 2014：168）而言，算法在社会中的作用很重要，因为我们以前依赖一些权威专家、科学家、“常识”或宗教权威来获得关于现实的正确知识，现在我们已经转向了算法。

显而易见，不是每个人都欢迎这种“藏于幕后”的机械。算法可能是有益处的，但它们也可能被开发出来控制用户。2016年2月，Twitter正式启用了自身的“算法时间轴”（algorithmic timeline），随后引发了用户的抗议风暴。这一变化意味着，Twitter将不再按照逆时间的顺序来显示推文，而是按照基于用户活动的算法生成推文。《连线》（*Wired*）杂志的赞助者布赖恩·巴雷特（Brian Barrett）展示了一种关于该变化的分析，指出新进缺乏经验的用户可能会得到新的、更易于访问推文方法的帮助——“将信号与噪声隔离”①。然而，正如巴雷特所论述的，那些对这个平台感到满意的高级用户，那些拥有更长的使用历史并且熟悉最初逆时排序展示的用户，开始怀疑并使用#RIPTwitter这样的推文标签。因此，在某些情况下，尽管某些人会非常乐于让他们的内

---

① www.wired.com/2016/02/a_twitter-algorithm-wont-ruin-anything/.

容被算法“润饰”，但在其他环境中的人们可能会觉得同样的算法“破坏”了他们的内容阅读提要。

221 如前文所述，对软件和算法进行批判性的社会分析是有必要的，因为它们有着某种不容置疑的品质。即使我们知道算法有选择地将我们的YouTube开始页面放在一起，也将它自然地看为YouTube的起始页。但是，正如吉莱斯皮（Gillespie，2014：169）所述，算法是由社会建构的，并不那么具象和准确：

> 一种社会学分析不可将算法视为一种抽象的技术成果，但必须揭示这些冰冷机制背后的温暖人性和制度性的选择。我怀疑更富有成效的方法将转向知识社会学和技术社会学……这也许有助于揭示，看似可靠的算法实际上是一项脆弱的成就。

此外，吉莱斯皮表示，支撑着数字社会、互联网以及社交媒体平台的算法都对知识的生产和合理化有所贡献，按照一种基于非常具体假设的逻辑。这也就是把算法作为数字社会媒体生态系统的一个关键特征来研究的重要原因。什么是关于现有算法和环境的特定假设？它们的社会和政治影响又是什么？

谷歌化

哲学家米歇尔·福柯（Michel Foucault）认为，知识与权力密切相关。他认为，“建立起来的世界知识‘倾向于施加一种压力，一种对其他话语形式的权力局限’”（Foucault，1972：219）。正如雷特伯格（Rettberg）所述，这种哲学认知与链接的政治经济高度相关。举例而言，链接也许是有用的、有效能的，或为我们带来幸福，但链接也是权力结构的一部分，这一点不应该被忽视。链接定义了什么可以被发现，因此它们也就定义了知识，并再一次强调，知识即权力。文化历史学家西瓦·维迪亚纳坦（Siva Vaidhyanathan，2011）认为，目前已经有了所有事情都在谷歌化的势头，事后看来，不把整个“人类知识项目”交给一家公司，可能是一个更好的主意。他认为，我们不应假设：谷歌会给我们传送我们“实际需要”的东西。即使谷歌可能已经庄严地承诺不会变成“魔鬼”，但这仍然是一笔大生意。维迪亚纳坦认为：

> 大约在谷歌启动的同一时间，我们本可以合作一个宏大的全球项目，由一组特定的政府部门提供资金支持，由最好的国家图书馆提供便利，以此来规划和执行一个50年的项目，将所有人与所有事联系起来。(2011：203) 222

活动家和作家伊莱·帕里泽(Eli Pariser)也在为未来社会担忧。在他于2011年发表的著作《过滤泡沫》(*The Filter Bubble*)中，他提到谷歌和社交媒体的演化伴随着潜在的算法，让人们涌进一个个人化的滤化世界，在那里所有的搜索结果和它们所服务的其他信息都增强了人们原有的价值观和对世界的看法。这种划分和定制化，削弱了人们为建立社区和参与民主政治而需要分享的共同基础。这种对于社会现实的谷歌化带来了许多问题：我们的信念很少受到挑战，这会减少我们试着理解他人的动力和欲望，同时也减少了我们融入不同思维方式和世界观的渴望。如果我们要对发现持开放性态度，就需要有一种随机性。

练　习

试着通过在不同的环境中用不同的搜索引擎检验不同的搜索问题，以此来打破"过滤泡沫"。选择一个搜索查询并将其输入google.com的搜索字段。注意顶部的搜索结果。例如：在不同的网站输入相同的查询——google.jp，google.ru，google.tn以及google.co.uk。请注意相应的搜索结果。在bing.com、duckduckgo.com、yandex.ru或其他网站上尝试同样的查询。如果你喜欢的话，你也可以尝试对不同引擎进行不同的设置。留意自始至终你所得到的顶部搜索结果。当你完成的时候，请分析搜索结果中差异和重叠的部分。通过这些分析，你能得到什么样的结果?

❖ 计算型公众

对于算法可以包含或排除什么内容的精确思考是研究的一块重要领域。在实践

中，算法和它们所应用的数据库被视为同一种现象。然而，正如吉莱斯皮所述，从一种
223 分析的观点来看，这两者必须被分开来研究。脱离数据的算法是没有意义的，在算法生成任何类型的输出或结果之前，必须收集一些信息作为输入。这一过程常常包括一系列选项，涉及什么应该被采集、应如何排序以及“为算法做好准备”。收集的数据必须经常进行清理，并在某种形式的矩阵或其他可读性的结构之中排序。此外，数据——即使在它们被收集之前——可以被网站和平台的所有者进行整理、启动和审查。被确定的“问题”内容可以完全删除，但也可以通过算法以更微妙的方式进行降级。举例而言，YouTube在一系列观众最热衷的视频中保留“推荐的内容”，或者在其他推荐系统中进行保存。一般来说，有一个整理数据的过程。吉莱斯皮（Gillespie，2014：172）论述如下：

> 索引会剔除垃圾邮件和病毒，对侵犯版权的内容和色情内容进行巡查，并删除淫秽、令人反感或在政治上有争议的内容。

这样的整理当然是必要的，甚至在一定程度上是有帮助的。将其视为一种微妙的审查形式，并分析这些选择意味着什么，仍是有价值的——尤其是当算法具有自动化和客观性的光环之时。思考算法的社会性特征也很重要——毕竟，算法是由人设计的。与其只考虑算法的影响，还不如仔细研究它们与创造者和用户的现实世界之间的关联。算法与用户的缠绕带来吉莱斯皮（Gillespie，2014：188–189）所说的“计算型公众”。他解释了算法是如何创造不是传统意义上的公众类型的：

> 当亚马逊推荐一本“像你这样的顾客”购买的书时，它正诉诸并声称了解一个公众群体，我们被邀约去感受一种亲和力——尽管亚马逊推荐书所依据的人群并不透明，而且肯定不会与整个客户群同时存在。当Facebook提供一种关于某一用户的信息可以被“好友、好友的好友”看见的隐私设置之时，它将一组离散的用户变成了一组受众——这是一个直到那一刻才存在的群体，只有Facebook才知道确切成员。这些由算法产生的群体可能会有所重叠，不准确的相似，或者与公众没有任何关系。

类似地，Twitter算法可以显示在一定国家或地域公众群体中的实时“热门”话题，

它也可以界定一种高度建构的公众，它由特定和普遍标准同时形塑而成。吉莱斯皮所定 224
义的“计算型公众”概念与“网络型公众”（参见第2章）相关。他的主要观点在于数字社会中的网络公众与计算型公众之间有所区别，前者是由用户之间的社会互动形成的，而后者主要是经由算法产生的。

数字社会学家德波拉·勒普顿（Deborah Lupton，2016）认为，追踪和监控用户在数字网络工具和平台内部和之间的移动趋势，已经产生了概念化人们及其行为的新方法。不同于传统的社会和文化嵌入的身份，我们开发了“数据自我”（data selves），它是由我们生产和收集信息的配置。正如勒普顿所述，人们可能会辩称，今天的人们已经开始把自己理解为数据的集合，而不是拥有传统意义上的自我意识。随着我们自身成为数据，我们必须越来越了解自己。随着“生活记录”、个人信息学和个人分析技术的日益广泛使用，以及智能手表和腕带等可穿戴技术的发展，这一过程伴着“量化的自我”的发展得到了进一步的扩展。

❖ 挑战大数据

自从20世纪90年代中期“大数据”一词首次被用来指处理和分析大量数据集以来，它已经被人们从不同的方面进行定义。按照一种通行的定义，大数据符合“3V”规则：“Volume”（大量数据）、“Velocity”（实时生产）、“Variety”（可以被结构化、半结构化或非结构化）。基于这一点，不同作家和研究学者建议添加大量其他的标准，如：详尽性（exhaustivity）、相关性（relationality）、准确性（veracity）和价值（value）。为了找到大量大数据集群的共同特征，地理计算研究人员罗布·基钦和加文·麦卡德尔（Rob Kitchin & Gavin McArdle，2016）研究发现，大数据的两个最为重要的特征是实时生产和详尽性。这意味着大数据是对整个系统进行捕捉，而非仅是对于某些具体案例及其实时状态的关注。克劳福德和博伊德（Crawford & Boyd，2012）认为，“大数据”实质上是一个没有选择好的术语。这是因为它所谓的权力并不是主要关于其规模的，而是关于它对比、联系、聚集以及交叉引用许多不同类型数据集群（它常常是大规模的）的能力。他们将大数据作了如下定义：

一种文化、技术和学术的现象，依据以下元素的交互作用：（1）技术：将计算权

> 力和算法准确性最大化，以此聚集、分析、链接以及对比大型数据集群；（2）分析：依
> 225 靠大型数据集群来识别不同的模式，以此提出经济、社会、技术和法律的声明；（3）神话：一种普遍性的信仰，认为大型数据集群可以提供一种较高规格的智慧和知识，可以产生以往不可能达到的洞见，笼罩着真实性、客观性和准确性的光晕。（Crawford & Boyd，2012：664）

从一种批判社会学视角出发，勒普顿（Lupton，2014：101）认为，围绕大数据分析提供的新技术可能性的炒作有助于人们相信，这些数据是信息的“原材料”——它们包含了关于社会和社会性的未经修饰的真理。在现实中，大数据生产进程的每一个环节都有赖于人们在选择、评判、解释和行动方面的决策。因此，我们手头的数据总是通过信念、价值观和选择来配置的，它们从一开始就对数据进行“烹饪”（cook），这样就永远不会处于“原始”（raw）状态。因此，从来就没有如同原始数据一样的东西，尽管整齐地收集和存储大数据集群的有序性，可以创造一个与之相反的幻象。

社会学家大卫·比尔（David Beer，2016：149）认为，我们现如今生活在“一个由数字塑造和填充的文化”里，其中对于任何事物的信任和兴趣都不可以被量化地减少。正如克劳福德和博伊德（Crawford & Boyd，2012：665）所述，大数据的幻象和神话需要提出一些关键问题，涉及“所有这些数据意味着什么，谁可以访问哪些数据，如何部署数据分析，以及达到什么目的”。有一种风险是，大数据的诱惑将使其他形式的分析边缘化，而其他用于分析人们的选择、表达和策略的替代方法则被数量庞大的数字所推开。他们认为，“越大的数据并不总是越好的数据”，他们用Twitter分析的例子来强调，庞大的Twitter数据，并不意味着对于它的分析会必然地带来关于社会的理解，社会比数据和方法要更加真实：

> Twitter并不代表“所有人”，认为“人们”和“Twitter用户”具有相同意思的假设是错误的：他们是一个非常特别的子集……例如，某一研究学者可能试图了解Twitter的主题频率，但是如果Twitter从信息流中删除了所有含有问题词汇或内容的推文——如对色情或垃圾邮件的引用，那么主题频率就会是不准确的。不论推文的数量如何，它都不是一个具有代表性的样本，因为数据从一开始就是倾斜的。（Crawford & Boyd，2012：669）

总而言之，克劳福德和博伊德将大数据的出现视为文化和社会的较大范围“计算转向”（computational turn）的一部分，强调认识到围绕于大数据周围修辞的重要性。我们必须记住，大数据的设计和解释是社会性建构的，“小数据”的价值仍有待于发现， 226
围绕大数据的使用，还存在大量未解决和有问题的伦理议题。

❖ 延展阅读

* Manovich, Lev (2013). Software Takes Command. London: Bloomsbury.

马诺维奇在其2001年出版的书《新媒体语言》（*The Language of New Media*）中提倡进行“软件研究”。在2013年出版的书中，他又进一步发展了该理念。特别注重“媒介软件”（例如：Photoshop，After Effects，谷歌地球）方面的研究，马诺维奇探讨了这些软件从哪里来（历史性的），以及它如何影响媒体的创建、查看和重新混合。

* Fuller, Matthew (Ed.) (2008a). Software Studies:A Lexicon. Cambridge, MA:MIT Press.

软件研究常常注重于软件的影响，但这种编辑著述也对软件的材料感兴趣。各个领域的作家都对“算法”“编码”“复件”“故障”“像素”之类的关键议题做出些许文字性的贡献。

* Lupton, Deborah (2016). The Quantified Self. Cambridge: Polity Press.

勒普顿对通过数字设备和软件自我追踪的新兴领域进行了分析。她从社会和文化视角分析了一系列相关的议题。勒普顿特别关注通过自我跟踪产生和收集的大量数据是如何被企业、政府和研究人员采集并用于不同目的的。

第三部分

工 具

13 数字社会研究 229

核心问题

- 在数字社会中从事社会研究有哪些新挑战?
- 今天有哪些新的数据类型,是前数字社会的社会研究人员无法获得的?
- “定性”和“定量”方法之间的鸿沟如何通过“方法论的拼贴”来弥合?
- 有什么伦理规范可以用来引导数字社会研究?

核心观点

数字社会研究　数据环境　方法实践主义

方法的拼贴　研究伦理

正如数字网络工具和平台的出现和发展改变了社会互动参数一样,数字社会也改变着我们看待研究方法的方式。事实上,由于它相对较新,关于互联网和数字媒体的社会科学研究是方法论发展的一个重要领域。当人们试图通过网络和数字工具总结快速发展的社交模式时,常规的研究工作就会迅速地发生转变。由于其转型特征,关于 230

数字媒体的研究仍然——在迈入“信息时代”的这些年——带来了一些新方法，同时也伴随着一些分析社会和人类行为的新挑战和新机遇。

在本书第三部分的四个章节中，我会介绍一种关于数字社会研究（digital social research）的框架。当然，由于互联网在当今社会中发展规模庞大且无处不在，没有一种方法定义什么是“数字社会研究”。它可以是任何类型的研究，使用任何现有的研究方法，来讲述数字社会中的生活。

对研究方法的选择与研究目标、分析数据类型、研究者个人偏好等因素相关。然而，我会给出一种建议，说明数字社会研究可能是什么样子。这一建议将更多地以框架或工具包的形式提出，而不是固定的、现成的、普遍适用的模型。我的数字社会研究的具体版本，必然会受到自身一直在从事和参与的研究类型的影响，也会受到自己作为混合方法社会学家背景和地位的影响。

在第15章中，我会说明民族志（ethnography）——一种在很大程度上基于对丰富的访谈和观察数据诠释的“质化”方法——是一种非常有效地捕捉数字社会的复杂性以及数字社会运作方式的方法。民族志，在传统上依赖于通过参与观察和访谈来采集研究数据，旨在形成人们社会生活在环境中发生的密切而详细的描述和解释。我认为，有着解释功能的民族志方法为研究开展奠定了坚实的基础，并潜在地产生关于数字社会复杂性的相关社会知识。如同人类学家加布丽埃拉·科尔曼（Gabriella Coleman, 2010: 488–489）如下所述：

> 为了更全面地把握数字媒体更广泛的意义，其研究必须包括各种分析框架、对历史的关注、数字媒体的本地背景和生活体验——这是一项非常适合民族志研究的任务。

有时候，民族志本身就足以作为一种研究方法，这取决于人们想要发现什么。但正如我将在本章中讨论的，最好的策略就是常常将民族志与其他方法结合使用。这是由于数据环境（data environment）的变化和数字社会的网络化特征所带来的社会复杂性的增加所导致的结果。混合型方法，除其他事情之外，还需要超越长期存在的所谓定性
231 方法和定量方法之间的鸿沟，以及跨越传统学术科目的门栏。进入21世纪还需要几十年的数字社会研究，意味着进入新领域和面临新挑战。我会解决一些这样的挑战——

例如：那些在本章中与研究伦理有关的问题。

在第16章中，我会探讨一些用来探索、规划和挖掘数字社会的方法，这些方法对于扩展民族志基础是有一定作用的。我特别关注社会网络分析，但也会处理文本挖掘——或多或少的自动化技术，这种方法在计算机科学和语言学领域得以发展，用于分析大量的文件。我也会讨论理查德·罗杰斯（Richard Rogers, 2013）所说的“媒介方法”（methods of the medium）。在这两个专业的章节之前，第14章会提供一些一手指南材料，用于引导研究进程——如何去形成一个好的研究问题、如何去建构研究领域框架以及如何去采集和分析数据。但是首要地，在当前章节中，我会处理从事数字社会研究之时所出现的大量挑战和总体战略。

❖ 数据环境

首先，让我们来思考一下我们可能正在处理的信息类型。还记得在前一章中，“大数据”已经成为一个流行词汇，被反复地用来命名和描述数字社会中出现的一些数据新类型。但在现实情况下，大数据的出现仅是我们数字环境中所发生的许多转型之一，它对从事数字社会研究之时的机遇和挑战造成相应影响。例如，研究方法专家金斯利·普丹（Kingsley Purdam）以及他的同事数据科学家马克·埃利奥特（Mark Elliot）适宜地指出，众所周知的“大”数据其实是被一些其他事情所界定的数据，而不仅仅由于它的大尺寸来定义：它记录了实时发生的事情，提供了组合和比较数据集的新可能性等。此外，普丹和埃利奥特认为，这些特征描述仍然不够充分。这是因为那些定义仍似乎认为数据是“我们所拥有的事物”，而事实上“数据转型的现实和规模是指数据目前是我们正在变得沉浸和嵌入的东西”（Purdam & Elliot, 2015: 26）。

“数据环境”概念强调，人们在今天既是这种新环境的创造者，同时也被环境所创造。普丹和埃利奥特（Purdam & Elliot, 2015: 26）认为，“不是人们被研究，而是他们就是研究”。他们的观点更加具象地指出，新的数据类型已经出现了——并且正在持续性地显露出来——这就需要新型灵活的方法。因此，从事数字社会研究通常需要发现和试验不断出现的新类型和信息组合的挑战和可能性。

232 **不同类型的数据**

在试图描述不断变化的数据环境过程中，普丹和埃利奥特（Purdam & Elliot, 2015: 28–29）根据所涉数据的生成方式，概述不同数据的八种类别：

1.正统的元数据（orthodox intentional data）：数据的采集和应用出自被调查者明确的同意。所有所谓的传统社会科学数据（如：问卷调查、焦点小组或访谈数据以及通过观察所收集的数据）都可以归为此类别。新的传统方法会被持续性地开发。

2.参与的元数据（participative intentional data）：在这一类别中，数据通过一些互动的过程被收集。它包括一些新的数据形式，如：众包数据。

3.重要的数据（coonsequential data）：作为次要于某些（其他）交互的必要事务而收集的信息（例如：管理记录、电子健康记录、商业事务数据和在线游戏数据都属于此类别）。

4.自助出版的数据（self-published data）：有意自录和发布的数据，可能用于社会科学研究，无论是否有明确的任务，因为这些信息已经公开（例如：长篇博客、简历和简介）。

5.社交媒体数据（social media data）：经由一些公共的、社会化的过程产生的数据，这些数据可能被用于社会科学研究，无论是否得到许可（例如：类似Twitter和Facebook的微博客平台，以及在线游戏数据）。

6.数据轨迹（data traces）：数据会通过数字计数器“留下”（可能是不知不觉地）足迹，比如：上网搜索历史和购物，这些可以用于社会科学研究，要么通过默认的使用许可，要么经由明确的允许。

7.挖掘的数据（found data）：在公共领域中可获得的数据，比如：对于公共空间的观察，它可以包括隐秘的研究方法。

8.合成数据（synthetic data）：经由模拟、输入或合成的数据。它可以源自其他数据类型或与其结合。

此外最为重要的一点是，虽然社会研究在传统上依赖正统元数据，如：问卷调查
233 和访谈，但数字社会对于参与元数据、重要的数据、自助出版数据、挖掘的数据会有更为深远的注册和采集。这些数据类型确实存在于数字网络工具和平台之前，但它们

已经被延伸和强化了。其余类型——社交媒体数据、数据轨迹以及至少主要的合成数据——都是数字社会所特有的。因此，分析此种社会的研究人员面临着关于社会进程和社会互动的数据生产和收集方面的急剧变化。

❖ 揭示混乱的细节

在当今世界，大量社会数据的注册和汇合主要取决于研究人员的主动性。这在计算机社会学家斯科特·戈尔德和迈克尔·梅西（Scott Golder & Michael Macy, 2011）等学者的研究中均有所阐释。他们的研究绘制了84个国家的人们一天中通过Twitter帖子表达的情感状态，产生了对其主题领域非常感兴趣的结果，但使用的研究设计是必要的，是由时间戳和基于文本的社交媒体数据的可用性和特征所决定的。相似研究的案例也存在于一些其他领域，虽然所讨论的议题具有很高的相关性，但研究人员所面对的数据基本上是现成的，并且是以某种方式构成的。数字社会的研究人员通常只需要处理通过平台生成的数据并进行分析，而没有机会以研究人员控制的传统方式来提取数据。尽管选择一种方法——比如，选择一种问卷调查或深度访谈的方法——会持续在某些环境中有相关性，但现在的学者越来越多地面临事后思考和构建一些“方法”的挑战。

如前一部分所述，普丹和埃利奥特（Purdam & Elliot, 2015）在展示他们的类型时的主要观点之一是，当今数据环境的复杂性迫使研究人员不断思考他们遇到或寻找的数据高度变化的特征。进入这种领域的关键挑战之一是需要不断尝试新的数据收集方法。为了获知我们提取或下载的数据以及我们选择的策略是否合适，我们可以测试这些策略，看看它是否会产生好的研究结果。然而，进退两难的是：为了知道结果好坏，我们必须开发出合适的方法。由于这种对于实验和发现持续甚至潜在无穷无尽的需求，基于新工具和新方法的调研有可能很快陷入困境，智力也会迅速下降。

例如，你正在研究类似YouTube平台上社会互动的某些方面，并决定分析用户对 234
视频的评论，这似乎是所选择的数据收集方法。现在，如果这是调查结果或采访记录，你可以依靠一整套关于方法和已确立的研究实践的文献，来理解如何处理这些数据。即使你可能想要接受新的方法，或挑战传统做研究的方式，你至少会有一种基本或普遍的实践来联系和争论。但在关于YouTube评论的案例中，你可能不得不去做更多的基础工作。首先，举例而言，你也许需要找到一种采集评论的方法。如果评论数量太大而不方便手动复制和粘贴——这是常常出现的状况——你就需要找到一些能自动捕捉和下载它们的工具或其他事物。当你在各种浏览器插件、脚本或应用程序中工作时，这可能会带来反复试验的风险，而它们最终都无法完成你所希望的任务。这一过程可能是非常耗时的，并且研究人员非常专注于对工具的探索，以至于他们开始投入大量时间，搜索“更好”的工具或学习如何编写自己的工具，而不是做最初打算的社会研究。这只是接下来的几个挑战中的第一步，其他挑战可能会让你偏离轨道。

一旦评论被采集和整理，就会出现各种各样的问题，包括如何获得评论的知识以及需要解决的道德问题。这些评论到底是什么呢？它们是个人评论，还是对话呢？如果有的话，你应该如何思考“喜欢”和“不喜欢”的评论？所有的评论都与YouTube上的视频有关吗？或者这些评论是否可以独立存在，成为讨论问题的论坛，而不是由视频引发的讨论？你如何在伦理道德上使用这些研究数据？你需要得到所有发帖人的知情同意吗?以此类推，直到无穷。总而言之，由于这种内在的多维复杂性以及未解决的问题，关于数字社会的研究必须将研究方法作为一个创新行为来看待。研究人员必须“揭示他们实际在做的事情中的混乱细节，旨在促进相互反思、创造力和学习，以提高技术水平”，而不是依赖于以前的工作，复制和粘贴普通的部分方法到我们的论文之中。(Sandvig & Hargittai, 2015: 5)。

❖ 方法的拼贴

大约20年以前，在一本关于网络研究的书的序言中，史蒂夫·琼斯（Steve Jones, 1999: x）写道：“我们仍在努力应对网络传播带来的变化，这种网络传播在互联网上随
235 处可见。”现在仍然是这样。关于数字社会的研究已经持续成为传统学术科目之间的贸易区——这就是真正的跨学科。安妮特·马卡姆和南希·贝姆（Annette Markham & Nancy Baym, 2009: xiv）在其关于“网络咨询”（internet inquiry）的书中解释如下：

> 虽然大多学科已经开始理解互联网在各自领域的重要性，但大多数都没有一个在方法论路径或标准上达成一致的成熟核心学者。这种学科界线的缺席，让互联网研究既令人满意，又让人沮丧。

他们认为，这种沮丧让数字社会的研究人员突破了“学科归属”的界限，大多数学术研究都能从中受益。此外，他们写道，由于很少有互联网研究人员接受过如何做好这项工作的专门培训，人们不得不积极地、批判性地浏览新旧方法的图景，以便寻找与适合自己特定项目数据打交道的方法。当研究数字社会的时候，如仅是采用以前存在的理论和方法的话，一般是很少行得通的。一些观点和方法很有可能，并且在某种程度上已经被重新用于数字媒体研究——例如：调查方法和访谈。但是必须记住：互联网及其网络社交工具和平台，在很多方面是一个不同的研究背景，具有“本质的可变性”（essential changeability），需要有意识地转移重点和方法（Jones，1998b：xi）。

正因如此，常常需要人们执行数据收集和分析的数字社会研究是更有批判性和反思性的，它比一般的学术研究所要求的还要多。马卡姆和贝姆（Markham & Baym，2009：vii–viii）认为，这种从事数字社会研究所具有的特别挑战“促进研究人员直面许多在传统研究背景下不太明显的问题”。其中一个问题就是迫切需要解决在社会科学“质化”和“量化”方法之间一直存在的争议，这一争论已经持续了一个多世纪，至今还未得到解决。在研究人员中，仍有迹象表明，一方面是面向案例的解释性观点，另一方面是侧重于面向变量的测试假设方法。偏好案例研究方法的学者会认为，深入理解一组更小的观察对象，对于抓住现实的复杂性是至关重要的，而偏好量化研究方法的学者会认为，只有高度系统化地分析大量案例，才能让学者对事情“真实”的秩序有可靠的表述。

然而在今天，人们越来越普遍地认为综合运用“质化”和“量化”的方法，是一种
有效且值得推崇的策略，它让研究人员从它们多种优点中获益，从而平衡它们各自的 236
弱点。“质化”传统，被视为对少量观察做更多归纳为主的解释性研究，相反，“量化”
传统的特征是对大量案例做演绎为主的统计研究。这带来一种共同的认知，即“质化”
研究通过对于社会进程的密切关注得到详尽的解释，而“量化”研究对社会和文化结
构的因果关系和规律的信息得到的较为有限，但可以控制和概括。

我认为最好的策略就是方法的实用主义（methodological pragmatism），关注有待研究的问题以及所寻觅的知识类型。方法学家诺曼·登青和伊冯娜·林肯（Norman Denzin & Yvonna Lincoln，2000）建议，与其将研究方法锁定在现有的方法文献领域，还不如将研究策略视为一种拼贴形式。“Bricolage”是一个法语词汇——文化人类学家克劳德·列维–斯特劳斯（Claude Levi–Strauss，1966）使其变得流行——它指的是

以新的和适应性的方式即兴创作，并把预先存在的东西放在一起的过程。从这个角度来看，我们的研究方法并不是事先完全选择的，而是作为一个拼凑的解决方案出现的——旧的或新的——在进行研究时所面临的问题。正如批判教育研究学者乔·金奇洛（Joe Kincheloe, 2005: 324–325）所观察到的，"我们基于手头工具，积极地建构我们的研究方法，而不是消极地获取'正确'通用的方法"，这样我们就"避开了在手头调查的具体要求之外制定的预先存在的指南和清单"。因此，将你的方法发展为一种"拼贴"，意味着对你具体研究任务的重点思考，并允许你的特定的方法组合和应用根据委派任务的需要而形成。

❖ 思考我们捕获了什么

先前讨论过的代表数字社会研究者对反身性的需求在几个不同层次上的运作。与上述拼贴方法（bricolage approach）类似，马卡姆和贝姆还认为研究设计是一个持续性的过程，可以预期的是任何研究在研究进程中都可以得到持续性的重新建构。他们写道：

> 在研究进程的不同阶段都会有不同的问题出现，同一问题也会在不同的层面反复地出现。另外，数据的构成是在研究设计和实施的关键时刻所做的一系列决定的结果……我们必须持续性和系统性地评估何种事物可以算作数据以及我们如何区分次要问题和关键信息来源。（Markham & Baym, 2009: xvii）

237 如同琼斯（Jones, 1999）所强调的，当研究互联网特性的时候，重要的是记住：它的应用（如同第1章所讲述的）总是情境化的。研究主体包括行动者—网络理论（actor-network theory）中的人类和非人类行动者，在本书其他地方有所提及，是物理空间的一部分，正如他们是"赛博空间"的一部分一样。琼斯（Jones, 1999: xii）认为，这意味着"不仅要意识到并适应在线体验的多样性，还要认识到在线体验在任何时候都以某种方式与离线体验相关联"。

因此，尽管研究互联网和数字社会是一件令人兴奋的事情，但同时，它也是特别具有挑战性的事。新的平台、观念和社会实践呈现快速发展势头，让"互联网"本身成为一个引人注目的研究领域。马卡姆和贝姆（Markham & Baym, 2009: xviii–xix）写道，这一领域具有一种“自我补充的新颖性，（这）总是为独特的知识空间带来希望”。但是，如上所述，研究的新领域伴随着新的挑战和困境。首先，需要持续性地对研究中的自我角色进行思考。数字社会研究进程强调研究人员其实是该研究领域的共同创造者。我们的选择是在没有研究设计和实践的标准规则的情况下做出来的，这使得这些选择变得更有意义。此外，数字社会环境的常态—非具象化特征让深入思考研究者和研究对象之间的关系变得很重要：

> 我们正在做什么决定来寻求同意？什么算作一种真实的自我呈现？我们如何对研究中的具象人物进行概念化论述？我们如何构建自己的具体情感？我们研究的是公共空间留下的痕迹，还是人们在丰富的线下语境中进行的具体活动?我们必须思考如何解读其他人的自我，以及如何向我们的研究对象展示我们自己，尤其是当我们可能没有亲自见到他们的时候。(Markham & Baym，2009：xviii-xix)

普丹和埃利奥特（Purdam & Elliot，2015：47）认为，研究人员和他们的研究对象正逐渐相互渗透。这是因为“随着我们在线生活比例的不断增长，数据和研究对象之间的界线开始变得不那么明显”。同样地，人们的线下身份正部分地在他人的思想和记忆中凝结，我们线上的自我也正部分地构建于我们有意或无意的数据足迹当中。

其次，普丹和埃利奥特认为，“他人的活动也对构建这些足迹有所帮助，例如，某人在公共场合的一张照片就有可能被其他人张贴到网上”。另外，这张照片也有可能被他人分享、添加标签、点赞或合成，它也许包含“元身份信息”（2015：47）。因此，如果某位“研究人员”分析这张照片，而它却是由某位“研究对象”所发布的，那么谁或者 238
什么才是现实中被研究的对象呢？从正统有目的的数据集到各种类型的数据流或合成数据的运动过程中，事情变得更加复杂，这模糊了数据和分析之间的区别。

最后，思考研究数据的质量是很重要的。传统社会科学已经搭建起一系列用于质量控制的机制，它可以对研究结果的可靠性、有效性和普遍性进行评估。这种对于数据新类型以及数据收集新模式的引介，需要我们向自己询问我们研究过程中的方法是否严谨，以此避免不必要的错误或偏见。当分析不同平台，如某个讨论论坛或Twitter，并对社会进行分析的时候，我们必须对谁的观点——谁的社会——在有关的平台上表达以及我们的特定样本表达保持批判的态度。然而，一般而言，基于许多新数据类型的研究很难将传统和已建立的思考这些问题的方法转移到研究中。举例而言，有效性的标准是关于评估一个人在多大程度上研究了他所声称要研究的东西。以Twitter为例，普丹和埃利奥特（Purdam & Elliot, 2015: 48）假定如下：

> 例如，一则Twitter消息可能出自娱乐目的，提供信息的同时，或许也进行劝告或误导。这种动机很明显影响了这些推文的意义。对于调查数据，甚至在某种程度上是行政数据，调查动机的影响至少在原则上是由数据收集工具本身造成的（或者可能是由数据收集工具本身促成的）。因此，一个精心设计的社会科学研究工具可以限制动机的影响。但对于Twitter数据不是这样：在这里，人们的动机被完全控制——一条推文可能被设计成操纵或混淆，以此吸引或排斥真相。它可能被设计成幻想或“尝试一种观点”，激起某种回应，或只是引起争议。

因此，我们在此选择不同的路径：我们是否希望找到验证技术——用以检查这些数据的“质量”——例如，随着时间的推移查看用户的推文，看看推文是否具有特征——或者说，我们不是在研究人，而是在研究其他东西，这更为可行。那是社会？文化？还是媒介？

❖ 数字研究伦理

本章关于数字社会的研究需要持续的批判性反思。这在更大的程度上比许多其
239 他类型的研究正确，因为这是一个领域，迄今为止，还没有一个既定的方法论传统。如上所述，这种讨论仍在进行，重要的是保持对于方法的持续讨论，并让研究人员允许他人深入了解他们的研究过程，即使他们可能很混乱，有时甚至会觉得自己在“作弊”或偷工减料。数字研究伦理的主题是这个讨论中一个特别迫切的部分。这里也有一个正在进行的关于最佳实践的探讨。研究人员如何引导研究伦理的议题会有所差异，这取决于相关数据是如何产生和收集的。从普丹和埃利奥特（Purdam & Elliot, 2015）提出的类型学来看，新的伦理挑战呈现了，尤其是在自我发布的数据、社交媒体数据、数据跟踪和发现以及合成数据方面。新的数据类型以及评估和采集数据的新方式，需要研究人员持续性地引导数据环境，并以一种批判反思的方式做出选择。

研究伦理的规范以及研究对象应如何被道德地对待，被编纂在整个学术界的一些文件和政策中。这种编码工作大多与普丹和埃利奥特所说的“意向数据”（intentional data）密切相关。虽然道德原则的收益最大化和研究最小化伤害是一个很好的起点，但显然需要尊重人类的基本权利自治、尊严和安全——正如上一节所讨论的，数字研究要求对于哪些信息可以真正地被捕获进行反思。就像本章中所讨论的其他方法构思一样，关于某人是否应该对数据进行道德考量是有高度的环境敏感性的。马卡姆和贝姆（Markham & Baym, 2009: xviii）强调，对于互联网情境化的具体应用，需要研究人员继续仔细地重新思考隐私、合意、信任和真实性等概念。

数字社会研究领域处于永久的“测试状态”（beta state），其浮现的特征是使人们无法回避有关伦理决策的问题。这样的问题必须反复地提出并给予回应。即便某些人可能希望有更为清晰的规则，类似这样的议题必须始终进行引导归纳。鉴于这些考量，互联网研究联会（AoIR）已经组建了一个伦理工作委员会（Ethics Working Committee），包括来自五湖四海的网络研究学者。该委员会认为，伦理议题是复杂的，它们极少能以二进制的方式处理。这确实是“极为灰色的领域”（Buchanan & Markham, 2012: 5）。数字社会研究的跨学科特征，意味着研究人员和研究机构面临着许多难以完全解决的矛盾和冲突。相反，“许多相互竞争的利益必须经过研究人员、伦理评议董事会和机构的商议”（2012: 6）。该委员会认为，对于研究者个人而言，伦理决策的制定应建议当作一个发展进程来获得，在整个研究过程中以情景化的方式处理问题。这是因为不同的议题在不同的阶段会有相应的针对性。这一方法符合“拼贴”的 240
研究方法观点视角。这不仅是种方法论的抉择，而且是新兴放开的伦理思考。

数字社会研究的伦理规范

AoIR伦理工作委员会（Buchanan & Markham, 2012: 4–5）制定了以下重要的指导规则：

社区团体/作者/参与者的弱点越多，研究人员保护它们的职责就越大。

因为“伤害”是基于情境界定的，伦理规范更可能被归纳性地理解，而非将其投入普遍性的应用。也就是说，伦理决策最好是通过对具体情况的实际判断的应用，而非一刀切的宣布……

因为所有数字信息在某种程度上涉及单个人，关于人类研究规范的考虑也许是必须的，即使还不清楚人们如何以及在哪里参与研究数据。

当制定伦理决策之时，研究人员必须平衡研究对象（作为作者、研究参与者和人）的权利、研究的社会利益以及研究人员从事研究的权利。在不同的情境中，研究对象的权益可能高于研究所能带来的利益。

在研究进程的所有步骤中，包括计划制订、研究实施、发表出版、传播扩散等步骤中，可能会出现伦理问题，并且需要解决。

伦理决策制定是一个协商的过程，在这一过程中，研究人员应该咨询尽可能多的人和资源，包括研究同事、参与人或熟悉被研究的环境/网站的人、研究审查委员会、伦理指南、出版基金（一种学科或多种学科），以及适用情况下的法律先例。

241 虽然关于数字社会研究中“人类主体”（human subject）的概念、公共和私人的定义、数据保护和所有权以及其他一些相关方面必须经受持续地评估，AoIR委员会将上述要点作为研究人员要遵守的一般原则，将其视为出发点。上文引述的准则指出：

- 研究对象的脆弱性应该决定研究人员的认真程度。
- 研究对象权益的保护应该与实施研究的重要性相平衡。
- 研究伦理必须在研究人员和其他相关行动者之间被给予持续的讨论。

我们还可以增加一些更加重要的东西，以铭记于心。人类学家汤姆·博埃尔斯特罗夫与其同事（Tom Boellstorff, 2012: 129–149）给出以下建议：

- 审慎原则（the principle of care）。认真对待提供资料的人，确保他们从参与中得到一些收获。
- 知情同意（inforrned consent）。确保信源知晓研究的本质和目标。
- 减少法律风险（mitigating legal risk）。留意某项研究的相关法律。
- 匿名性（anonymity）。避免不适当地披露信息提供者的身份——或任何类型的机密细节或其他能导致他们暴露的事情。
- 欺骗（deception）。不要进行自我伪装，不要运用“飞檐走壁”实践去研究敏感的议题。
- 同理心（empathy）。试着创造出一种“对信息提供者生活的同情描述”，即使是在讨论信源生活中一些可能令人不安的方面也是如此。这并不意味着研究人员“同意”信源的任何行为或信仰，但必须努力“掌握信源自身的世界观”。

❖ 延展阅读

* Brady, Henry E., & Collier, David (Eds.) (2010). Rethinking Social Inquiry. Lanham, MD: Rowman & Littlefield.

在这本书中，布雷迪和科利尔讨论了“定性”和“定量”方法的不足之处，并将重
点直接放在如何引导和组织不同的方法策略上面。本书提出了多维—方法研究和方法 242
论多元化的案例，以尽可能地做好社会科学。

* Hargittai, Eszter, & Sandvig, Christian (Eds.) (2015). Digital Research Confidential. Cambridge, MA:MIT Press.

由豪尔吉陶伊和桑维编辑而成的这本文化集刊，旨在揭示“在线研究行为的秘密”。它论述了数字环境不断演变的特点，因此，当涉及研究人员的方法策略的时候，他们必须经常即兴发挥、修改和适应。本书深入剖析了数据收集、分析和伦理等领域挑战的幕后故事。

* Markham, Annette, & Baym, Nancy (Eds.) (2009). Internet Inquiry. Los Angeles, CA: Sage.

这本教科书围绕著名网络研究学者之间的对话集锦编撰而成。它主要关注学者们的工作经历以及克服批判挑战的事情。所面临的挑战包括确定研究项目的边界、结合在线和离线数据、处理隐私和伦理问题以及如何评估研究结果的质量等。

14

243

研究过程

核心问题

- 什么是研究过程的关键步骤？
- 研究人员如何才能把一个关于研究内容的一般性概念转变成一个可操作的问题来指导研究？
- 什么是决定一个研究单位或领域——或几个研究单位和领域的最好策略？如何有效地对它们进行限定？
- 在收集数据用于形成实证分析的基础方面，研究人员面临的一些关键挑战是什么？
- 什么是数据分析的重要元素？

核心观点

新兴的研究问题　多站点研究　研究网址、议题、人

研究日志　渗透　主题分析

在这一相当实际的方法论章节中，我提出了一个数字社会研究的框架。本章对研究进程进行了有步骤的探讨，注重提出一个好的研究问题，选择数据、收集数据、分

析和解释数据以及得到研究结论。正如此处的描述，研究过程依赖于来自数字民族志（第15章会详细说明）的工具以及一系列用于规划和挖掘数字社会性的方法（第16章
会详细探讨）。如同我在第13章中做过的讨论，在第15章也会进一步探讨，我提倡一种 244
以民族志作为坚实基础的方法。这意味着对你想要研究的数字社会的任何方面、维度或特征，采取一种整体解释性的方法。利用不同的观察、参与、实验、发现和绘制分析对象的形式和层次是战略的重要组成部分。

基于你想要分析的内容、你旨在回答的问题以及你想要做出的声明，你所运用的民族志方法可能会有多样性的特征。这可能是一些研究人员声称它实际上不再值得被称为"民族志"的地方，因为它运用了传统的实践数据和解释技术。它的范围可能从仅依靠民族志数据和"质化"方法，到长期从事传统形式的人类学田野调查工作，直至仅从人类学上受到启发，其目的是理解人们在社会环境中的互动，但同样依赖于那些不被认为是传统民族志的数据和分析。这与市场研究学者罗伯特·科兹涅茨（Robert Kozinets）的"网络民族志"（netnography）概念是一致的，他认为该方法非常不同于标准的民族志。然而，这并不意味着任何策略都可以算作研究。科兹涅茨（Kozinets, 2015: 101）写道：

> 你已经打算开始一项网络民族志研究项目了吗？从你的钱包或口袋里拿出智能手机，打开你的笔记本或掀开你的手提电脑，双击那个App程序，键入一些关键词到搜索引擎框里，选择你的网址，你就已经做好准备出发了。你只需要点击几下鼠标，就能找到一个关于任何事情的自由流畅的在线对话。然后你离开了，进入了美妙的网络民族志世界。但也或许不是这样。

相反，在开始研究——互动、发现、记录和反馈之前，重要的不只是决定将要做什么样的研究，而且还有如何做研究。我们必须有能力应对关于何人、何事、何处以及如何从事实验工作的重要问题。我们会在下一章仔细审视科兹涅茨的方法，但是目前重要的是他的观点，即一个人必须对这些问题的回答有一个大致的认识，而不是把事情固定下来。达娜·博伊德通过对互联网研究中民族志方法的讨论，认为个人的方法应该是一个定制化、不断演进的方法和策略。主要目标是获得对于分析对象的整体图景。她写道：

> 尽管方法千差万别，但民族志调查方法依赖于参与观察、质化访谈以及文化艺术
> 245 分析，并基于它们自有的术语来获得对文化实践的理解。民族志使用不同的技术来阐释、复杂化和分析文化实践，定位复杂的文化现象，并自下而上地绘制社会世界地图。作为一种方法，民族志不涉及个人的特征和信仰，而是关乎由文化驱动的实践和范式的复杂性和交互性。民族志产生了一种特殊文化实践的拓扑地形图（topological map）。（Boyd，2008：46—47）

因此，研究人员应该关注的目标是拓扑地形图。为了捕捉到此地形全景，应该依据一系列不同的技术来分析和定位数据。这就是为何第13章所讲述的“方法论的拼贴”概念如此有用的原因。因此再一次说明，即使我认为民族志对于揭示数字社会或其部分功能效用方面是非常适合的，鉴于新兴的数据环境（参见第13章）以及社会生活的复杂性，还是需要考虑如何用多种技术去拓展研究范围。如同第16章将会进一步呈现的，这些技术可能是（但不仅限于）“跟随媒介”、社会网络分析以及文本挖掘。

虽然观察和访谈是民族志方法的核心，但在通常情况下，民族志研究者会结合其他的数据收集类型，对这些方法进行辅助增强。这一切都是务实和适当的。人类学家汤姆·博埃尔斯特罗夫（Tom Boellstorff，2010：129）也认为，对于任何项目的研究方法是在持续反复的商议和转换调整中发展的。他写道：

> 任何声明一种特殊的方法是最好的（或唯一有效的）方法……都会疏漏一点，即研究总是涉及研究问题和研究方法的结合。某人如何做研究并不是由一些关键属性“在那里”决定的，而是由某人想要调研的研究问题所决定的。

❖ 提出研究问题

研究过程，在大多类型的咨询中，趋向于变得具有重复性和反身性，这导致对已经做出的选择进行修正，有时甚至是反复地修正。但是，研究问题是一个好的出发点。什么是你想要去研究的事情？确定一个或一组研究问题是研究过程的一个基础的重要

环节。这是因为在整个研究过程中，大多其他挑战和选择都将遵循这个决定。一旦研究问题提出来，至少是有了初步的问题，在此问题引导下的数据收集就可以开始了。

为了获得一个研究问题，一个好的办法是从一些更为普通的问题着手，然后再进行深入的研究。针对我们所感兴趣的普遍领域所提出的宽泛性问题，会帮助我们去探
索我们所关注的环境或议题。博伊德通过讨论她对青年和社交媒体所做的民族志研 246
究，反馈了她的研究问题是如何在研究过程中被反复地修订的：

> 我的兴趣从一开始就一直在身份、隐私、印象管理和社会互动上面，但我所从事的田野调查还引领我去探索其他议题。虽然我成长于互联网历史的特殊时期，但非常有幸看到新一代青少年能拥有一整套完全不同的情境和技术。我已经做好了充分的准备来观察青少年参与社交网站的现象，也运用这一点成为我自身的优势。从我开始从事田野调查时起，MySpace就开始流行于青少年群体当中。我没有一开始就关注到社交网站，但随着青少年将他们的注意力转向这些网站，我也就自然而然地注意到了。

因此，研究问题出现了。通常，一个人从一个项目开始之时会提出一系列问题，然后再加以修改，这样一来，从另一方面提出的问题与一开始提出的问题完全不同。虽然这一过程的一部分随着这个领域发展，就像博伊德所做的那样，另一部分是仔细研究之前在这个或相关领域所做的研究。文献综述让你获得关于你想深耕的某个领域的全景，而对该领域现状的规划会有助于提高你的研究兴趣。博埃尔斯特罗夫与其同事（2012：55）鼓励研究人员“全身心投入进去，并开始潜心阅读”。此外，记得对相关研究也做出历史性的思考——甚至是可能与你的研究框架相关的前数字领域（pre-digital fields），也要广泛思考，对研究领域中不太明显的部分进行探索。当需要缩小研究问题之时，科兹涅茨（Kozinets，2015：122）提出一系列实际性的建议（基于克雷斯韦尔的观点）（Creswell，2009：129-131）：

1.提出一个宏大、宽泛、指导性的问题（你总是可以随后缩小其范围）。

2.确保你的问题经得起网络民族志的询问。试问一下，你的问题与在线社会互动以及某些特定网址、议题和人群的经历有关吗？如果无关的话，回到绘图板，重新制定。

3.在这个宏大问题的基础上，提出不超过五个相关的子问题，以此来阐述你的主要问题的部分内容。

4.试着关注你所使用的问题词汇。如果你对上网的人群、议题或他们的位置感兴趣的话，那么“在哪里”（where）可能就是重要的。如果你关注过程的话，那么“如何做”（how）和“什么时候”（when）可能就是重要的。如果你关注长驻网络或讨论议题
247 的人群，那么“谁”（who）可能是重要的。你最为有用的问题常常会由“是什么”（what）开始，因为它们与对事情的描述相关，比如：在线叙事、故事、主题、意义或协会的类型。“为什么”（why）往往是一个非常困难的问题，难以用网络证据确凿地回答。

5.试着在你的问题中放入一些发现探索类的动词，如：发现（discover）、理解（understand）、探索（explore）、描述（describe）或报道（report）。

总体思路是通过探索得出研究问题。环顾四周，测试想法，抛弃一些想法，保留另一些想法。然而，这种开放性不应被错误地认为是“毫无目的地闲逛”，因为获得一种相适宜的方法，仍然意味着你的工作必须是有目标的。我们所研究数字社会的许多现象相对来说都是新颖的和变化的，这就要求研究人员准备依据整个研究过程中遇到的情况来修改问题。回溯至20世纪20年代，人类学家布罗尼斯拉夫·马林诺夫斯基（Bronislaw Malinowski，1922：9）认为，民族志学者的工作（如同其他研究人员一样）是“毫无价值”的，除非他们准备在“证据的压力下”毫不犹豫地放弃任何证明某些假设的决心。因此，研究问题常常在“发现的新兴过程”中被反复地（iteratively）表述（Boellstorff et al.，2012：54）。

研究问题可以在不同的抽象层面提出来，它们可以是或多或少具象型的。基于本书前几章的探讨，我们可以想象出一系列有趣、相关、重要的问题，作为对数字社会更广泛调查的一部分。其中一个问题可能是：与封闭和实名的论坛相比，在公开和匿名的论坛中表达情感和社会支持的方式有哪些不同?另外一个问题也许是：人们在社交媒体上发布的照片中，最有可能与他人分享的是日常生活的哪些部分？还有人可能问：当仇恨言论在网上出现时，应该在何种程度上以及如何应对它们?或者：网络内容的“业余”创造者是如何看待在私有营利平台上发布他们的作品的？不管我们的问题是什么，也不管所关注的数字社会性、文化和互动有什么特别之处，一个绝佳研究问题的标志在于它集中在与更广泛的研究社群相关的重要问题上（Boellstorff et al.，2012）。总体而言，这是一个让你的研究聚焦并打开思路的好办法，这意味着要以某种方式阐述问题，使其有可能得出结果，并产生与社会上更大的辩论相关的知识。举例而言，我们可能研究关于在线游戏的一些方面——近似于一种奖励——它能让我们更全面地谈

论一些东西，如：21世纪的亲密关系和友谊。我们可能在一个关于女权主义的在线论坛中分析社交网络模式，也知晓了一些关于当今世界社会运动和性别的新兴的重要事情。如果这种研究获得成功的话，一个真正好的问题将产生不止在一方面有用的知识。博埃尔斯特罗夫（Boellstorff）与其同事（2012：56）提出一个非常重要的观点，他们认 248
为，除了相关性之外，一个研究问题的好坏取决于研究者对它的热情：

> 所有好的科学均源自科学家对某些令他们非常好奇事物的探索热情。因此……尽管让工作具有广泛的相关性是重要的，但问题应该是个人感兴趣的，并且是可以让读者兴奋的。强调这一点是至关重要的，因为在确定某个研究问题的时候，我们最好尊重自己的激情和智力旅程。

❖ 构建领域

一旦最初的研究问题确定，下一步就是决定构建研究核心单位的内容。你会研究的环境、群体或个体，以及你在空间和时间上的界限是什么。基本而言：你是如何构建你的"勘查现场"（fieldsite）的？"勘查现场"概念会在第15章进一步讨论，但目前已经足以让我们认为，它是一个关于你想要研究的环境名称。博埃尔斯特罗夫（Boellstorff，2010）一直在虚拟世界的环境中从事民族志研究——比如，旨在为用户提供某种沉浸"世界"的在线多人游戏和其他在线社交领域——但它们已经发展出与数字社会中任何形式的民族志都同样相关的思想和指导方针。博埃尔斯特罗夫的部分观点是一种由三部分组成的拓扑结构，被他称为"民族志量表"（ethnographic scale）：

- 首先，他认为，我们可能有兴趣关注一个特定的、明确划分的在线环境，而它本身就是一个勘查现场。
- 其次，我们可能希望我们的研究去探索——可能是比较——不只是一种这样相对不同的环境。
- 最后，我们可能希望步入丹尼尔·米勒（Daniel Miller）与其他学者所设想的方向中（参见第15章），不仅分析在线环境，还关注——可能是整体的——一个或几个网络环境在人们"实际"生活中所起到的作用。这意味着要开启线下研究。

科兹涅茨（Kozinets, 2015）在研究框架之间做出了类似的区分。他写了一个与博埃尔斯特罗夫第一种民族志量表同义的场景：

> 我们可能对检验一种特殊的在线社区感兴趣，例如，维基百科，（新闻组）alt.coffee，《权力的冬日来临》新闻博客，#addiction主题标签的使用，或撒旦教学的官方Facebook组。（Kozinets, 2015: 118）

249 他随后写到了第二种量表，多个地址（multi-sited）以及第三种“离线”场景：

> 换言之，一个研究主题可以被认为是以一种广泛分散的方式展现在大量线上和线下社会经验之中的。像星际迷航（Star Trek）或三星（Galaxy Wiki）这样的网站乍一看似乎是一个直接单个的位置……然而……我的兴趣是一个特殊的主题，比如：星际迷航粉丝现象，它将我引向了各种各样的网址或群体。当然，有时候我全部的研究都在某一类似于alt.coffee这样的网站之上，但这既是对早期互联网相对关注的回应，也是对博客和其他社交媒体形式爆炸式增长的回应。（2015: 118）

同样地，博伊德（Boyd, 2008: 54）认为，她关于青少年和社交网络网站的研究还见证了她所开发的一种“多网址项目”（multi-sited project），其中她的勘查现场实际上是一种融合多种不同网址的网络。在她的研究中，这些网站既有线上的，也有线下的，这是很常见的情况。很常见的是，对于互联网上社会事务的分析，会敦促研究人员去寻找无网区域的信息，以此可以获得更加全面的图景。此外，尽管博埃尔斯特罗夫的三层术语（three-tiered terminplogy）可能确实对理解我们如何界定和定义调研现场有帮助，但存在于线上和线下站点之间、线上和线下类似区域之间的界线始终是不稳定的。正因如此，许多研究并没有包括所有这些维度。正如博伊德的研究，研究学者在线上和线下之间移动，只需要跟随该区域所导向的方向。而在其他时候，研究人员可能从一开始就进行研究设计，明确关注线下的事件和聚焦点。

另外，构建从事研究的环境也是可能的，但是得以调查某项活动为基础，而不是根据环境和背景，或一个特定的群体与其运作方式。从科兹涅茨的概念角度来考虑，民族志研究是以关于网址（sites）、主题（topics）和人群（people）的研究为基础的：

- 网址：是地址——任何种类的社交网站，包括地理的、文化的或概念的地址。这些是人们在社交世界扎根的地方，也是民族志研究者将它们进行规划的地方。对这些网址的研究是对“在哪里”问题的回应。
- 主题：是概念性的，而非空间性的，与语言、知识、信息和意义相关。主题是人们关注的焦点，对它们的研究有助于研究者回答关于“是什么”的问题。
- 人群：是当我们想要回答“是谁”（whom）问题之时所做的分析。

把一个人的研究与这些概念和维度联系起来是很有用的。之后不仅需要以一种 *250*
易于理解的方式对研究过程进行分解和描述，还需从个人自身与研究对象的关系方面入手，这也是有益的，因为在实践过程中，程度和维度是浮向彼此的。对此，博伊德（Boyd, 2008: 55）对她的进程描述如下：

> 我决定将调研现象视为一个网络，而非从一个有界的场域开始研究。我的研究主要关注美国青少年的交集、他们与网络化公众的联系，以及以社交网络网站崛起为标志的社会技术现象（sociotechnical phenomenon）。我从不同的角度开始我的田野调查，运用不同的方法全面研究这一现象。我的田野调查包括媒体化和非媒介化的环境，我在不同的社会环境中穿梭，参与不同的社会群体，以此获得对于正在发生事件的理解。在解开这个谜团的过程中，随着我的思路越来越清晰，我开始广泛地关注并缩小我的研究范围。在适当的情况下，当跟随特定的人或试图理解特定空间之时，我扩展了自身的研究范围。这创造了许多意识层次，使我能够在更广泛的背景下定位人、空间和实践。

❖ 收集数据

在思考研究领域之后，下一步就是收集所要分析的数据。正如第13章所概述的，这些数据可以有多种多样的特征。我们正在这里搭建一个民族志的基础，因此，“质化”数据（观察记录、访谈提纲之类）会起到很大的作用。如同我之前所述，这些数据在某些情况下已经足够了。有时候（参见第16章），用收集和分析的天然数字策略产生的数据来补充它们将是有用的，罗杰斯（Rogers, 2013）将其称为“媒介方法”（methods of the medium），如：搜索引擎结果、点赞、链接、标签等。我们也可能关注社会网络分析中的“量化”数据，或在“量化”文本挖掘技术的帮助下，分析大量下载的文本数据（关于这一点的更多内容参见第16章）。因此，正如第13章所讨论的，这种新兴的日益呈现复杂趋势的数据环境，意味着任何接触数字社会的研究人员——或多或少地——会想要获取不同的数据类型，而这需要多种技术手段的辅助。观察性数据可能通过记笔记的方式来登记，访谈可以被记录和转录，也可以通过电子邮件或短信来完成，并会自动以文本的形式被记录下来。数字元数据、社交网络数据以及大型文本数据集会通过任何现有的方式来获取，如：复制和粘贴、下载、抓取（使用工具自动下载）或根据不同
251 的方案从各种在线服务、数据库、网站和资源中获取数据。要成为数字社会的实证研究者，就得开始发现工具、策略和资源的学习旅程——掌握它们，并不断适应它们的多样性和变化的功能、可用性和使用条件。

类似于形成研究问题和构建研究领域的步骤，数据收集的步骤也适合于一个开放的和探索性的开始阶段。科兹涅茨（Kozinets，2015：167–168）用一种参与的方式来描述这一过程：

> 经常有人问我应该使用哪种特殊的软件工具。尝试所有的东西，线上线下都可以……为了进行说明，你可以仅使用谷歌——它包括了其他谷歌功能，如：谷歌分析（Analytics）、趋势（Trends）、NGram读者特性……使用一些源于谷歌的引擎，包括万维网、组群、博客和图像搜索功能。然后，搜索YouTube视频。在Twitter和omgili.com这样的论坛搜索引擎上搜索（“我的天啊，我爱死它了!”）。看看Facebook群组、Wiki和LinkedIn群组……一开始就可以让横跨不同网站和搜索引擎的搜索词尽可能地简单而一致。尽可能多地抓取数据的主要概述，但还是尽可能接近这种互动和直接经验……你在此阶段的主要任务，首先就是将注意力转向各种社交媒体和其他渠道上面，它们可能向你告知研究问题……举例而言，如果你正在研究当前世界中的鲸鱼和海豹的猎捕，那么可以考虑键入一些变量：“捕鲸”（whaling）、“猎鲸”（whale hunt）、“捕鲸活动”（whale activism）、“鲸鱼管理”（whale management）、“保管”（conservation）、“捕捉稀有动物”（hunting endangered species）、“动物权益“（animal rights）、“自有权利”（native rights）、“土著权利”（Aboriginal rights）、“鲸肉和鲸脂的国际市场”（international markets for whale meat and blubber）以及“可追溯至1000多年前的国际狩猎协议”（international hunting

> accords dating back over 1000 years)。全面进行调查。查看每个哪怕仅有一点点相关的网站。对它们进行阅读，并遵循它们带给你的所有线索和提示。可以慢慢做这件事情……从长远来看，你必须选择特定的路径并对它们进行追循，看看它们将带领你前往何方……你如何以及为何指导你的研究，将由你的研究问题以及你在研究过程中的偶然发现所驱动。

探索阶段可能像或可能不像科兹涅茨所描述的那样影响深远和宏大，在它之后，一个由研究问题引领且重在数据收集的结构性阶段出现了，其目标在于研究所选定的对象（网址/主题/人）——必须开始着手了。如上所述，这些工作的实际进程很大可能包括一些基于数据类型的不同策略。一件重要的事情就是从头到尾梳理你的研究："如果我们不能将其写下来，那么它也许可能就从来未发生过。"（Boellstorff et al.,
2012: 82）因此，重要的是全程记录，并将数据进行整理。养成书写研究日志（research 252
log）的习惯，研究日志是指你记录一些关于研究问题、操作环境、访谈日期以及你在社交网络分析软件中使用了哪些过滤和布局设置——所有这些事情都是值得记录下来的。当要发表研究结果时，在撰写研究方法的时候，你会很庆幸对研究日志进行了保留。在数据收集进程开始的时候，观察性数据、访谈数据以及/或者通过其他方法收集的数据必须是经过整理归档的。一些研究人员用笔记本做这件事，也有其他人用文字处理软件，还有另外一些人使用数据库。你需要谨慎地对待这种类型的日志记录和文档整理的工作。博埃尔斯特罗夫与其同事（2012: 113）写道，在网络环境中，复制、粘贴和下载数据的便利可能产生一种风险，即其他以研究者为中心的文档形式会被遗忘：

> 这种数据捕获的易用性有时会造成错误的印象，认为前面列举的方法（例如根据参与观察记录）是不必要的。当我们可以数字化捕获数据之时，为什么要做所有这些麻烦的事情？这种诱惑是错误的：我们不能过分倚重，数字记录虽然有用，但如果没有对该领域的相互作用进行详细的统计，它们就无法独立存在。

数字社会研究的数据收集可以且应该是开放的、探索性的，旨在获得尽可能全面的信息。当涉及何时应该停止数据收集并继续进行分析的问题时，考虑"饱和"

(saturation)概念是很有用的。这个概念，最初由提出所谓的扎根理论方法(Grounded Theong)的发起者，巴尼·格拉泽和安塞尔姆·施特劳斯(Barney Glaser & Anselm
253 Strauss, 1967)提出，假设研究过程已经持续了一段时间，研究人员逐渐发展出一种意识，即新添加的数据是否指向任何新的见解。如果答案是肯定的，那么数据收集就会继续。如果答案是否定的，那么数据就会被忽视，因为它只会增加数据集的容量，而不会增加其理论洞见(Glaser, 1965: 441–442)。因此，正如博埃尔斯特罗夫与其同事(2012: 59)如下所述：

> 当我们开始在多次访谈中听到同样的反馈，当我们在参与观察之际不再看到新事物或得到新见解，当我们到达所预期的答案、实践和领域的日常发展程度之时，我们的数据收集就可能已经达到数据收集中收益递减的程度，可以认为这一阶段的任务完成了。

一般而言，当我们感到已经掌握足够的数据并有能力说出一些有意义和有兴趣的事情的时候，当我们的样本足够大并可以为我们想要做出的争论提供坚实基础的时候，就到达转向分析阶段的时机了。

❖ 分析和阐释数据

下一步，我们所收集的数据作为原始数据，被应用于分析和阐释。分析就是当我们分解研究现象的时候所做的事情。博埃尔斯特罗夫与其同事(2012: 166)解释说："数据分析的关键在于与数据集产生互动：阅读、研究、沉浸其中，让数据勾勒出我们所研究的文化特征。"

正如你将从第15、16章介绍的方法中看出的那样，分析数据的方法确实有所不同。一方面，它们可以依据统计基础，例如，就像社会网络分析和文本挖掘中的情况一样。另一方面，它们可以是阐释性的，比如在它运用"定性"观察或访谈数据的情况下。与此相符，科兹涅茨(Kozinets, 2015: 198)认为，我们应该开放性地同时使用解释学阐释(hermeneutic interpretation)以及各种计算元素。尽管会在第16章中进一步深入探讨什么是社会网络分析和文本挖掘，但我们有理由现在思考一下什么是解释学阐释。科兹涅茨（Kozinets, 2015: 205）举了一个例子：

> 思考一下关于3个YouTube视频、4页博客文本、6页新闻组材料以及17个Instagram帖子的数据集合。寻找一下它们共同的元素以及它们意义框架的关键和核心。定位这些共享的主题是对于解释学阐释的挑战。

解释学是一种解释性的策略，数据的部分和实例被迭代地重新评估和解释，与数 254
据作为一个整体所表达的发展意义相关。因此，刚开始观察一些数据的人，会得到一些原初的解释。这些理解为后续数据其他部分的解读提供了信息，这个过程在解释性的循环中进行，同时研究者就形成了对数据集所代表的整个环境的理解。然而，虽然关于通过实践经历所获得知识的相对抽象和哲学的概念是有用且鼓舞人心的，但我们还需要实际的动手策略，来将分析推向更广泛的视野之中。

被收集的数据必须经过某种主题性分析形式（thematic analysis）的系统化梳理（见诸范例，Braun & Clarke, 2006）。注释数据、为重要段落和观点分配标签或关键词的做法被称为编码（coding），这是在研究过程早期所做的事情，以此规划实证材料中的突出主题。读取数据、注释数据、将一些注释提升到代码之中，就可以开发出更多抽象的主题。总而言之，这种分析应该从非结构化数据转移到带注释和编码的数据，继而转移到主题上来。

一旦某人到达了所分析环境中的核心主题，那么研究的下一步甚至最终步骤就是发展出指向更宏大理论和观点见解的论点和结论。通过必要性，你研究中呈现的结果范围和类型，会从抽象到具体，从描述到适用的见解，所有这些都依赖于这项研究的内容以及在方法上的选择。“民族志”意味着文化书写，这类研究的主要产出是对所分析的社会环境的文献记录和解释学诠释。因此，在研究过程最后，当见解已经通过代码和主题被引导到更广泛的真知灼见中的时候，这些想法就可以被发展、讨论，
并与以前的研究、理论概念和辩论联系起来，这就是你开始编写文本的时候了。事实 255
上，写作过程也是问询的一部分，因为人们常常通过自我书写的过程来得到重要的分析见解。

数字社会研究——一些指南

1.在任何一项社会研究中，特别是那些探索“新鲜”或未知领域的社会研究，总是努力捕捉尽可能多的复杂性。民族志——努力“厚重地描述”（thick description）（参见第15章）——是一种很好的基础性哲学，尽管它可以很大程度上根据你的学习特点进行扩展和调整。

2.依据民族志基础，引入其他资源和技术，以获得尽可能丰富的分析现象的拓扑图。在研究互联网和社交媒体时，你可以考虑类似社会网络分析和文本挖掘的方法（参见第16章）。

3.经过最初的探索，尽可能提出具体和尖锐的研究问题。如果你需要在整个研究过程中不断地对它进行修改，也请不要担心。目的是以这样一种方式来阐述这个问题，你的研究结果将有可能是有用的，超越你的具体经验案例。

4.决定你在学习什么。是网站、主题、人物，还是不止一个？你的研究是集中在一个限定的环境，还是多个地点？“离线”在你的学习中将扮演什么角色？

256 5.用适宜的方法来收集你的数据。确保你做了一个研究日志，记录下所有的选择——大的或小的——这些选择最终会影响数据集的组成。收集数据的同时，保持开放的心态，跟踪研究项目和它所引导的领域。如果需要，结合几种不同的策略。当已经足够时就可以停止收集。

6.根据你的研究问题和所拥有的数据类型来分析数据。在你工具包（toolkit）的辅助下，对数据进行系统梳理、编码、挖掘以及压碎。在合适的时候运用文体挖掘和社会网络分析之类的技术，或者在某些时候使用解释性的方法。当你不一定认为它是合适的时候，要开放地使用计算方法，并尝试用解释学阐释来挑战“定量”的结果。

7.根据民族志方法来进行研究撰写（writing up）是分析和阐释本身的一个关键部分。写作不仅是为了发表，其本身也是一种研究方法。

❖ 延展阅读

* Emerson, Robert M., Fretz, Rachell., & Shaw, Linda L. (2011). Writing Ethnographic Fieldnotes. Chicago, IL: University of Chicago Press.

* James, Nalita, & Busher, Hugh (2009). Online Interviewing. London:Sage.

* Russell, Matthew A. (2014). Mining the Social Web. Sebastopol: O' Reilly Media.

* Salmons, Janet (2016). Doing Qualitative Research Online. London: Sage.

* Guest, Greg, MacQueen, Kathleen M., & Namey, Emily E. (2012). Applied Thematic Analysis. Thousand Oaks, CA: Sage.

* Saldana, Johnny (2015). The Coding Manual for Qualitative Researchers. Thousand Oaks, CA: Sage.

* Sword, Helen (2012). Stylish Academic Writing. Cambridge, MA: Harvard University Press.

* Wolcott, Harry F. (2009). Writing up Qualitative Research. Los Angeles, CA:Sage.

15

257 数字民族志

核心问题

- 什么是民族志？为什么它对研究数字社会有用？
- 随着互联网和社交媒体的到来，民族志所带来的新机遇和新挑战是什么？
- 当研究是在“虚拟”环境中进行时，民族志的“调研现场”概念必须如何重新讨论？

核心观点

民族志　田野调查　厚重的描述

嵌入式互联网　数字人类学

在本章中，我会介绍数字民族志（digital ethnography）的方法论策略。正如前两章的探讨，我将民族志（ethnography）视为一种研究数字社会的重要工具。在对民族志的探讨中，我还认为，仅是研究在线互联网常常是不够的。为了全面回复大多与数字社会性有关的研究问题，互联网深嵌且作用于人们日常生活的线下环境也必须给予充分的思考。基于此类型的研究，线上和线下之间的研究目标、数据、设计以及平衡在广泛地发生变化。为了使事情进一步复杂化，我将讨论区分在线和离线所固有的问题。

民族志是一种前数字化的研究策略，它是对人们日常生活和社会文化实践进行的 *258*
详细且深入的描述和解释。此方法的实施在大多情况下基于情境化研究数据的帮助，这些数据是通过参与观察和深度访谈收集到的。然后，这些数据会被仔细地描述、读取和阐释，以此谨慎地绘制出思考和行为的图式。被人称为“数字民族志”的方法，是一种旨在生产关于数字社会中生活和实践的知识——它存在于网络以及数字环境与我们的线下生活交叉和缠绕的环境中。这一领域的关键作者是社会学家克里斯蒂娜·海因（Christine Hine），她著有《虚拟民族志》（*Virtual Ethnography*, 2000）这本具有影响力的书籍以及后续著作，还有人类学家丹尼尔·米勒（Daniel Miller），他在发展一种“数字人类学”（digital anthropology）框架（Miller & Slater, 2000; Miller & Horst, 2012）过程中起了非常重要的作用。

从民族志的角度分析数字社会和社会性，就是把它当作一篇文本来阅读，并试图理解参与者赋予意义的方式。一位民族志学者必须不仅会记录观察的事件和细节，而且还需以有助于从局外人的角度解读网络意义的方式，来呈现和解释这些观察结果。正如第13章所述，每一位数字社会研究人员都将以不同的方式，针对手头的不同任务，开发自己的“方法论拼贴”（methodological bricolage），但某种人种学探索往往是非常有用的组成部分。

❖ 在田野里

经典人类学和民族志（或人种学）从自然历史的学术科目中萌芽，一般而言，早期民族志研究是关于显著的“原始”文化和欧洲殖民地人们的生活。然而从那时起，越来越多的研究是由研究人员在他们自己生活和工作的社区中进行的。然而，所保留下来的研究旨在识别和解释人们正在分析的社会环境的潜在含义和原则，以及在调研现场相对长期参与观察的想法。这意味着民族志对研究人员提出了双重要求。人们认为，为了充分理解生活在一个环境中是什么样子，就必须融入其中进行了解。但与此同时，研究者还需保持一个相对局外观察者的身份。

就数据收集而言，民族志没有依靠任何单一的方法。相反，对于民族志的理解，是通过仔细探索一些不同的数据来源而得以发展的。收集民族志数据最为普遍的方法是观察研究——研究人员在被分析的互动和访谈环境中可能是或可能不是一个参与者。民族志研究人员还可能收集其他的数据来源，其特征也许根据研究环境的具体特性
259 会有所不同。民族志“田野调查”（fieldwork）的概念常常被当作一个总括性的术语，用于研究人员为获得对所分析环境尽可能丰富和详细的见解而采用的所有不同策略。然而，观察研究趋向是主要的来源，该项研究常常以参与者观察的形式呈现，研究人员同时承担环境参与和观察的双重角色。正如语言人类学家简·布卢马特和董杰（Jan Blommaert & Dong Jie, 2010: 7）记载：“田野调查是研究人员向每日生活现实攀登的时刻。”

民族志的基本假设是，为了充分了解生活在环境中或成为环境的一部分，以民族志研究人员为代表的工作者需要在混合的沉浸和超然之间找到一种平衡。主要由人类学家主导的最为经典的民族志研究，往往会让研究人员在他们想要理解的“陌生”或“外国”环境中花费数月甚至数年的时间。关键是长期参与，以及与人们建立相当深远和长期的纽带。例如，代表性的人类学家马林诺夫斯基（Bronislaw Malinowski）在若干本书籍中记述了他在新几内亚海岸（the coast of New Guinea）的特洛布良群岛（the Trobriand Islands）所做的长达32个月的田野调查；另一位非常重要的人类学家克利福德·吉尔茨（Clifford Geertz, 1973）撰写了他最负盛名的关于巴厘岛斗鸡（Balinese cockfighting）的研究。事实上，马林诺夫斯基的研究引领着民族志的重要观点，即研究人员应该运用参与观察来获取“本质思想”（the native's point of view）。在经典民族志中，“田野”（field）被理解为清晰的描述，并且是一个实际的“包含我们所感兴趣之人的可识别的地方”（Hine, 2012: 24）。

但是，即使不考虑互联网，民族志学者也不得不面对一个事实，即今天的人们很少把自己锁定在预先确定和固定的地方。一个日益增多的移动性、移民、旅游、社群以及媒介化传播的历史进程，已经相对地改变了对于“田野”的人种学看法。在数字社会中，民族志学者可以在他们所期望的任何时候和任何地方奔赴“田野”（in the field）。但是，海因解释说，为调研现场设置边界的看法常常是错误的。正如新媒体研究学者和人类学家安德烈亚斯·维特尔（Andreas Wittel, 2000: 1）所写的：

> “一种文化”（a culture out there）的概念意味着，首先，它是一个连贯的实体；其次，它是独一无二的，与其他文化不同。鉴于过去几十年我们目睹的发展和变化，这种概念越来越难以持续。

一般而言，文化的多元化使得“田野”作为一个地理上定义的研究领域成为一个有
问题的概念。当某人使用互联网或网络的某些部分作为民族志研究现场之时，这一点 260
就会更加突出。然后，焦点转向“社会政治位置、网络和多点方法”（Wittel，2000：8），
而非从空间定义的地点来审视该调研领域。

❖ 厚重的描述

基于由吉尔茨（Geertz，1973）所从事的重大研究，民族志的最终目标是提供关于社会生活范式和功能的一个厚重的描述（thick description）。这种方法的基本假设是“符号学的”（semiotic）——是由一组复杂的符号建构而成，这些符号包括语言、品质、习俗、手势、态度、行为等形式，它们网状地分布于系统之中，“在系统中它们可以被清晰地描述”（1973：14）。他进一步写道：

> 民族志是厚重的描述。民族志学者事实上所面对的——除了当（当然，他必须这样做）他追求的是更自动化的数据收集路径——是一种复杂概念结构的多样性，其中有许多是重叠的或是相互交织在一起的，这些东西既奇怪，又不规则，也不清晰，他必须设法先抓住它们，然后加以渲染……做民族志研究就像是努力阅读一篇手稿（在“建构阅读”的意义上）——外国的、褪色的、满是省略、不连贯、可疑的修正、有倾向性的评论，但不是用传统的声音图表，而是用塑造行为的短暂例子来书写。（1973：9-10）

悬挂在意义的网中

吉尔茨的主要影响之一是马克斯·韦伯的社会学（Max Weber，1922/1978：4），它关注“对社会行为的解释性理解”，即人们对自己的社会行为所赋予的主观意义。基于韦伯的“Verstehen”（领会）观点，按照哪个社会应该从一种参与和诠释的观点来分析的看法，吉尔茨（Geertz，1973：5）发出以下著名声明：

> 马克思·韦伯认为，人是一种动物，悬挂在他自己所编织的意义网之中，我认为
> 261 文化就是这些网，因此，对文化的分析不是一门寻找规律的实验科学，而是一门寻找意义的解释科学。我所追求的是解释，解释那些表面上神秘莫测的社会表达。

因此，吉尔茨认为，民族志是分析人们自创的“意义网络”（webs of significance）的意义的。

类似地，马林诺夫斯基（Malinowski，1922：9）认为，民族志应该揭示未知的社会和文化规则，它们支配着之前看起来“混乱和怪异”“耸人听闻、狂野和不可思议”的东西。单薄的描述（thin description），仅是提供对于事实的说明，没有对它们进行解释，与此相反，厚重的描述的特点是详细说明许多细节、揭示概念结构和意义。根据吉尔茨的说法，民族志研究学者的任务不仅仅是展示事实，还有对于它们的评论和解释。这些研究学者必须试着追溯意义赋予的方式。在这种背景下，应该很容易看到民族志与数字社会高度的相关性，而不仅仅是因为现在“互联网是我们生活的肌理”（Castells，2002：1）。

❖ 民族志与互联网

在海因（Hine，2000）所著的《虚拟民族志》一书中，她认为，网络环境作为进行民族志研究的场所，应该被认真地对待。在她撰写这本书的时候，具有更广泛社会意义的事情确实是在网络上发生的，民族志学者可以在网络上从事田野调查。海因等人的研究在互联网的发展过程中发挥了重要的作用，为网络文化特征之外的社会研究提供了一种严谨的环境。她的主要观点是，由于互联网已经成为一种除却亚文化的主流现象，它为社会科学提供了一种重要且创新性的资源。如前所述，新兴且不断转型的数据环境留下了人们日常互动过程中广泛持久的痕迹，可以供研究人员仔细查阅。虽然这一领域的大量讨论都关注利用大数据从事研究的可能性（参见第12章），但海因的关注点在于民族志和解释性研究所带来的重大新机遇。

不管我们研究什么样的社会或文化议题，从某种程度上避免应对在线层面的交流和互动变得越来越不容易。重要的是注意海因的观点，即互联网和社交媒体不能仅仅为研究人员提供一种社会活动发生的额外场所。相反，她写道，对于在线环境的分析 262
有助于研究超脱互联网本身的社会议题。这是因为互联网不仅可以被理解为一种存在于世界中的文化工艺，还可以是一种文化——它是世界本身的重要方面。由于人们在使用互联网过程中只是简单地关注他们的日常生活，在这个过程中必然会留下一些研究人员能利用的痕迹。海因总结她的观点如下：

> 总而言之，互联网日益反映出庞大的人口基数和各种各样的活动：它是容易获得的，允许探索具有想象力的新研究问题，允许访问以前难以接触的人群。它提供了几乎所有可以想象到的关于存在的丰富数据。互联网研究已经从一个有点深奥和超脱世俗的无聊事物，发展成为一个探索重大社会问题的途径。(Hine, 2012: 11)

互联网可以让研究人员运用民族志来观察多种多样的社会行为、模式和现象，这些在以前是很难轻易获得的。在数字社会中，其他的“私人”讨论都是在网络公共空间中进行的，而且许多互动都作为存档和可搜索的数字资料持续性地存在。这使得开展研究成为可能，否则将是不切实际的，因为谈判过程和跨越社会障碍需要艰巨的工作。此外，海因认为，由于网络匿名的脱抑作用以及通过历时的相互披露所获得的信任（参见第4章），人们会在网上讨论一些他们在面对面探讨中可能会不舒服的事情。这就向研究人员展示了社会生活的一些方面，而此部分在其他情况下是很难碰触的。然而，这并不意味着每件在网络上记录的事情都会自动地提供给社会研究。海因（Hine, 2012: 14）写道：“伦理问题贯穿始终：仅仅因为网上发生的事情，不会让它成为社会微小或公开的研究数据。”

还有另外一个关于存在多少数据和环境信息的议题。诸如民族志之类的解释性研究策略，更普遍地将多面、复杂和丰富的社会数据提炼成更直接、更容易掌握的东西。即使对于厚重的描述，其描述目的仍然是使复杂的事情更加容易理解。尽管在任何类型的研究中，意识到必须在多大程度上简化并排除复杂性，都可能让人感到有问题和不满意，但互联网——及其海量的潜在研究数据——加剧了这一困难。

此外，尽管在任何情况下任何类型的研究都可能是势不可挡的，但在网上搜索和 263

获取如此海量数据的机会所带来的可能性，将强调一种感觉，即缺乏作为研究人员来解释全部复杂性的能力。伦理问题和类似减少数据复杂性的问题，都是通过不断的批判性反思和直面我们研究过程中“混乱的细节”来处理的，如前面第13章所讨论的。

总而言之，就海因的观点而言，首先，互联网是一个用于民族志研究的重要场所。它反映了人们的日常生活，人们经常在网上坦率地交谈，这在许多其他研究环境中是非常罕见的，比如在访谈或问卷调查当中。网络民族志使我们有可能在“自然环境”中观察社会性和社会互动。我们可以研究那些因其自身原因而产生的讨论，而那些讨论不会被研究人员人为地设计成专题。互联网也提供了搜索社会数据的可能性，这在数字社会之前是完全不可能的。其次，海因认为，民族志是一种用来研究网络社会使用的非常有用的方式。民族志方法允许深度了解人们如何相互接触以及如何使用技术参与。

❖ 网络民族志

自从海因撰写《虚拟民族志》一书以来，她越来越质疑在线环境应该被当作民族志的研究场域。为了得到关于社会现实的重要结论，单是分析在线互动就已经足够了吗？当设计民族志研究的时候，遵循线上—线下的界线在总体上是有用的吗？海因（Hine, 2012: 14）问道：

> 如果这项研究没有更深入地研究参与者的生活，它会真的可靠吗？我们能够相信参与者的自述吗？直白地说，一项只关注网络现象的研究，难道不仅仅是偷窥吗？

并且，海因确实认为“仅基于线上”的研究可能是合乎情理的。许多重要的社会事务的确仅发生于网络环境，只要弄清哪些结论可以通过既定的研究设计和研究对象得出，而非成为推测，那么一切都会很好。正如海因所指出的，此种先驱研究之一便是南希·贝姆（Nancy Baym, 1993）关于网络新闻组（Usenet newsgroup）的研究，其中出现了一群肥皂剧的粉丝（Baym, 1994, 2000）。更早期的例子是关于网络实时聊天（IRC）的伊丽莎白·里德（Elizabeth Reid, 1991）的论文。

将民族志原理传导至在线环境 264

在南希·贝姆关于肥皂剧粉丝网络论坛的研究中(讨论小组rec.arts.tv.soaps,缩写为r.a.t.s.),她做了参与者观察,并进行了在线访谈和问卷调查,对群体角色、社会等级、共享价值观以及不断发展的实践进行了细致的分析。在下面的摘录中,贝姆(Baym, 2000: 24–25)对她的方法论策略进行了描述,以此说明民族志原理在网络环境中的应用。

> 这项研究,就像大多民族志研究一样,自它被开发之时起就在不断地演化,我一直与数据保持着一种辩证关系。我最初提出一组研究问题,我知道,当我在观察、数据分析和理论间穿梭的时候,可能不会选择之前没有预见的道路。我的主要方法之一是参与者观察(participant observation)。1990年,我开始参与r.a.t.s.,一年后我开始实施相关研究,并持续积极地参与,直到1993年(那时我开始写了很多关于它的文章,以至于我再也没有时间去读它了)。我的经历被一位r.a.t.s.参与者称为"信誉良好的成员"(至少在进行这项研究的时候),这让我在一定程度上有资格代表r.a.t.s.发言。作为一个成员,我的直觉和理解在很多阶段指导了这个项目。r.a.t.s.新闻是用英文撰写的,但有其自身的风格和参照,而我的参与身份赋予了解释这些社会意义的背景和经验。该群体对我的信任也带来了对这一课题的支持和帮助。的确,当我声称要从事此项研究之时,该群体的热情是我持续这项工作的主要原因之一。作为参与者,我试图对自己研究者的身份如何影响r.a.t.s.的互动模式保持敏锐性,至少在假设上是这样。

在描述完数据收集方法之后,贝姆开始讲述她用来分析所收集数据的具体策略以及相应的挑战。她写道,当研究人员与数据交互时,民族志正在(辩证地)演化,必须对这个过程保持敏感;参与者观察是一种重要的策略;信息建构或成为研究群体或环境中的一项工作,可能对于获得足够的理解和产生厚重的描述是重要的。这些原则与吉尔茨和马林诺夫斯基的观点基本相同,贝姆对r.a.t.s.的处理方 265
式与经典人类学家对社会环境的分析方式类似。贝姆的研究在方法上肯定是领先的,它确定了互联网本身可以成为一个民族志研究领域,而在经验上,它表明在线互动对于丰富而复杂的社会形态的发展是足够的。

但是，并不是每个人同样都会被这些研究影响。相反，一些学者对通过网络分析来做任何值得被贴上民族志标签的事情的可能性，持有相当怀疑的态度。举例而言，维特尔（Wittel, 2000: 6）认为，这些研究将民族志实践延伸至“超越传统”的程度，以至于必须应对许多严峻的困境。他认识到以下四个困难：

- 第一，信息的准确性很难被验证。
- 第二，参与者观察的关键策略是观察“真实的人”，但这在网络中是无法实现的。
- 第三，朝向网络民族志的转变使其很难进行厚重的描述，因为在线链接是一种展现社会性的贫乏方式。
- 第四，缺乏物理研究场域，意味着只可获得非常少量的环境数据，这些数据可以帮助全面了解正在研究的事情。

由于这些不足，维特尔呼吁一种“现代版本的田野调查”。他认为，所有的问题都关乎一个事实，即网络民族志似乎假设线上和线下环境之间有一条清晰的分界线。这并非强调物质和数字空间之间的差异，我们应该引入一种有更多相关性的视角，强调相似、关联和重叠。正如我早先提及的，海因仍然认为，单一在线的民族志也许是有用的，例如，田野调查的范围——不论它是否应该包括线上、线下或双方环境——都取决于研究人员想要发现什么事情。这一研究范围将会反过来促使研究人员了解关于被分析的人和环境的不同事情。此外，海因（Hine, 2012: 32）写道，甚至不可能预先决定调研现场的任何确切局限：

> 随着研究的推进，对于调研现场应该是怎样的就有了深入的理解，根据参与人员所在的情境来理解他们所做的事情，这本身就是研究的产物之一。

266 最终，有时单单对于在线互动的关注可能已经足够，但有时这样的关注也不会是一个适当的选择。显而易见，人与人之间不可能完全脱离任何物质现实而产生社会性，因此可以预期，数字社会中的民族志项目将迫使研究者在不同的地方寻找证据。其中一些地方可能是在线的，另一些则可能是离线的。

❖ 与互联网相关的民族志

那么，对社会中的互联网进行思考似乎是有用的，它超越了这样一种观念，即在数字调解和通过数字调解发生的事情与在其他方式和地点发生的事情之间存在明显的区别。海因在最近的著作中建议，研究人员在数字社会中采用多模态（multimodality）的方法来研究民族志，而不是几十年前可能还比较适合的“虚拟民族志”。在这种情况下，多模态意味着人们不应认为线上线下边界对于划分民族志领域是重要的。相反，我们必须承认，我们所研究的事物——主题和议题——经常会跨越这一界限，甚至不知道它的存在。这些修订符合维特尔对现代化田野调查的呼吁，正如前面所讨论的，它不关注线上和线下的分离。

海因（Hine, 2015）认为，如今人们体验互联网的方式主要有三个E，即嵌入（embedded）、具身（embodied）以及日常使用（everyday）。我要特别在此强调网络的嵌入性（embeddedness of the internet），因为它在很大程度上还包括其他两个E。互联网是嵌入性的，从某种意义上而言，它在如何使用上变得越来越复杂，有大量用于意义建构的其他环境、工具和形式。因此，由于互联网是“嵌入”我们“每日”生活之中的，民族志可能通过对于物质性（materiality）和“具身性”（embodiment）的思考而有所收获。这就是海恩所说的“3E网络”（the 3E internet”）。

嵌入式观点挑战了在主流互联网早期就很突出的观点，即它提供了一种新型（赛博）空间。因此，尽管情况并不总是这样，但现在似乎很明显，与其说互联网是一个与日常生活分离的新领域，不如将其置于情景之中，并从理解其如何嵌入人们的现实中更好地理解它。从根本上而言，这意味着对不同地方不同群体的人，互联网可能意味着不同的事情。

人类学家丹尼尔·米勒（Daniel Miller）和社会学家唐·斯莱特（Don Slater, 2000: 1）在他们对“特立尼达之中的互联网，特立尼达之上的互联网”（the internet in Trinidad, and Trinidad on the internet）的开创性研究中，也提出了将互联网视为嵌入式的观点。他们认为，尽管关于互联网的第一代学术研究所呈现的观点是“互联网不是 267
一个庞大的整体或没有地方的‘赛博空间’，而是大量由不同的人在不同的现实世界中使用的新技术”。他们的核心思想：与互联网相关的民族志，并非应从整体上调查“互联网”，而是应该调查“互联网技术是如何被理解和推广的，特别是在某个地方（虽然是一个非常复杂的‘地方’）”。他们进一步做出如下记述：

> 试图概括“网络空间”“互联网”和“虚拟”的社会思想收效甚微。它可以通过制作材料获得巨大收益，这些材料使我们能够理解围绕互联网发展起来的社会和技术截然不同的世界，例如：特立尼达与印度尼西亚，或英国与印度。（Miller & Slater, 2000：1）

他们指出，民族志应该不只是关注类似一些元实体（meta-entity）的互联网，而是应关注人们如何利用互联网做详细研究，因为这些研究将会告诉我们很多关于人和互联网的信息。但争论可能会再次转向，因为检查人们在离线状态下所做的事情可能并不总是这样，这将揭示他们在网络上的具体存在对他们意味着什么是“真相”。海因（Hine, 2012：27–28）写道：

> 民族志需要花时间去理解和思考那些虚拟的知识对相关的人意味着什么，而不是直接用面对面的观察来三角测量他们在网上所说的离线生活。因此，我们可能不得不承认，没有获知信源者的所有人口统计细节，或无法追踪到他们生活的其他方面，那是我们沉浸在这种经历中的一部分，而不仅仅是民族志学者不得不道歉的缺失……因此，面对面互动并不总是需要作为构建在线互动的基础环境。

然而，只有当人们同意一个具有自己特征的社会领域实际存在于网络上时，这一点才是有效的。也就是说：很复杂！

❖ 超脱互联网的民族志

米勒在一篇2016年的博客文章中令人耳目一新地指出，他“从来没有，从来没有真正相信过‘互联网’”[①]。他写道，对于在线活动的民族志研究，应该从整体的角度，把
268 这些活动进行情景化处理（contextualising）：“我研究的人群，他们的在线活动是他们
是谁和他们在做什么的一个日益增长的因素。但是，没有人仅是生存于网络之上。”因

① www.culanth.org/fieldsights/847-the-internet-provocation.

此，与其“崇拜”互联网，不如将网络环境视为人们现在生活和互动的许多地方中的一个。他的观点令人信服：

> 例如，在无意中听到你丈夫和他母亲两个小时的电话交谈之后，你不会说：“哦，听起来很糟糕，但你们在现实世界中的关系是什么样子的呢？”网络并不代表着一个一致性的轨迹。人们对于互联网的称谓已经全然意味着相反的事情。早期的争议——没有人知道你在网络上是一条狗——都是关于匿名和创建专门利益集团的。与此相反，目前关于Facebook的争论，都是关于隐私的缺失以及它如何混淆了工作、亲属和友谊之间的关系。中年人用电子邮件摧毁了工作和休闲之间的界线；现在，年轻人用电子邮件来构建工作与休闲之间的边界……因为我们知道要不是互联网，我们不会很容易发现人们在网上做一些完全意想不到、相互矛盾的事情，同一个平台在不同的发展阶段可以做全然相反的事情。

在一系列令人印象深刻的书中，米勒和他的一些同事正在展示由9位人类学家进行的田野调查的结果，他们花了15个月的时间在世界各地的9个社区，研究社交媒体在人们日常生活中的作用。这一项目被称作“我们为何发文”（*Why We Post*），旨在表明假设互联网和社交媒体在任何地方都一样的论调是多么有问题：

> 当我们告诉人们，我们已经撰写了关于全球社交媒体的9本专著，都使用了相同的章节标题（除了第5章），他们对于潜在的重复感到担忧。然而，如果你决定阅读这些书籍中的其中几本（我们特别希望你能这么做），你会发现这个设备在展示完全相反的东西方面很有帮助。每本书都有各自的风格特色，就好像它在诠释一个全然不同的主题一般。这也许是我们最重要的发现。大多数关于互联网和社交媒体的研究都是基于假设我们可以在不同群体中推广的研究方法。我们在一个地方查看Twitter信息，然后记述关于Twitter的内容。我们在一种人群中进行关于社交媒体和友谊的测试，然后又以此为主题进行撰写，就好像友谊对所有人群都意味着相同的事情一样。通过用相同的章节标题对9本书进行展示，你可以自己判断哪一种概括是可能的，哪一种是不可能 *269*
> 的。（Miller et al.，2016：v）

这里所说的关键点在于，从民族志的观点来看，人们感兴趣的是内容而非平台。举例而言，对于米勒和斯莱特（Miller & Slater, 2000）而言，没有任何关于互联网本质上是“虚拟”的事物存在。相反，当互联网被用作或当作一个虚拟空间的时候，它才会是虚拟的。“赛博空间”（Cyberspace）并不总是在有网络的地方展示出来。因此，从数字人类学的观点来看，研究Facebook这样的平台，从用户的视角探索其嵌入的语境，要比研究网上发布的内容更有效。对互联网民族志的嵌入式研究，将引导研究者提出超越网络空间研究的其他问题。其目的是拥抱网络的多样性，并提出一些问题，即在不同背景下，不同的人会有不同的含义。再次强调，这是因为技术本身不具备任何预定或假定的使用环境。相反，不同的实践会产生不同的技术法规。

然而请记住，虽然一些民族志学者主要关注互联网是如何嵌入人们日常生活之中的，但这并不意味着单一在线的民族志是不相关或错误的。正如海因（Hine, 2015: 38）如下所述：

> 仍然有一些网络空间发展出了独特而有序的文化。了解人们在网络上做了些什么，以及当人们在网络空间聚集在一起时，会出现哪些形式的身份、结构和不平等，仍然是有意义和有趣的。然而，现在也会有许多民族志学者想要研究互联网在人们日常生活的各个方面的嵌入现象。

因此，一方面，有一些只在网上进行的研究，利用网络环境和平台作为民族志分析的调研现场，而没超越这些地方所发生的事情。另一方面，也有一些研究通过分析互联网如何嵌入物质和物理环境，关注互联网如何变得有意义。尽管如此，研究人员在“媒介化和非媒介化空间”之间的移动，往往是一个好主意，因为这通常有助于在线互动的情境化（Boyd, 2008: 45）。毕竟，“人们并不生活在网络社区里，或者至少不是仅仅生活在那里”。（Hine, 2012: 27）

270 ❖ 延展阅读

* Hine, Christine (2015). Ethnography for the Internet. London: Bloomsbury Academic.

在海因近期多本书籍中，他特别关注如何适应实施民族志的复杂过程、努力获取厚重的描述，以适应数字社会不断变化和具有挑战性的情形。互联网变得越来越与我们的日常生活互相嵌入，在某种程度上，它甚至已经成为一种能让我们相互交流的非比寻常的方式。这就给民族志学者提出了方法论上的两难问题，到底是应在网上看，还是应在线下看，或者在两者之间观察。

* Miller, Daniel & Slater, Don (2000). The Internet: An Ethnographic Approach. Oxford: Berg.

正如本章前面所述，这是米勒和斯莱特关于“特立尼达之中的互联网，特立尼达之上的互联网”的开创性民族志。这里的关键贡献是互联网。应该通过各种各样的新技术被看见而不是无所凭依，它包含更确切地说是如何使用这些技术，会为社会文化解码并转换成多种不同的线下环境。

* Geertz, Clifford (1973). The Interpretation of Cultures. New York: Basic Books.

吉尔茨的著作在定义人类学和民族志方面起着关键性的作用，在今天也是一样。如本章所述，其中最为重要的概念就是“厚重的描述”。目的是抽取建构某种文化的意义结构，而这可以经由展示事实、评论、解释以及解释的解释来完成。

16

271 数字社会的绘制与挖掘

核心问题

- 互联网的功能——App程序、算法、软件——用于数据的收集、整理和可视化，它们如何被用作一种新型的研究工具？
- 通过社会网络分析，什么类型的研究问题可以被解答？这种方法又是如何在数字社会研究中应用的？
- 什么是文本挖掘？它如何在分析互联网和社交媒体上的社会互动方面成为一种有效的方法？

核心观点

媒介方法　启示的工具　社会网络分析　弱连接　小世界网络
文本挖掘　远距离阅读

正如前一章所介绍的，民族志方法提供了一个坚实的框架，以此开始在数字社会研究领域进行研究探索。就像我在第13章所说的，民族志有时可否单独地成为一种充足的研究方法，取决于你想要去探索的事情。然而，不断变化的数据环境——也是在第13章中讨论的——意味着引入其他与民族志方法无关的来源通常是一个好主意。这是因为，正如第15章所描述的，民族志分析的“领域”（field）或“数据”（data）的实 272
际构成概念，在数字社会中发生了改变。正如前几章所讨论的，科兹涅茨（Kozinets，2015：3）记述了一种被他称为“网络民族志”（netnography）的方法，并认为，为研究网络社会性而设计的研究方法是关于“智能适应”（intelligent adaptation）和“考虑所有选择”（considering all options）。他认为，根源应该在传统民族志的核心原则中，但数字社会研究人员还必须有选择地、系统地抓住“结合和混合数据收集、分析、文字识别、编码和可视化等计算方法的可能性”（2015：79）。数字社会研究，如我在第13章中论述的，需要依靠方法论上的拼贴，并且必须超越“质化”（qualitative）和“量化”（quantitative）之间的分界。科兹涅茨也许会同意，他写道（2015：53–54）：

> 试想一下，流经网络的图片、文字、Facebook档案、Twitter标签、声音和视频文件，都是由二进制信号和各种带电和不带电的电子和光子光点组成的，它们在不同的远程服务器之间传输。最终，它们是0和1，以它们自己的方式，成为可以量化的数字。因此，我们看到了流动性和可转移性，就像模拟的人类经验，如坐着和对着相机说话，被传输到数字编码信号，通过Vine或YouTube这样的平台共享，然后解码成屏幕上像素密集的移动图像和扬声器、耳机发出的声音。这种听觉体验可以被捕捉为人类听众和观察者所体验到的定性文字和图像，编码成现场笔记或捕捉为文本文件或视频截图，并立即或随后选择性地编码和转换成定量阅读。在这个流转变化的例子中，定量的变成定性的，再变成定量的。

在本章中，我讨论了三种方法，用来探索、绘制和挖掘数据，以此可以延伸我们对于民族志的理解：第一，“跟随媒介”（following the medium）的观点。运用数字媒体工具和平台本身作为“启示的工具”（instruments of revelation）；第二，社会网络分析（social network analysis）；第三，文本挖掘（text mining）。根据不同的视角，这些方法可以被看作与数字民族志结合的“其他”方法，或者就像科兹涅茨所说的“网络民族志”，甚至是研究者所需要的新型“民族志”方法，以此完全融入数字社会。重要的是，按照手头研究任务的需求，方法论的拼贴是可以定制化的。

273 ❖ 跟随媒介

研究方法通常有两种关联数字社会的方式。首先，新的研究方法不断创新，旧的研究方法也被重新利用，以制图、分析和理解数字社会为研究对象（object of study）。这是在本书第13–16章中所用的视角，研究方法被用来研究社会转型，这是本书的主题：互动与身份（第4章）、社群与网络（第5章）、可见性和可视化的模式（第6章）、情感和情绪的新表达（第7章）、公共领域和权力结构的变化（第8–10章）、移动互动和合作的新形式（第11章）、数字社会的底层脚本（第12章）。

其次——这是本章此部分的主题——利用数字社会的技术和工艺作为研究方法是有可能的。理查德·罗杰斯（Richard Rogers，2013：1）认为，他所声称的“数字方法”是关于辨识和跟随已经嵌入数字社会之中的“媒介方法”（在更宽泛的意义上）而言的。罗杰斯的观点，是指互联网本身已经在做一些研究型的事情，比如：对于数据的收集、计算、分类、排名和可视化。这就是它的运作方式，它与任何以这种方式开发它专门用于研究的人士没有关系。罗杰斯的数字研究方法的中心思想，不是干预或干扰这些现有的“方法”。如果我们尊重它们的完整性，带着好奇心跟随它们，并从中学习，我们的分析可能会更准确。罗杰斯（Rogers，2013：1）写道：

> 举例而言，爬行（crawling）、抓取（scraping）、众包（crowd sourcing）和大众分类法（folksonomy），虽然分属不同的种类，但它们都是数据收集和分类的网络技术。页面排名（PageRank）和相似的算法都是用来排序的方法。标记云（tag clouds）和其他常见的可视化技术显示着相关（relevance）和共鸣（resonance）。我们如何学习和重新应用这些以及其他在线方法呢？这样做并不是为了帮助他们进行微调和构建更好的搜索引擎，因为这项任务最好留给计算机科学和相关领域去完成。相反，其目的是与他们一起进行思考。

然后，研究人员的角色，就变成了在媒介发展的过程中试着“跟随媒介”及其方法，并以有用和有效的方式，找到对它们进行探索和重组的方法。例如，我们可能问问自己：标签怎样可以运用于社会分析？Twitter的搜索功能是如何被运用的？不仅仅
274 是工具性地找到推文信息，还要对社会或文化动态的问题做出回应。作为研究人员，

我们如何才能以不同于服务创建者预设的方式来“阅读”Facebook订阅器呢?罗杰斯(Rogers, 2013: 3)写道,以这种方式思考和工作的目的是“在现有的、占主导地位的设备本身基础上,利用它们进行文化和社会的诊断”。这意味着研究的“最初输出”(initial outputs)——一项搜索结果、一组推文、一组Instagram账户、算法书籍推荐等——很可能与数字设备输出给用户的内容相同,或者至少非常相似。但是就一种“数字方法”而言,罗杰斯(Rogers, 2013: 3)解释说:

> 它们以新的视角出现或呈现,将曾经熟悉的东西——引擎结果页面、按时间倒序排列的推文列表、评论集合或社交网络个人资料中的一些兴趣——转变为指标和结果。

关注的转变是罗杰斯观点的核心要点。例如,我们可以用其他方式来阅读谷歌结果,而不是用传统的方式来阅读谷歌结果——就像一些经过底层算法优化的纯计算信息——以便能够看到社会状况。在这种情况下,数字研究的主要挑战在于开发一种思维定式和方法论远景,以便与数字社会一起,而不是围绕数字社会进行社会和文化研究。

❖ 启示的工具

互联网研究学者克里斯蒂娜·桑维与埃斯特·豪尔吉陶伊(Christian Sandvig & Eszter Hargittai, 2015)探讨了数字媒体和互联网如何被视为新工具,以一些新的方式来回答新老问题。他们举了一个例子,说明那些没有被设想为研究工具的东西仍然可以这样使用:

> 基于这样的观点,由私人公司制造的类似于《魔兽世界》(*World of Warcraft*)这样的在线游戏,让人们伪装成暗夜精灵(或更为精确一些,公司可以通过让人们假装成暗夜精灵,从而获得相应的订阅费,以此来赚钱)。但是,这些游戏可能有潜力回答关于人类互动的网络结构的基础问题。(Sandvig & Hargittai, 2015: 8)

采用数字媒体作为一种研究工具，提供了“一种新型的显微镜”，我们可以用它来阐明数字社会特有的新议题，以及关于人类社会生活的基本和长期问题（2015：6）。自然而然地，由于数字网络工具和平台的多面化特征，存在多种多样的此类应用。他
275 们可以运用新工具来做数据收集，如网络抓取器（web scrapers）、APIs或在线存储库（online repositories）。并且，他们还有分析数据的新设备和新方法，以计算语言处理的形式，利用地理定位硬件、新可视化技术等。大数据只是数字社会向研究方法转变的一个例子，如同第12章所述。然而，桑维与豪尔吉陶伊（Sandvig & Hargittai，2015：11）认为，大数据的例子并不是最吸引人的。

> 相反，我们看到数字研究仪器的真正革命正在我们周围更小更“普通”的研究项目中进行。我们在使用众包来取代传统的研究参与者方面看到了这一点；对于超链接网络的应用，作为一种新数据来源，以此研究组织间的关系；或者认为撰写属于自己的网络基础应用是一种可行的数据收集策略。

正如桑维和豪尔吉陶伊所指出的，所有这些创新、实验以及重新商议，是历史科学家德里克·J.德·索拉·普莱斯（Derek J. de Solla Price，1986：246）所说的“启示的工具”（instruments of revelation）的当今范例。当从历史的维度对科学革命进行讨论时，他认为，科学革命的主要驱动力是“对一系列启示工具的使用，在许多几乎偶然的方向上扩展科学的解释”。他还写到了“社会力量将业余爱好者团结在一起”的重要性。因此，在数字社会研究的案例中，我们现在处于一个阶段：研究人员的言行常常像是好奇的实验爱好者——“业余爱好者”（amateurs）——测试和设计新的“启示工具”。

❖ 分析社交网络

另一个可以对民族志分析给予补充的方法是社交网络分析（SNA）。正如第5章我们对于网络和社群的探索，SNA是一种在社会系统中观测关系结构的方法，以及研究那些参与这些系统的人之间联系模式的方法。虽然SNA是一种可以用于任何规模数据集的前数字（pre-digital）方法，但它日益被开发用于关于“大数据”或其他“社会数据”的研究。SNA是一组理论观点和方法论工具的集合，它旨在更好地理解在相关社会

系统中的个人和群体。

许多人将社交网络概念与诸如Facebook、LinkedIn和它们的前身MySpace这样的特定数字社交网络服务相关联。SNA中的“社交网络”概念也与这种网络和关系有关，在最基本的层面上，我们作为个人和群体，以家庭、朋友团体、学校班级、组织、俱乐部、专业网络等形式，成为许多不同社交网络的一部分。在本书的上下文中，SNA被描述为 276
一种方法，用以获取关于人们在数字社会中线上和线下参与社交网络的更好理解。这常常意味着，基于网络关系的数据是通过互联网收集的，但我们在许多情况下的分析认为，我们所识别的社会模式超出了人们在网上所做的事情。一些网络可能只是在线形成，而另一些网络仅线下形成，但自然而然地，许多网络形成于它们之间。

SNA将人们视为社会存在，并认为我们的互动模式影响着我们的信仰、言论以及行为。这也基于一种观点，即我们在网络中的位置决定着我们可以影响哪些人，以及在多大程度上施加影响。因此，SNA认为，个人和群体的行为，如果没有完全受到控制，至少也会受到它们所嵌入的社交网络（社交网络关系集合）的深刻影响。人们的所想所为在很大程度上是与其他人联系的结果。正如SNA有助于证明的那样，社会中个人和群体之间的互动模式远非随机的。例如，人们趋向于与其他与自己相似的人互动交流，重复性的互动会促进（在其他事务之间的）行为范式的出现、群体归属的标识符号、群体团结以及身份认同。因此，社交网络促进和限制人们的言行，它们还帮助我们感知周围的世界以及影响我们所做的选择。

基于SNA，研究人员可以运用不同的指标和可视化技术，来了解特定网络的功能。当分析数字社会之时，可以在社交网络的语境中，思考很多我们可能想要分析的事物和环境，还可以从多个分析层面来分析，范围从整个互联网到一小群朋友之间的短信交流。让我们思考两个具体的例子，只是为了在对SNA的后续描述中可以有一些依据。第一，我们预想我们有一个非常巨大的数据库，它由几百万条推文信息所构成，当发布主要的全球政治事件的时候，所有这些信息都会使用相同的标签。第二，让我们想象一下，我们已经复制并粘贴了大约五十篇文章到一个论坛，该论坛讨论的是与我的研究相关的主题。我把这些称为“Twitter例子”和“论坛例子”。

❖ 二元——网络的两个层面

从事社交网络分析的基础是西美尔所说的“二元体”（dyad）——正如第5章所述。一个二元体可以被定义为一对社会行动者，以及与他们相连的网络纽带状态。换言之，这是在两个人或两个群体之间的关联，以及他们如何联系的信息。二元体是由两个人组成的群体——一对——为了能够进行SNA，我们需要这些配对信息，它们构成了我们想
277 要分析网络的建构基础。因此，越来越重要的是，决定在周围的环境中什么被看见，以及在两个行动者之间建立一种关联。是因为他们互发短信，在Facebook上成为“好友”，订阅彼此的YouTube频道，喜欢同一段视频，还是对同一篇博文发表了评论？在我们的Twitter范例中，一个数据集可以由大量使用相同标签的用户组成，例如，某个人可以确定，任何一个将Twitter指向特定用户的用户，也是该用户二元体的一部分。我们也许还可以决定，被寻址的用户也应该响应第一个用户，以此建构一个二元结构。

在关于论坛的例子中，我们可以确定，从理论层面而言，所有发布帖子的参与者都应该被视为与所有其他人二元体的一部分，因为他们都通过成为论坛线程的一部分而在某种程度上相互关联。一种策略可以用来决定，任何参与者应该被视为与打开话题思路的参与者有一种二元关系。但是，另一种策略也可能认为，所有参与者都已经与那些发布了他们自己条目的参与者之间建立了二元关系。或者，一个人可能会决定，只有在这些情况下，当一个参与者在他们的帖子中明确提到另一个参与者之时，他们才会成为相关的人。

因此，如你所见，这种配对的构建是由理论假设所驱动的，我们所做的选择会塑造我们最后所绘制的模式。举例而言，在前数字版本的SNA中，通过询问工作场所的人们，问他们比较想与哪些同事建立社交关系，然后基于回答来分析人与人之间的关联，凭此就可以识别二元配对了。另外一种方法通过观察哪些人是在真正地享受喝咖啡的时光，由此就可以确定了。从根本上而言，为了从事SNA，我们必须获得关于二元行动者的信息。这并不意味着我们假设人们理解他们的世界，是基于他们与他人之间所有不同的成对连接，但为了分析，我们必须把它分解成这些成对连接，因为二元体是网络的基本单位。如果我们用Twitter来举例，我们可以基于自己的数据集，以此创建所谓的“边界”（edge）清单，如下所示：

用户A 提到 用户B

用户A 提到 用户C

用户B 提到 用户C

用户B 提到 用户C（再次）

用户D 提到 用户N

在数字社会中的大多对于社交网络的现实分析中，这样的清单当然可能会更长， 278
图表也会更加复杂。但是，我们在此处为了便于阐释，用一个小网络加以举例说明。最强大的分析发生在当我们分析那些足够复杂的网络之时，因为仅通过阅读边缘清单，是很难理解它们是如何运作的。

❖ 图表与地图

以上清单给予我们所需要的作为SNA起点的信息。在现实中，我们还可以注册关于用户及其连接的其他数据。比如，我们也许知道用户A和C是政客，用户B、D和N是记者。我们也许还想添加清单之外的关系类型，比如包括“关注”（follows）和“转发”（retweets）。在一些网络分析中，关注的是连接方向（有向网络），而不是其他的（无向网络）。我们所提到的是有向的，因为用户会主动地提到其他用户。“提及”社会行为，是由提到者（mentioner）指向被指到一方（mentionee）。当我们设想我们的示例Twitter数据集由数百万条推文信息组成之时，这个清单很可能会非常长。但让我们现在保持简单。

在SNA中，网络被表示为数学对象，称为“图表”（graphs）。图表掌握关于节点（nodes）（在我们的例子中是用户）和边界（用户之间的联系——我们的例子提及的）。因此，如果我们在SNA软件中输入上述边界清单，它会知道创建一个包含节点A、B、C、D和N的图表。它也会知道在A和B、A和C、B和C、D和N之间创建相应的边界。我也会把B和C之间的边界赋值为2，因为B提到了C两次。所有其他边界赋值为1。许多研究人员的下一步工作是创建一个由线或箭头（称为“弧”）连接的（通常）圆形对象的可视化图像。这些网络地图是SNA中知名的地方，它们是大多数人听到SNA时想到的方法。雷尼和韦尔曼（Rainie and Wellman，2012：50）将这些描述为“通过一堆线路连接起来的网络成员”（a bunch of network members connected by a bunch of lines）。可视化有助于对于网络数据的探索以及相应的阐释。然而重要的是记住，这些网络地图并不是我们所分析的实际社交网络。现实网络不同于图表，因为图表是一种简易的表述，它没有提到民族志所捕捉到的许多东西，比如：人们的思想、他们的驱动力、竞争、模棱两可等。

此外，图表与可视化是不一样的，因为可视化从不是自动的或“标准化”的。相反，这是一个过程的结果，在这个过程中，研究者从一个案例到另一个案例，思考将被观察到的社会系统抽象为一个网络的最佳方式。不同的SNA软件使用相似的算法来对图表
279 进行可视化描述。一般而言，可视化将节点显示于屏幕之上，有些或多或少的随意性，节点之间的线条代表边界。然后，节点被自动地重新排列，以此优化网络可视化的可读性，确保节点彼此间不模糊，节点的位置靠近与其相连的其他节点，并尽量避免不必要的交叉。研究人员通常会尝试不同的布局算法，并根据节点大小和颜色、边界宽度、具有特定属性的节点过滤器以及位置调整，对可视化进行手动调整。

❖ 集群与幂次定律

因此，在将图表作为研究结果呈现之前，必须对其进行分析，而思考如何将其最佳地可视化为网络图像，确实是分析过程的一部分。一般而言，SNA依据一种观点，即社交网络并不是将节点、边界、联结和关联等要素进行随意杂乱的混合。相反，如前所述，它们是一组对人们及其行为有深远影响的关系。因此，通过SNA能发现什么样的类型模式呢？

首先，对集群进行辨识是有可能的。正如雷尼和韦尔曼（Rainie & Wellman, 2012）所解释的，数字社会中的人们（他们称其为“网络化的人们”，如第5章所述）有一种倾向，即他们的许多联系都集中在紧密联系的群体中，其中几个人彼此都有密切而频繁的联系。换言之，集群是彼此紧密相连网络的一部分。因此，在我们关于Twitter数据集和论坛帖子的例子中，我们可能有兴趣看到，所包含的一些参与者是否形成了影响整个网络并受其影响的强大子网络（sub-networks）。

网络还可以从中心性的角度来分析。其中一种分析方法是计算节点的“程度”（degree）。这是对网络中有多少活动来自任何特定节点的度量。一个节点的连接线条越多，该节点的程度就越高。在我们所举的Twitter案例中，某个用户被提及20次以及

提到他人15次，就有了35度的赋值。并且，根据图表的方向，这可以分为15个“外度”（out-degree）（活动）以及20个“内度”（in-degree）（流行度）。节点的中心程度是衡量节点对整个网络结构的突出程度和重要性的指标。如果某一网络的所有活动来源于与每个人相关联的某一参与者，如果这个人被删除的话，整个网络有可能全部陷入瘫痪。如果许多参与者与其他许多人相关联，该网络可能会持续存活，即便某个参与者消失不见。社交网络的程度分布，通过直方图的形式显示每个给定程度的节点数，通常模
仿“长尾”分布（如第1章所述），根据这种分布，少数节点代表大多数的活动。你会忆 *280*
及第9章对于“偏好依附”的讨论，数学家将这些分布称作幂次定律（power law）。正如我随后解释的，这种模式区别于“正态分布”（normal distribution），即所谓的钟形曲线（bell curve），是根据大多节点可能拥有同样数量的链接而言的。相反，幂次定律描述了一种情形，其中只有少量节点是相关联的，其他节点则不是这样。

富者更富

参照社会学家罗伯特·默顿（Robert Merton, 1968: 62）对科学传播的讨论，我们可以从他所谓的“马太效应”（Matthew Effect）来理解幂律分布（power law distributions）。他将这种效应定义为“累积优势原则，在许多社会分层体系中发挥作用，产生相同的结果：富者更富，穷者更穷”。正如我在第9章所讨论的，幂次定律在互联网和社交媒体的社会交互中是非常普遍的。霍华德·莱茵戈德（Howard Rheingold, 2012: 195）解释说：

> 少数博客获得了大量的入站链接和点击率，而大量的博客获得了少量入站链接和点击率。把这个和网络的小世界（small-world）网络结构结合起来，你就可以看到视频和其他网络模因是如何病毒式传播的。

病毒式传播的逻辑大概是这样的：一个不知名的博主泄露了一个故事，然后，突然一个有很多链接的“超级节点”连接到它，注意力分散到长尾上。只有少数人拥有大量的受众并不重要，因为当条件合适时，其他人很快就可以获得大量的受众。在诸如互联网这样的多对多网络中，节点的价值不仅仅取决于它所连接到的其他节点的数量，还取决于它所连接到的潜在群体。

❖ 节点介数、脆弱的纽带和渺小的世界

路径长度（Path length）是分析社交网络之时思考的另一件事情。路径是网络道路，信息沿着此道路可以从一个节点传送到另一个节点，即使有问题的节点并没有直
281 接相关联。因此，路径是一种相互连接的边界序列。如果用户A通过一条边界连接到用户B，用户B通过一条边界连接到用户C，那么用户A和C之间就有一条路径（长度为2）。在一个复杂的网络中，节点间的路径不只一条。任意两个节点间的最短路径被称为SNA中的“测地线”（geodesic）。虽然上述提及的程度中心度量给出了关于哪个节点最为活跃的信息，但是另一个中心度量——介数（betweenness）——衡量了节点所在的最短路径（测地线）的数量。因此，任意两个节点之间的测地线越多，一个节点的介数也就越高。换言之，介数是衡量一个节点对于其他节点之间的连接有多重要的指标。具有高介数的节点，是那些在其他方面被分离的社交网络之间架起桥梁的节点。社会学家马克·格兰诺维特（Mark Granovetter, 1973）形成了一个关于弱连接（weak tie）长度的理论。该观点是指，虽然在诸如家庭和朋友的亲密联系之间高度互嵌的“强连接”（strong ties）提供了“网络封闭”（network closure），并与人类在小群体中活动的倾向相一致，但“弱连接”提供了整个网络的连接性。弱连接的功能像是横跨网络“结构洞”（structural holes）上的桥梁。因此，尽管名字上是“弱”的，但弱连接可以是非常强大的，并且比强连接更有可能提供进入不同社交圈且连接到更多样化网络的途径。

在前述文本框中所摘录的“富者更富”段落中，莱茵戈德提到，小世界网络结构常常见诸网络。这种连接模式理论也与路径长度相关。你可能已经听说“六度分割”（six degrees of separation）观念，它认为，世界上的每个人都在一个“朋友的朋友”链条中，通过大约六个环节与其他人建立连接。按照“这毕竟是一个小世界”（it' s a small world after all）的逻辑，社会心理学家斯坦利·米尔格拉姆（Stanley Milgram, 1967: 67）写道：“我们都在一个紧密的社会结构中被捆绑在一起。”他进行了一些实验，在美国各地的熟人之间邮寄纸质信件，他发现，平均路径长度下降了5.5到6个点。社会学家邓肯·沃茨（Duncan Watts）及其同事（2003）在21世纪初利用电子邮件重复了这一实验。他们给来自166个不同国家的60, 000多人分配了一项任务，通过把信息传递给他们认识的、他们认为比自己更接近目标对象的人，到达18个目标人群中的一个。该项研究表明，典型的链条长度是5到7个环节，取决于源头和目标之间的地理距离。当提到社交媒体的时候，

雷尼和韦尔曼（Rainie & Wellman，2012：55）记述如下：

> Twitter集群之间的许多桥梁意味着从一个Twitter关注者到此关注者的另一个关注者之间的信息链条，包括在五个互动环节之间83%的Twitter用户。

因此，总而言之，我们可以看到通过SNA分析的网络的许多不同结构特性。该方 282
法基于社会网络“不是随意的”观念。相反，它们是影响人们以及被人们影响的结构。因此，SNA作为一种方法，可以通过追踪不同资源（如信息、想法、金钱、社会支持、权力、爱情等）的流动，从网络中梳理出显著的模式。通过这样的分析，我们可以开始探索和发现网络中的流动是如何对人们产生影响的，反之亦然。在这样做时，人们可以同时对个人或群体、更广泛的网络以及整个网络发生兴趣。

我们也许期望知道更多关于Twitter示例中某个用户或论坛示例中特定论坛参与者的信息。某个行动者处于什么位置呢？他扮演了什么样的角色？其资源又是怎么样的？它有哪些联系？有哪些结构性机会来影响那些与其建立联系的人？我们还可以关注整个Twitter数据集或整个论坛线程。这种社会环境在整体上有哪些特征呢？它是否与许多活跃的行动者紧密相联，并与其他很多人联系在一起，还是说它是稀疏编织的，仅在些许重要参与者间建立少量的联系？它是一种中心化的网络，大多活动围绕一个核心行动者展开，还是一种去中心化的网络，仅有关键参与者共同承担维系网络的角色？或者相反，它是一个分布式的网络，其中每个人都与其他人相连吗？对于我们想要研究的数字社会的特定背景，有这些问题的答案是非常有帮助的，它们不仅作为研究结果本身，而且甚至作为通过民族志产生的厚重描述的补充，会更加有力度。

❖ 与魔鬼的契约

然而，更多的数字方法从文本挖掘（text mining）领域涌现，以此对民族志分析进行补充。随着数字社会的扩展，随着互联网持续提供大量的文化数据来源，产生了大量用户自建内容（参见第2章），文本分析的计算机化方法得到了迅速发展。这绝不是因为除了计算语言学家和计算机科学家以外的新群体——例如社会科学家——现在对这些方法越来越感兴趣。由社交媒体生产且经由其他形式的计算机—媒介传播的大量文本内容，已经促使社会科学家们越来越多地思考如何尽可能地使用这些数据，以及如何最大可能地利用现有多种技术对其进行分析。

被称作文本挖掘的技术，是由计算机科学家和语言学家共同开发的，他们期望运用计算机从大量的文本资料中辨识和提取有用的信息——通常情况下，这些文件数量
283 是非常庞大的，大到足以让任意具有合理规模的人类研究群体都难以阅读和理解。在文本挖掘中，大量被分析的文件被称作“语料库”（corpus）。当研究数字社会的时候，我们也许想要理解关于博客博文、论坛评论、YouTube视频描述、Facebook帖文、tweets（推文）等文献信息。当我们想要看到语料库模式的时候，文本挖掘是有效的，我们不太可能通过逐个与文档进行手动交互来找到这些模式。因此，文体挖掘，与文本的“近距离阅读”（close-reading）相反，可以被视为一种“远距离阅读”（distant reading）。文学学者弗朗哥·莫雷蒂（Franco Moretti，2013：48–49）创造了这个观点并且有一个分析的观点是，不应该近距离阅读文本，因为这会将注意力从他认为研究应该关注的更普遍模式上移开：

> 近距离阅读的麻烦在于……它必须依赖于一个非常小的标准……只有在你认为真正重要的文本很少的情况下，你才会在个别文本上投入这么多。否则，它就没有意义了……我们真正需要的是与魔鬼达成一个小小的协议：我们知道如何阅读文本，现在让我们学习如何不去阅读它们。远距离阅读：距离……是知识产生的一个条件，它允许你关注比文本小得多或大得多的单位：设备、主题、修辞，或流派和系统。如果在非常小和非常大的之间，文本本身消失了，那么，这是一种情况，人们可以理所应当地说，少即多。如果我们想要全面地了解这个系统，就必须接受失去一些东西的事实。我们总是为理论知识付出代价：现实是无限丰富的;概念是抽象的，是贫乏的。但正是这种“贫穷”使我们有可能处理这些问题，并因此了解这些问题。

相对于更具解释性的“质化”方法，远距离阅读要求研究者准备脱离传统的近距离阅读，以便能够掌握更大的数据集，同时也会因此失去一定程度的质化细节。文本挖掘的核心是将某一文本生成数字，凭此计算关于该文本的信息。它基于注册、排序或计算文档中的单词或短语——例如，社交媒体帖子。一旦文档被数字化，就可以应用统计或预测建模方法，来获得关于文档模式的信息（Miner et al.，2012：71）。文本挖掘的

典型应用包括通过以下策略分析和构造文本：

- “解析”文本，以便在以后的步骤中更容易地提取关于它特定部分的信息。
- 找到与组织分析语料库最为相关的主题或主要议题（单词和术语的集群）。
- 自动将文档划分为不同类别，这些类别是预先定义的，甚至是通过计算“发现”的。 *284*
- 使用由积极和消极词汇组合而成的词典，来描绘文本中的情绪（sentiments）（比如，如果某些事情以积极或消极的方式被提及）。

这些应用，对于建构诸如搜索引擎、垃圾邮件过滤器、网络推荐系统之类的功能，具有重要的作用。但是，当然，相同的方法也可以应用于数字社会研究。迈纳（Miner）及其同事解释了标签（tagging）或者注释（annotation）的重要作用，借助以下提取文本实体的算法示例（2012：70–71，为清晰起见，对原始标记进行了简化）：

> 比如，假设一份文档包含以下句子：
>
> 吉姆在2006年买了300股IBM的股票。
>
> 经过实体提取和标记算法处理此句之后，这个句子可能会被“注释”如下：
>
> <个人>吉姆</个人>买<数量>300</数量>股份<组织>IBM</组织>在<日期>2006</日期>。
>
> 因此，句子中的单词或术语的前面在当前有了标记，用来识别它所描述的实体类型；例如，IBM描述一个组织，2006描述一个日期等。如果所有的句子在整个文本语料库中被做了标记，就可以更容易地对文本进行有效的搜索（或查询），例如，所有以IBM的名称提到组织的文档和以吉姆的名称提到人员的文档等。这样，文本语料库就变成了一个结构化的数据库，它可以使用实体的赋值进行查询，从而更容易地识别相关文档、计算相关索引，并（向用户）显示文档中找到所关注实体的特定位置。

在2016年出版的一本名为《文本挖掘：社会科学指南》（*Text Mining：A Guidebook for the Social Science*）的书中，社会学家加布·伊格纳托（Gabe Ignatow）和计算机科学家拉达·米哈尔恰（Rada Mihalcea）力图使文本挖掘比以往接触更多的研究人群，特别是在人类学和社会科学领域。正如伊格纳托和米哈尔恰所解释的，文本分析自13世纪以来就已经以多种形式存在了，但是，文本挖掘还是一种相对新式的方法，它虽是跨学科的，但还是以计算机科学为基础。今天，文本挖掘建立在多种方式之上，如：数据挖掘、信息检索、计算机语言、机器学习以及统计学。当研究数字社会之时，可以接触相当大规模的以文本为基础的数据、先进的软件以及低廉但强有力的程序语言，如：Python和R语言。总体而言，伊格纳托和米哈尔恰认为，这些有可能彻底改
285 变社会科学中的文本分析。然而，我们必须意识到，即使我们拥有大量文本及对其进行挖掘的好工具，我们也必须在事实上解释我们可以绘制的模式。这就是为何SNA和文本挖掘被纳入一个更广泛的解释性民族志框架时，它们对社会研究最有效。

从一些文本分析方法开始

语言库分析（corpus analysis）对于“远距离阅读”是有效的，即整体或大规模地看文本中的模式，通过近距离阅读很难或不可能看到。通过语言库分析，我们可以看到语言在大量文档（博客文章、推文、评论等）中的使用情况。这种方法可以对一些问题进行回应，比如：哪些短语是经常出现的，对于某一特定类型的文档或作者来说，哪些类型的表达更可能或更不可能被应用等。你可以从一开始就通过使用voyant-tools.org测试该方法，并通过学习Antconc软件进一步深入研究，例如，使用Programming Historian网站上的教程。①

情绪分析（sentiment analysis）——有时称为“意见挖掘”（opinion mining）——是一种确定演说者或作家态度的方法。这可以是针对某一特定主题，也可以是为了评估较大或较小的文本块的基调。可以使用各种不同的工具应用该方法，但是可以试用30db.com或streamcrab.com来获得对该方法的初步感觉。

主题模型（topic modelling）——这种文本挖掘方式旨在辨识语言库中的“主题”。该方法处理大量文本，用以查找共现单词（主题）的重复模式。做主题建模的一个开源工具是MALLET②，它的一个可访问的教程也可以在Programming Historian③上找到。

---

① http://programminghistorian.org/lessons/corpus-analysis-with-antconc.

② http://mallet.cs.umass.edu.

③ http://programminghistorian.org/lessons/topic-modeling-and-mallet.

延展阅读 286

* Rogers, Richard (2013). Digital Methods. Cambridge, MA: MIT Press.

在这本影响力广泛的书中，罗杰斯—如本章所述——主张重新使用数字原生工具和技术来研究社会和文化。这是关于重新应用的东西，如：搜索引擎、众包、标签和点赞，用于研究。

* Robins, Gerry (2015). Doing Social Network Research. London: Sage.

这本书提供如何设计和进行社会网络分析研究的实际指导。罗宾斯讨论的主题从数据结构、数据收集方法和伦理问题到分析、可视化和解释的技术。

* Ignatow, Gabe & Mihalcea, Rada (2016). Text Mining: A Guidebook for the Social Sciences. London: Sage.

伊格纳托和米哈尔恰的这本书旨在让更多的研究人员能够使用文本挖掘，特别是在人文和社会科学领域。它从社会学和计算机科学的角度，探讨了如何处理自然语言数据的问题。这本书涵盖了网络爬行和抓取、词汇资源、文本处理和来自不同领域的文本挖掘技术等领域。

第四部分

结　论

17
数字媒体与社会变迁理论 289

在最后一章中，我总结了本书的一些观点，试图为如何思考数字媒体和社会变革建立一个概念性的框架。回顾克兰茨贝格第一定律（Kranzberg's first law），从第1章"技术不好也不坏，但也不是中性的"的观念中，我们必须意识到，技术与社会生态学不断地相互作用，在这种互动中，同一种技术对社会的影响会因背景和环境而大不相同。这意味着手机、推文、YouTube视频、链接或类似内容在不同的设置下具有不同的含义。

社会变革

社会变革是指构成社会结构的社会关系、象征意义、价值结构和其他事物的转变。当然，这种变化也来自多种源头——政治，经济，人口，技术等。有些变化模式可能是周期性的，另一些则可能或多或少是单向的。我们感兴趣的是那些由于人们使用数字技术而发生的社会变革。

尽管社会变革始终是多维的，但今天我们面对的是日益增加的复杂性、不规律性 290
和不可预测的流动。这意味着，当我们试图理解社会变革时，我们将永远无法以一般和全面的方式来解释它。人类学家阿尔琼·阿帕杜莱（Arjun Appadurai，1996：33）认为，必须考虑五种分离的文化流动：

- 族群景观（Ethnoscapes）：人群流
- 媒体景观（Mediascapes）：媒体流
- 技术景观（Technoscapes）：技术流
- 金融景观（Financescapes）：资金流
- 意识形态景观（Ideoscapes）：意识形态流

当我们讨论社会变革和数字媒体时，我们从总体上处理了来自技术流和媒体流的变革——即技术景观和媒体景观的社会行动和实践。

❖ 情境化结果

因为不同形式的媒介传播和互动对社会生活是如此重要，因此，历史上的不同媒体影响了人们与世界的关系以及我们理解社会变革的方式。不同的媒体使得实施某些社会行为成为可能，同时使其他行为失效。我们所使用的媒体会影响我们的见闻和言行。因此，如果不考虑人与媒体所处的生态环境（参见第1章），就不可能谈论社会与文化的革新。

毫无疑问，数字媒体已经以多种重要方式改变了社会，但是，正如我在整本书中所指出的，社会变革的实际结果总是被情境化（contextualised）的。这意味着社会变革的类型和程度因具体情况而异。用麦克卢汉（McLuhan，1964：20）的话来说——如第1章所引用的——任何媒介或技术的“信息”都是其引入人类事务的规模、速度或模式的变化。因此，“规模，速度或模式的变化”会因情境而异。数字媒体行为对社会结构的转换能力取决于情境因素。

一般而言，数字媒体可以完全改变社会行为和人际关系，但它们也可能会稍有改变，有时甚至根本没有改变。情境因素决定了这些场景中的哪一个——或者它们的组合——最终成为现实。在整个数字社会中，这三种类型的结果，总是在任何时间、任何
291 地点发生，无论是在微观和宏观层面，还是介于两者之间的任何地方。因此，数字媒体对社会变革的影响是模糊和复杂的。然而，从实证和分析的角度来看，我们总是有可能更仔细地审视一些环境或背景，以评估在那些特定情况下，人们对数字媒体的使用可能会导致什么类型的社会变革——或社会变革的哪些潜力。

现在让我们看一下数字媒体社交用途的不同潜在结果。下图对此进行了概括。

数字媒体使用的情境化结果

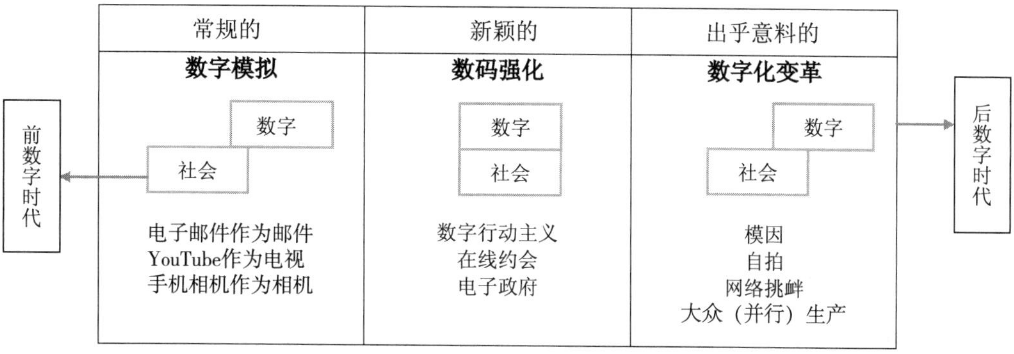

常规的	新颖的	出乎意料的
数字模拟	**数码强化**	**数字化变革**
数字 社会	数字 社会	数字 社会
电子邮件作为邮件 YouTube作为电视 手机相机作为相机	数字行动主义 在线约会 电子政府	模因 自拍 网络挑衅 大众（并行）生产

前数字时代 ← 　　　　→ 后数字时代

❖ 数字模拟

图的左侧方框说明了使用数字媒体用以获得所谓“常规”结果的方式。我的意思是指数字媒体的使用模仿了前数字媒体实践的情况。它类似于模拟。例如，在某些方面和某些条件下，电子邮件就是邮件。如果我们以老式信件的形式给某人写一条消息，而他恰好在我们寄出这封信后几天，通过返回一封同样类型的信来处理它，那么该数字消息交换的社会变革能力很小。在这种情况下，电子邮件的数字工具只是模拟前数字类型的普通信件书写，这些信件被盖章并放入一个实际的邮箱中。同样，如果一家传统媒体公司在YouTube上提供内容，而某人坐在沙发上，通过客厅电视上的流媒体设备观看内容，那就非常像是对电视的模仿。与之类似，如果移动电话摄像头的用户拍摄生日、假日和圣诞节的照片，并使用在线服务打印照片的纸质副本，展示给朋友和家人，这也是前数字时代的业务。

在所有这三种情况下，数字与前数字情境之间存在许多差异。电子邮件不必加盖印章，观看者可以暂停YouTube程序，而移动电话摄像头可让摄影师立即查看捕捉照片，而不必在暗室中冲洗胶卷等。但总的来说，这三种情况都是关于写信、看电视和拍 292
照的——在数字媒体出现之前，人们做的事情非常相似。在这些情况下，我们处理的是数字模拟结果，因为数字工具和平台在很大程度上是以模仿数字前社会实践的方式使用的。如果这些用途如上述例子所描述的那样，那么对社会模式和互动的转变作用是很小的。这并不是说人们做错了事情，或者说技术失败了。只是，从社会学的角度来看，我们感兴趣的是，技术是否有助于社会实践中的任何变化，在这些情况下，真的没有什么值得兴奋的。

例如，从硬件的角度来看，我们可以说，现在写信、看电视和摄影都可以在同一台手持设备的帮助下完成，这确实是一个全新的、革命性的技术。但是，在社会实践的层面上，上面的例子描述了这种潜力远未充分发挥的情况。

必须强调的是，没有人只以一种方式使用数字媒体。实际上，人们会以多种不同方式使用YouTube，有时会利用它的社会变革潜力，有时只是以旧媒体的方式使用YouTube。关键是，有时某些用户的社会实践的某些部分与数字模拟概念相一致。仅仅因为工具或平台具有变革潜力，并不意味着所有用户始终在所有使用中利用这一潜力。

贝内特和西格伯格（2012：752）将使用数字媒体的政治活动家的情况进行了类比，他们写道："很明显，以组织为中心的实体世界的逻辑，经常在网上被复制，在组织逻辑方面几乎没有变化。"他们的意思是，仅仅因为互联网和社交媒体使"连接"行动主义的新形式成为可能，并不能改变这样一个事实，即许多活动和倡议仍然只使用数字工具和平台，用以再现数字时代之前的工作方式。他们指出，社会运动动员并不会因为数字化而自动改变其核心，这一点可以被转换，以此更普遍地解释数字媒体和社会变革之间的关系。仅仅因为社会走向数字化，并不会改变它的核心，除非人们开始以产生变革性成果的方式使用数字媒体。

❖ 数码强化

上图中间的方框代表了数字媒体在社会实践中的应用案例，这些社会实践带来了新的结果。这是指在某种情况下以某种方式利用了互联网和社交媒体工作方式的新逻辑和替代逻辑，这些逻辑在很大程度上以非完全革命性的方式改变了社会模式和关
293 系。回到我之前的示例，如果电子邮件的交换速度很快，或者如果电子邮件列表被用来在同一时间点联系到大量的人，并且任何人都有可能回复整个列表，那么电子邮件就不再仅仅是邮件了。如果一个用户阻止了另一个用户，或者某个人设置了自动回复消息，它也不再仅仅是邮件。在这种情况下，电子邮件的数字工具并不是简单地模仿常规信

件的交换，因为它随后以更高的程度利用其数字能力的方式被使用，从而使其用途更具社会变革性。

再来看看YouTube的例子，它的使用不再像看电视一样，而是有人发表评论、点赞或不点赞、在网上链接或嵌入视频、制作播放列表等。此外，如果一个传统组织的媒体公司不生产内容——正如前一个例子中的那样——那么对电视的单纯模仿也已被超越。

同样的道理也适用于在非常规情况下拍照以及通过社交媒体分享照片的手机摄像头。在这种情况下，这是一个关于数码强化用途和结果的问题。这就是当根深蒂固的社会实践——比如互发信息、使用视听材料，或用照片记录生活和现实——持续存在时会发生的，但这些社会实践是以通过使用数字媒体得到增强或扩大的方式进行的。

这种数码强化结果的实现程度与用户——有意或无意地——利用数字化工具和平台的可用性程度有关。正如你在第2章中所记得的，可供性的概念指技术的行动可能性。这种行动的可能性的实现——再次——取决于环境，以及用户的目标和能力。正如我们在本书中所了解到的，数字媒体有可能促成一系列不同的社会实践。举几个关键的例子：

- 数字媒体有潜力改变内容生产和消费之间的关系。这种潜力可以在民主化和集权化的方式中得到利用。
- 数字媒体为基础架构提供了用于创建社群和网络的功能，这些功能让用户能够在大型网络和/或亲密小组中进行长距离通信、协作和快速连接。
- 数字媒体有一个软件维度，通过这个维度，算法和监控可以潜在地用于监视或消费者绘制的有效形式之中。
- 数字媒体提供了自我展示的工具，并且提供了在网络公众中积极地分享创作、想法、思想和表达的可能性。这意味着机遇和风险并存。
- 数字媒体有可能实现人与人之间的非实体、无形和匿名的互动。这些特征可能导致抑制 294
的解除，从而可能产生积极和消极的结果。
- 数字媒体将个人置于其独特的社交网络中心位置，该社交网络与他人的社交网络重叠，潜在地促进了行为的快速协调以及信息和思想的快速传播。

- 数字媒体无处不在，并可以通过允许新类型的协调，以可能改变社会“环境地理”(situational geography)的方式进行无线连接。

在这些情况下，当用户——个人或群体、那些已经被授权的人或那些无法获得传统权力的人——利用数字媒体的这种社会变革潜力之时，他们能够通过数字媒体的功能可见性来加强和扩大社会行动和实践。这改变了社会行动或实践的规模，因为对数字社会的技术能力和网络结构的利用增强了其影响。

我们所看到的是厄尔和金波特（Earl & Kimport, 2011）所称的“规模变化”（scale changes），即事物移动得更快，延伸得更远，并变得更大。例如，数字化网络媒体所带来的社会结构的增强可能意味着，随着信息在更短的时间内传播到更多、更全球化的公众那里，政治动员也会随之扩大；人们在寻找伴侣的时候，可能会找到更符合自己兴趣的人；启用同行编辑或咨询百科全书的过程是可行的；官员可以更有效地将政治决策众包给公民；有抱负的作家或音乐家能够以更快、更自主的方式，将他们的创作传达给受众；具有特定兴趣的志同道合的人可以找到彼此，并建立更多的联系等。

这些都是“数字”（digital）、“在线”（online）或“电子的”（e-）如何增强先前存在的社会行为和实践的例子。在上面列出的案例中，我们正在增强诸如“数字行动主义”（digital activism）、“在线约会”（online dating）、“在线百科全书”（online Encyclopaedias）、“电子政府”（e-government）、“电子书”（e-books）、“数字音乐发行”（digital music distribution）、“在线社会支持”（online social support）、“在线社区”（online community）等形式。如果我们从所有这些概念中去掉前缀，我们仍然会以数字化之前存在的社会行为和实践结束：行动主义、约会、百科全书、政府、书籍、音乐发行、社会支持、社区等。这在任何意义上都不意味着数字、在线和电子是次要属性。但这是一种增强——一种规模的转变，在速度、影响、范围和效率方面都有所提高。行动和实践的核心并不是新鲜事物，它们的许多关键特征仍然相同。

295 ❖ 数字化变革

然而，在规模变化和更实质性的转变之间存在着一个滑动尺度。举一个例子，考虑一下在线约会是如何改变的，它不再是一个印刷个人广告的旧系统缩小版。如今，

Tinder等一些约会应用程序有GPS功能，算法也越来越完善，还有游戏交互界面，可以根据我们的喜好，在触摸屏上向不同的方向滑动潜在伴侣。在这种情况下，有人可能会说，我们已经超越了数码强化的层面，进入了前文图里的右栏，转向了数字化变革的时代。这不是一个规模变化的例子，而是一个模式变化的例子，在这个案例中，不仅实践的范围或程度发生了变化，而且实践本身也以不同的方式发挥作用，产生了其他后果和新的意义（Earl & Kimport, 2011: 2729）。这只是网上约会的一个案例，但我们也可以在社会和文化的任何领域寻找类似的发展。

数字化变革的结果——从数字媒体改变了社会结构的意义上说——发生在社会行动和实践非常依赖于数字特定供给之时，没有数字就不可能实现。因此，当我们寻找数字化变革的痕迹时，我们必须问，我们所讨论的社会行为或实践是否唯一的数字化。以模因为例（参见第2章），它们是图像和文本，因此没有什么新内容。但它们周围的整个社会实践——便利的图片编辑、"网络"幽默以及它们偶尔的病毒式传播——不可能发生在，比如说，1989年。它们是数字社会的产物，也是我们在探索数字媒体如何改变社会时必须考虑的一个难题——无论多么小。我们可以对标签、点赞、博客、视频博客、同人小说、黑客主义等提出同样的要求。你将意识到，所有这些现象同时具有数字模拟、增强和变革的元素。

必须强调的是，前文图说明了一个理论——一组抽象的概念——而不是一个从左到右按顺时历史发展的想法。任何社会、团体或个人对数字媒体的使用，都将同时具有数字模拟、数字增强和数字变革成果的要素。这并不是说转型取代了增强和模拟。一个从事变革性实践的人——也会发布自拍照、进行挑衅或使用Tinder——有时仍会把YouTube当作电视。记住，人们仍然依赖于车轮、笔和纸来进行一些社会行为和实践。正如艺术和技术学者罗伯特·佩珀雷尔和迈克尔·蓬特（Robert Pepperell & Michael Punt, 2000: 19）写道："在后数字时代，我们仍然会穿着长裤，住在砖房里，并在木桌上吃饭，因为没有任何令人信服的理由要改变这些存在的附属品。"我们只是保留了许 296
多旧的东西，同时带来了新的东西。新技术和旧技术相互叠加，数字媒体的不同用途也是如此。

因此，本章中的数字应该被解读为一种分析工具，可以用来帮助评估与特定社会行动或实践有关的"真实"数字驱动的社会变革水平。例如，自拍变得与众不同，不是因为它们是照片中的"自画像"，而是在于它们是如何通过手机相机以特定方式拍摄的，以及它们是如何在数字社交网络中被标记和共享的（参见第6章）。自拍在1989年也不可能发生，尽管自画像可以。它们是理解数字媒体如何促进社会结构变革所需要理解的另一个难题。另一个例子是网络挑衅：恶作剧、讥讽和嘲笑并不是新事物，但是网络挑衅的社会实践是数字化的，如果没有计算机媒介传播的相对匿名性和隐蔽性（参见第7章），以及某种“互联网幽默”（internet humour）的发展，它就不会是现在的样子。

还必须强调的是，这一数字化并不规范，因为数字社会行动或实践的位置越靠右，它对社会就越有价值。事实上，大多数字模拟的用途并没有什么错误。它也不是一个人行为先行部分的失败，例如，数字增强型、规模变化型的数字激进主义。但是，如果我们要从社会的总体角度关注数字媒体和社会变革的问题，那么这是社会现象在右侧框中最独特的数字，因此最有可能掌握社会性和社会未来的线索。

❖ 非政治力量

似乎奇怪的是，数字变革最突出的例子很大程度上是在数字社会的酷、古怪、极端和看似随机的部分中找到的，比如模因、自拍、网络挑衅、萌猫等。然而，不仅仅是关于这些事情。还有一些关于社会组织和运作模式的数字化转型例子。例如，大众（并行）生产（参见第3章）、网络沙龙（参见第8章），以及最分散和众包形式的公民新闻。

但同样重要的是，要认真对待这些看似随机的互联网现象，将其视作一个谜。事实上，这些现象似乎是微不足道的和随机的，因为它们是最具变革性的。我们只是还没有概念，让我们把它们看成除了古怪之外的任何东西。这与厄尔和金波特的观点相
297 一致，即那是模型的变化，而不是规模的变化，对于是破坏还是改变，目前还没有一个成熟的认知。社会学家吉恩·沙克曼、刘亚林和乔治·王（Gene Shackman, Ya-Lin Liu & George Wang, 2002: n.p.）在关于社会变化的文章中认为，“许多巧合、独特或随机的因素影响着变化的过程”。同样，正如社会运动研究者道格拉斯·麦克亚当和威廉·休厄尔（Douglas McAdam & William Sewell, 2001: 102）所写的关于社会变化的文章，“非常短暂的、空间集中的、相对混乱的序列可以产生持久的、空间扩展的和深刻的结构效应”。

因此，有人可能会说，存在一种看似非政治性的政治。政治学家杰茜卡·拜尔

（Jessica Beyer, 2014）从动员的角度对在线群组和空间进行了一系列案例研究——匿名者（Anonymous）、海盗湾（The Pirate Bay）、魔兽世界（World of Warcraft）和IGN.com论坛。在这些研究中，她发现数字工具、平台和空间，它们看似与政治无关，实际上却对理解公民参与至关重要。数字社会具有一定的性质，它倾向于培养特定类型的互动。拜尔认为，在没有个人拥有内容的环境中，在高匿名性和低正式监管水平的环境中，创造力会得到提升。因此，在“非政治性”网络空间中进行社会互动，对于理解人们如何看待自己与政治进程的关系非常重要。这是因为，无论这些工具和平台的目的或预期功能如何，关于规范的政治对话和谈判都发生在不太可能的地方。以在线角色扮演游戏《魔兽世界》为例，拜尔（Beyer, 2014：128）发现：

> 政治意义上的重要互动渗透到微观互动中，如：参与者在“一对一”的对话中，在可接受的言论之间，为彼此制定非正式法规，以及宏观结构，由于该领域存在着大型和强大的以GLBTQ为重点的行会，阻止仇恨言论和鼓励包容，因此已成为GLBTQ参与者和妇女的“避风港”（safe haven）。

正因为如此，拜尔认为，运动和组织需要从这样的空间中学习很多东西。有一种普遍的范式假设：社会要健康，就应该以“高谈阔论”（high discourse）为特征，即受过高等教育、以真名出现的人以礼貌的方式相互交往。不过，拜尔认为，在4chan或Reddit这样的网站上，内容的广泛性——其中一些内容可能会让人深感不安——以及更广泛的对话，可能也会为政治行动创造更好的可能性和更多的机会。例如，据她描述，“匿名者”的诞生地4chan董事会的创始人克里斯托弗·普尔（Christopher Poole）在一次谈话中说，他相信“内容重于创造者”（Content over Creator）。与其让人们“随波逐流地围绕某些人”，不如以同样的方式来评判所有人，即以他们的贡献来评判。

拜尔（Beyer, 2014：132）的结论是，“网上不仅符合我们对公民社会的期望的地方 298
有价值，而且使我们畏缩的地方也有价值”。拜尔说，在这样的空间里，有比在私有场所更好的机会来培养行动主义。而且，从拜尔激进主义行动案例的狭窄范围来看，意外的、看似随机的空间，也可能在更广泛的意义上具有破坏性（参见第10章），并更普遍地为数字社会转型做出贡献。

❖ 迈向后数字社会

数字媒体使用的数字模拟结果指向前数字时代，数字化变革的结果指向后数字时代，在这个时代，数字不再是新鲜和令人兴奋的，而是司空见惯和想当然的东西。你可能还记得舍基在第3章的陈述，当数字媒体在技术上变得无趣之时，媒体就变得具有社会意义。同样地，对后数字时代的概念，“不期待它的结束，而是期待它的普遍性——当它不再有趣时”（Tinworth，2012：n.p.）。但我们还没到那一步。更确切地说，目前我们正处于一个数字化变革的时代，整个社会的数字化变革行动和实践越来越多地向我们表明，我们在事后将会看到后数字社会（postdigital society）的决定性社会特征。我们正处在一个阶段，数字记者亚当·丁沃思（Adam Tinworth，2012：n.p.）表示：

> 该阶段标志着一个时代的转变：我们对所拥有的闪亮的新数码玩具感到兴奋，并开始为这些闪亮而不那么新鲜的玩具给我们生活方式带来的变化感到兴奋。

从社会变革的角度来看，数字媒体最强大的影响实际上可能来自其更令人惊讶和看似奇怪的用途，以及来自我们尚未为之开发概念的那些事物。这些都是模棱两可的活动：视频博客、话题标签、文本、快照、自拍、帖子和别针，这些在我们的旧词汇中似乎是无关政治的、荒谬的、虚无主义的，或者是毫无意义的。事实上，模因、颠覆性自拍、萌猫、网络挑衅以及其他数字原生的、新兴的社会现象所带来的对于社会和文化的挑战，在未来可能会被证明是数字媒体对社会转型最具革命性的贡献。

参考文献

Aakhus, M. A., & Katz, J. E. (2002). Perpetual Contact. Cambridge: Cambridge University Press.

Adatto, K. (2008). Picture Perfect. Princeton, NJ: Princeton University Press.

Agar, J. (2003). Constant Touch. Cambridge: Icon.

Ahmed, S. (2004). The Cultural Politics of Emotion. London: Routledge.

Allan, S. (2009). Histories of Citizen Journalism. In S. Allan & E. Thorsen (Eds.), Citizen Journalism (pp. 17-31). New York: Peter Lang.

Allan, S., & Thorsen, E. (2009). Citizen Journalism: Global Perspectives. New York: Peter Lang.

Altheide, D. L. (1995). An Ecology of Communication. New York: Aldine de Gruyter.

Altheide, D. L., & Snow, R. P. (1979). Media Logic. London: Sage.

Anderson, B. (1983). Imagined Communities. London: Verso.

Anderson, C. (2006). The Long Tail. New York: Random House.

Appadurai, A. (1996). Modernity at Large. Minneapolis, MN: University of Minnesota Press.

Bakardjieva, M. (2003). Virtual Togetherness. Media, Culture, and Society, 25(3),291-313.

Barabasi, A.L.(2003).Linked.New York:Plume.

Baron, N. S. (2008). Always On. Oxford: Oxford University Press.

Barton, D., & Lee, C. (2013). Language Online. London: Routledge.

Bayer, J. B., Ellison, N. B., Schoenebeck, S. Y., & Falk, E. B. (2015). Sharing the Small Moments. Information, Communication & Society, 19(7), 956-977.

Baym, N. (1994). The Emergence of Community in Computer-Mediated Communication. In S. Jones (Ed.), CyberSociety (pp. 138-163). Thousand Oaks, CA: Sage.

Baym, N. (2000). Tune In, Log On. Thousand Oaks, CA: Sage.

Baym, N. (2010). Personal Connections in the Digital Age. Cambridge: Polity Press.

Baym, N. (2011). Social Networks 2.0. In M. Consalvo & C. Ess (Eds.), The Handbook of Internet Studies (pp. 384–405). Chichester: Wiley-Blackwell.

Beer, D. (2016). Metric Power. Basingstoke: Palgrave Macmillan.

Beer, D., & Burrows, R. (2007). Sociology and, of and in Web 2.0. Sociological Research Online, 12(5), 17.

Bell, D. (1973). The Coming of Post-industrial Society. New York: Basic Books.

Ben-Ze ev, A. (2004). Love Online. New York: Cambridge University Press.

Beniger, J. (1986). The Control Revolution. Cambridge, MA: Harvard University Press.

Beniger, J. R. (1987). Personalization of Mass Media and the Growth of Pseudo- Community. Communication Research, 14(3), 352–371.

Benkler, Y. (2006). The Wealth of Networks. New Haven, CN: Yale University Press.

Bennett, W. L., & Segerberg, A. (2012). The Logic of Connective Action. Information, Communication & Society, 15(5), 739–768.

Benski, T., & Fisher, E. (2014). Introduction. In T. Benski & E. Fisher (Eds.), Internet and Emotions (pp. 1–14). New York: Routledge.

Berners-Lee, T. (1996). WWW: Past, Present, and Future. Computer, 29(10), 69–77.

Beyer, J. L. (2014). Expect Us. Oxford: Oxford University Press.

Blommaert, J., & Jie, D. (2010). Ethnographic Fieldwork. Bristol: Multilingual Matters.

Boellstorff, T. (2010). A Typology of Ethnographic Scales for Virtual Worlds. In W. S. Bainbridge (Ed.), Online Worlds (pp. 123–133). London: Springer London.

Boellstorff, T., Nardi, B., Pearce, C., & Taylor, T. L. (2012). Ethnography and Virtual Worlds. Princeton, NJ: Princeton University Press.

Bolter, J. D., & Grusin, R. (1999). Remediation. Cambridge, MA: MIT Press.

Borgmann, A. (1999). Holding on to Reality. Chicago, IL: University of Chicago Press.

Bourdieu, P. (1990). The Logic of Practice. Stanford, CA: Stanford University Press.

boyd, d. (2008). Taken Out of Context. Berkeley, CA: University of California.

boyd, d. (2014). It's Complicated. New Haven, CT: Yale University Press.

Brady, H. E., & Collier, D. (Eds.) (2010). Rethinking Social Inquiry. Lanham, MD:Rowman & Littlefield.

Brandtzæg, P. B. (2012). Social Networking Sites: Their Users and Social Implications – A

Longitudinal Study. Journal of Computer-Mediated Communication, 17(4), 467–488.

Braun, V., & Clarke, V. (2006). Using Thematic Analysis in Psychology. Qualitative Research in Psychology, 3(2), 77–101.

Brin, S., & Page, L. (2012). The Anatomy of a Large-Scale Hypertextual Web Search Engine. Computer Networks, 56(18), 3825–3833.

Bruns, A. (2008). Blogs, Wikipedia, Second Life, and Beyond. New York: Peter Lang.

Bruns, A., & Highfield, T. (2016). Is Habermas on Twitter? In A. Bruns, G. Enli, E. Skogerbo, A. O. Larsson, & C. Christensen (Eds.), The Routledge Companion to Social Media and Politics (pp. 56–73). London: Routledge.

Bryce, M. (2006). Cuteness Needed. International Journal of the Humanities, 2(3), 2265–2275.

Buchanan, E., & Markham, A. (2012). Ethical Decision-Making and Internet Research. AoIR. Retrieved from https://aoir.org/reports/ethics2.pdf.

Bucher, T. (2012). Programmed Sociality: A Software Studies Perspective on Social Networking Sites. Oslo: University of Oslo.

Burns, A. (2015). Self(ie)-Discipline. International Journal of Communication, 9(2015), 1716–1733.

Butler, J. (1990). Gender Trouble. New York: Routledge.

Byrne, C. (2015). Getting Engaged? The Relationship between Traditional, New Media, and the Electorate during the 2015 UK General Election. Oxford: Reuters Institute for the Study of Journalism.

Calhoun, C. (1998). Community without Propinquity Revisited. Sociological Inquiry, 68(3), 373–397.

Carr, N. G. (2010). The Shallows. New York: W. W. Norton.

Castells, M. (1996). The Rise of the Network Society. Malden, MA: Blackwell.

Castells, M. (2002). The Internet Galaxy. Oxford: Oxford University Press.

Castells, M. (2004). Informationalism, Networks, and the Network Society: A Theoretical Blueprint. In M. Castells (Ed.), The Network Society: A Cross-Cultural Perspective (pp. 3–45). Northampton, MA: Edward Elgar Publishing.

Castells, M. (2009). Communication Power. Oxford: Oxford University Press.

Castells, M. (2015). Networks of Outrage and Hope. Cambridge: Polity Press.

Cavanagh, A. (2007). Sociology in the Age of the Internet. Maidenhead: Open University

Press.

Ceruzzi, P. E. (2003). A History of Modern Computing. Cambridge, MA: MIT Press.

Chan, J., & Pun, N. (2010). Suicide as Protest for the New Generation of Chinese Migrant Workers. The Asia-Pacific Journal, 37(2), 1–50.

Citron, D. K. (2014). Hate Crimes in Cyberspace. Cambridge, MA: Harvard University Press.

Clough, P. T., & Halley, J. O. (2007). The Affective Turn. Durham, NC: Duke University Press.

Cohen, S. (1972). Folk Devils and Moral Panics. Oxford: Basil Blackwell.

Coleman, G. (2010). Ethnographic Approaches to Digital Media. Annual Review of Anthropology, 39, 487–505.

Comolli, J. L. (1980). Machines of the Visible. In T. de Lauretis & S. Heath (Eds.), The Cinematic Apparatus (pp. 121–142). London: Macmillan.

Cormode, G., & Krishnamurthy, B. (2008). Key Differences between Web 1.0 and Web 2.0. First Monday, 13(6).

Crawford, K., & boyd, d. (2012). Critical Questions for Big Data. Information, Communication & Society, 15(5), 662–679.

Creswell, J. W. (2009). Research Design. Thousand Oaks, CA: Sage.

Crystal, D. (2008). Crystal, D. (2008). Txtng. Oxford: Oxford University Press.

Culnan, M. J., & Markus, M. L. (1987). Information Technologies. In L. Putnam & D. Mumby (Eds.), Handbook of Organizational Communication (pp. 420–443). Beverly Hills, CA: Sage.

Curran, J. (2012a). Reinterpreting the Internet. In J. Curran et al., Misunderstanding the Internet (pp. 3–33). London: Routledge.

Curran, J. (2012b). Rethinking Internet History. In J. Curran et al., Misunderstanding the Internet (pp. 34–65). London: Routledge.

Dean, J. (2001). Cybersalons and Civil Society. Public Culture, 13(2), 243–265.

Dean, J. (2010). Blog Theory. Cambridge: Polity Press.

Debray, R. (1996). Media Manifestos. London: Verso.

Denzin, N. K., & Lincoln, Y. S. (2000). Handbook of Qualitative Research. Thousand Oaks, CA: Sage.

Dery, M. (1993). Flame Wars. Durham, NC: Duke University Press.

DiMaggio, P., & Hargittai, E. (2001). From the 'Digital Divide' to 'Digital Inequality'. Princeton, NJ: Center for Arts and Cultural Policy Studies.

Drotner, K. (1999). Dangerous Media? Paedagogica Historica, 35(3), 593–619.

Drucker, P. F. (1959). Landmarks of Tomorrow. New York: Harper.

Durkheim, É.(1912). The Elementary Forms of Religious Life. New York: Free Press.

Durkheim, É.(1895/1982). The Rules of Sociological Method. New York:Free Press.

Earl, J., & Kimport, K. (2011). Digitally Enabled Social Change. Cambridge, MA:MIT Press.

Ebo, B. (1998). Internet or Outernet? In B. Ebo (Ed.), Cyberghetto or Cybertopia?(pp. 1–12). Westport, CT: Praeger.

Ehlin, L. (2014). The Subversive Selfie. Clothing Cultures, 2(1), 73–89.

Ehlin, L. (2015). Becoming Image. Stockholm: Fashion Studies, Stockholm University.

Ellison, N. B., & boyd, d. (2007). Social Network Sites: Definition, History, and Scholarship. Journal of Computer-Mediated Communication, 13(1), 210–230.

Emerson, R. M., Fretz, R. I., & Shaw, L. L. (2011). Writing Ethnographic Fieldnotes.Chicago, IL: University of Chicago Press.

Enzensberger, H. M. (1970). Constituents of a Theory of the Media. New Left Review,(64), 13–36.

Etzioni, A., & Etzioni, O. (1999). Face-to-Face and Computer-Mediated Communities.The Information Society, 15(4), 241–248.

Eubanks, V. (2011). Digital Dead End. Cambridge, MA: MIT Press.

Foucault, M. (1972). The Archaeology of Knowledge and the Discourse on Language.New York: Pantheon Books.

Foucault, M. (1988). Technologies of the Self (L. H. Martin, H. Gutman, & P. H. Hutton, Eds.). Amherst, MA: University of Massachusetts Press.

Fox, J., & Rooney, M. C. (2015). The Dark Triad and Trait Self-Objectification as Predictors of Men's Use and Self-Presentation Behaviors on Social Networking Sites. Personality and Individual Differences, 76, 161–165.

Fuchs, C. (2017). Social Media: A Critical Introduction (2nd ed.). London: Sage.

Fuller, M. (Ed.) (2008a). Software Studies: A Lexicon. Cambridge, MA: MIT Press.

Fuller, M. (2008b). Introduction: The Stuff of Software. In M. Fuller (Ed.), Software Studies: A Lexicon (pp. 1–13). Cambridge, MA: MIT Press.

Galloway, A. R. (2004). Protocol. Cambridge, MA: MIT Press.

Gauntlett, D. (2011). Making is Connecting. Cambridge: Polity Press.

Gee, J. P. (2005). Semiotic social spaces and affinity spaces: From the age of mythology to today's schools. In D. Barton & K. Tusting (Eds.), Beyond Communities of Practice: Language, Power and Social Context (pp. 214–232). New York: Cambridge University Press.

Geertz, C. (1973). The Interpretation of Cultures. New York: Basic Books.

Gelfgren, S., & Hutchings, T. (2014). The Virtual Construction of the Sacred. Nordic Journal of Religion and Society, 27(1), 59–73.

Gergen, K. J., Gergen, M. M., & Barton, W. H. (1973). Deviance in the Dark. Psychology Today, 7(5), 129–130.

Gerlitz, C., & Helmond, A. (2013). The Like Economy. New Media & Society, 15(8),1348–1365.

Gibson, J. (1977). The Theory of Affordances. In R. Shaw & J. Bransford (Eds.), Perceiving, Acting, and Knowing. Hillsdale, NJ: Erlbaum.

Gibson, W. (1984). Neuromancer. New York: Ace Books.

Giddens, A. (1984). The Constitution of Society. Cambridge: Polity Press.

Gillespie, T. (2010). The Politics of 'Platforms'. New Media & Society, 12(3), 347–364.

Gillespie, T. (2014). The Relevance of Algorithms. In T. Gillespie, P. Boczkowski, & K. Foot (Eds.), Media Technologies: Essays on Communication, Materiality, and Society (pp. 167–193). Cambridge, MA: MIT Press.

Glaser, B. G. (1965). The Constant Comparative Method of Qualitative Analysis. Social Problems, 12(4), 436–445.

Glaser, B. G., & Strauss, A. L. (1967). The Discovery of Grounded Theory. New York: Aldine de Gruyter.

Goffman, E. (1959). The Presentation of Self in Everyday Life. New York: Doubleday. Goggin, G. (2006). Cell Phone Culture. London: Routledge.

Goggin, G. (2011). Global Mobile Media. Abingdon, Oxon: Routledge.

Goggin, G., & Hjorth, L. (2009). Mobile Technologies. New York: Routledge.

Goggin, G., & Hjorth, L. (Eds) (2014). The Routledge Companion to Mobile Media. London: Routledge.

Golder, S. A., & Macy, M. W. (2011). Diurnal and Seasonal Mood Vary with Work, Sleep, and Daylength across Diverse Cultures. Science, 333(6051), 1878–1881.

Gramsci, A. (1971). Selections from the Prison Notebooks (Q. Hoare & G. Nowell- Smith,

Eds.). London: Lawrence & Wishart.

Granovetter, M. S. (1973). The Strength of Weak Ties. American Journal of Sociology, 78(6), 1360–1380.

Green, E., & Singleton, C. (2013). Gendering the Digital. In K. Orton-Johnson & N. Prior (Eds.), Digital Sociology (pp. 34–50). London: Palgrave Macmillan.

Griffin, M., Herrmann, S., & Kittler, F. A. (1996). Technologies of Writing: Interview with Friedrich A. Kittler. New Literary History, 27(4), 731–742.

Grusin, R. A. (2010). Premediation. Basingstoke: Palgrave Macmillan.

Guest, G., MacQueen, K. M., & Namey, E. E. (2012). Applied Thematic Analysis. Thousand Oaks, CA: Sage.

Habermas, J. (1989). The Structural Transformation of the Public Sphere. Cambridge: Polity Press.

Habermas, J. (2006). Political Communication in Media Society. Communication Theory, 16(4), 411–426.

Hall, S. (1972). Encoding/decoding. In Culture, Media, Language: Working Papers in Cultural Studies (pp. 128–138). Birmingham: CCCS.

Halupka, M. (2014). Clicktivism: A Systematic Heuristic. Policy & Internet, 6(2), 115–132.

Haraway, D. (1991). Simians, Cyborgs, and Women. New York: Routledge.

Hardey, M. (2002). Life beyond the Screen. The Sociological Review, 50(4), 570–585.

Hargittai, E. (2002). Second-Level Digital Divide. First Monday, 7(4).

Hargittai, E. (2012). Open Doors, Closed Spaces. In L. Nakamura & P. A. Chow-White (Eds.), Race after the Internet (pp. 223–245). New York: Routledge.

Hartley, J., & Green, J. (2006). The Public Sphere on the Beach. European Journal of Cultural Studies, 9(3), 341–362.

Hawk, B., & Rieder, D. M. (2008). On Small Tech and Complex Ecologies. In B. Hawk, O. O. Oviedo, & D. M. Rieder (Eds.), Small Tech (pp. ix–xxiii). Minneapolis, MN: University of Minnesota Press.

Hebdige, D. (1979). Subculture. London: Routledge.

Henderson, S., & Gilding, M. (2004). 'I've Never Clicked This Much with Anyone in My Life': Trust and Hyperpersonal Communication in Online Friendships. New Media & Society, 6(4), 487–506.

Hillis, K., Paasonen, S., & Petit, M. (Eds.) (2015). Networked Affect. Cambridge, MA: MIT Press.

Hine, C. (2000). Virtual Ethnography. London: Sage.

Hine, C. (2012). The Internet: Understanding Qualitative Research. Oxford: Oxford. University Press.

Hine, C. (2015). Ethnography for the Internet. London: Bloomsbury Academic.

Hjarvard, Hjarvard, S. (2013). The Mediatization of Culture and Society. London: Routledge.

Ignatow, G., & Mihalcea, R. (2016). Text Mining: A Guidebook for the Social Sciences. London: Sage.

Ito, M. (2005). Introduction. In M. Ito, D. Okabe, & M. Matsuda (Eds.), Personal, Portable, Pedestrian. Cambridge, MA: MIT Press.

Ito, M. (2008). Introduction. In K. Varnelis (Ed.), Networked Publics (pp. 1–14). Cambridge, MA: MIT Press.

Ito, M., Matsuda, M., & Okabe, D. (Eds.) (2005). Personal, Portable, Pedestrian. Cambridge, MA: MIT Press.

Jakobson, R. (1990). The Speech Event and the Functions of Language. In L. R. Waugh & M. Monville-Burston (Eds.), On Language (pp. 69–79). Cambridge, MA: Harvard University Press.

Jarvis, J. (2009). What Would Google Do? New York: HarperBusiness.

James, N., & Busher, H. (2009). Online Interviewing. London: Sage.

Jenkins, H. (2006). Convergence Culture. New York: New York University Press.

Jenkins, H., Ford, S., & Green, J. (2013). Spreadable Media. New York: New York. University Press.

Joinson, A. N. (2001). Self-Disclosure in Computer-Mediated Communication. European Journal of Social Psychology, 31(2), 177–192.

Jones, S. (1998a). Information, Internet, and Community. In S. Jones (Ed.), Cyber-Society 2.0 (pp. 1–34). Thousand Oaks, CA: Sage.

Jones, S. (1998b). Introduction. In S. Jones (Ed.), CyberSociety 2.0 (pp. xi–xvii). Thousand Oaks, CA: Sage.

Jones, S. (1999). Preface. In S. Jones (Ed.), Doing Internet Research (pp. ix–xiv). Thousand Oaks, CA: Sage.

Jordan, T. (2013). Internet, Society and Culture. London: Bloomsbury.

Juris, J. S. (2012). Reflections on #Occupy Everywhere. American Ethnologist, 39(2),259–279.

Kasesniemi, E.-L., & Liikala, H. (2003). Mobile Messages, Young People, and a New Communication Culture. Tampere: Tampere University Press.

Katz, J. E., & Crocker, E. T. (2015). Selfies and Photo Messaging as Visual Conversation. International Journal of Communication, 9, 1861–1872.

Kayany, J. M. (1998). Contexts of Uninhibited Online Behavior. Journal of the American Society for Information Science, 49(12), 1135–1141.

Keen, A. (2007). The Cult of the Amateur. New York: Doubleday.

Keen, A. (2012). Digital Vertigo. London: Constable.

Keen, A. (2015). The Internet is Not the Answer. New York: Atlantic Monthly Press.

Kendall, L. (2011). Community and the Internet. In M. Consalvo & C. Ess (Eds.), The Handbook of Internet Studies (pp. 309–325). Chichester: Wiley-Blackwell.

Kincheloe, Kincheloe, J. L. (2005). On to the Next Level. Qualitative Inquiry, 11(3), 323–350.

Kitchin, R., & McArdle, G. (2016). What Makes Big Data, Big Data? Big Data & Society, 3(1), 1–10.

Knuttila, L. (2011). User Unknown. First Monday, 16(10).

Kolko, B. E., Nakamura, L., & Rodman, G. B. (2000). Race in Cyberspace: An Introduction. In B. E. Kolko, L. Nakamura, & G. B. Rodman (Eds.), Race in Cyberspace (pp. 1–13). New York: Routledge.

Kozinets, R. V. (2015). Netnography: Redefined. Thousand Oaks, CA: Sage.

Kranzberg, M. (1986). Technology and History. Technology and Culture, 27(3), 544–560.

Kumar, K. (2009). From Post-Industrial to Post-Modern Society. New York: John Wiley & Sons.

Kwak, H., Lee, C., Park, H., & Moon, S. (2010). What is Twitter, a Social Network or a News Media? Presentation at WWW '10 – The 19th International World Wide Web Conference.

Lange, P. G. (2007). Publicly Private and Privately Public. Journal of Computer-Mediated Communication, 13(1), 361–380.

Lange, P. G. (2009). Videos of Affinity on YouTube. In P. Snickars & P. Vonderau (Eds.), The YouTube Reader (pp. 70–88). Stockholm: National Library of Sweden.

Lanier, J. (2010). You Are Not a Gadget. New York: Alfred A. Knopf.

Latour, B. (2005). Reassembling the Social. Oxford: Oxford University Press.

Lessig, L. (2006). Code. New York: Basic Books.

Lévi-Strauss, C.(1966). The Savage Mind. Chicago, IL: University of Chicago Press.

Levinson, P.(2012). New New Media. Boston, MA: Pearson.

Lévy,P.(1997). Collective Intelligence. New York: Plenum Trade.

Lindgren, S. (2013). New Noise. New York: Peter Lang.

Lindgren, S. (Ed.) (2014). Hybrid Media Culture. London: Routledge.

Lindgren, S., & Linde, J. (2012). The Subpolitics of Online Piracy. Convergence: The International Journal of Research into New Media Technologies, 18(2), 143-164.

Lindgren, S.,&Lundstrom, R. (2011). Pirate Culture and Hacktivist Mobilization. New Media & Society, 13(6), 999–1018.

Ling, R. (2002). Adolescent Girls and Young Adult Men: Two Sub-Cultures of the Mobile Telephone. Revista De Estudios De Juventud, (57), 33–46.

Ling, R. (2012). Taken for Grantedness. Cambridge, MA: MIT Press.

Ling, R., & Yttri, B. (2002). Hyper-coordination via mobile phones in Norway. In J. E. Katz & M. A. Aakhus (Eds.), Perpetual Contact (pp. 139–169). Cambridge: Cambridge University Press.

Lipietz, A. (1987). Mirages and Miracles. London: Verso Books.

Lister, M., Dovey, J., Giddings, S., Kelly, K., & Grant, I. (2009). New Media: A Critical Introduction. London: Routledge.

Lobato, R., & Meese, J. (2014). Kittens All the Way Down. M/C Journal, 17(2).

Lobinger, K., & Brantner, C. (2015). In the Eye of the Beholder. International Journal of Communication, 9, 1848–1860.

Lorente, S. (2002). Youth and Mobile Telephones. Revista De Estudios De Juventud, 57, 9–24.

Losh, E. (2015). Feminism Reads Big Data. International Journal of Communication, 9, 1647–1659.

Lovink, G. (2008). Zero Comments. New York: Routledge.

Lovink, G. (2011). Networks without a Cause. Cambridge: Polity Press.

Lovink, G., & Rossiter, N. (2005). Dawn of the Organised Networks. Fibreculture Journal, 5.

Lu ders, M. (2008). Conceptualizing Personal Media. New Media & Society, 10(5), 683-702.

Lupton, D. (2014). Digital Sociology. London: Routledge.

Lupton, D. (2016). The Quantified Self. Cambridge: Polity Press.

Lyotard, J. F. (1984). The Postmodern Condition. Manchester: Manchester University Press.

MacKinnon, R. (2012). Consent of the Networked. New York: Basic Books.

Malinowski, B. (1922). Argonauts of the Western Pacific. London: Routledge & Kegan Paul.

Manovich, L. (2013). Software Takes Command. London: Bloomsbury.

Markham, A., & Baym, N. (2009). Introduction. In A. Markham & N. Baym (Eds.),Internet Inquiry (pp. vii–xix). Los Angeles, CA: Sage.

Marx, K., & Engels, F. (1932/1998). The German Ideology. Amherst, MA: Prometheus Books.

Mason, P. (2012). Why It's Kicking Off Everywhere. London: Verso.

McAdam, D., & Sewell, W. H., Jr. (2001). It's about Time. In R. R. Aminzade, J. A. Goldstone, D. McAdam, E. J. Perry, W. H. Sewell Jr, S. G. Tarrow, & C. Tilly, Silence and Voice in the Study of Contentious Politics (pp. 89–125). Cambridge: Cambridge University Press.

McChesney, R. W. (2013). Digital Disconnect. New York: The New Press.

McKenna, K. Y. A., & Bargh, J. A. (2000). Plan 9 from Cyberspace: The Implications of the Internet for Personality and Social Psychology. Personality and Social Psychology Review, 4(1), 57–75.

McLuhan, M. (1962). The Gutenberg Galaxy. London: Routledge & Kegan Paul.

McLuhan, M. (1964). Understanding Media. Berkeley, CA: Gingko Press.

McLuhan, M., & Nevitt, B. (1972). Take Today. New York: Harcourt Brace Jovanovich.

McNeill, J. R., & McNeill, W. H. (2003). The Human Web. New York: W. W. Norton.

Mead, G. H. (1934). Mind, Self and Society. Chicago, IL: University of Chicago Press.

Merton, R. K. (1968). The Matthew Effect in Science. Science, 159(3810), 56–63.

Meyrowitz, J. (1985). No Sense of Place. Oxford: Oxford University Press.

Milgram, S. (1967). The Small World Problem. Psychology Today, 2(1), 60–67.

Miller, D., Costa, E., Haynes, N., McDonald, T., Nicolescu, R., Sinanan, J., et al. (2016). How the World Changed Social Media. London: UCL Press.

Miller, D., & Horst, H. A. (2012). Digital Anthropology. Oxford: Berg.

Miller, D., & Slater, D. (2000). The Internet. Oxford: Berg.

Miltner, K. (2011). SRSLY Phenomenal. MSc Dissertation, London School of Economics and Political Science.

Miltner, K. & Baym, N. (2015). The Selfie of the Year of the Selfie. International Journal of Communication, 9, 1701–1715.

Miner, G., Dursun, D., Fast, A., Hill, T., Elder, J., & Nisbet, B. (2012). Practical Text Mining and Statistical Analysis for Non-Structured Text Data Applications. Waltham, MA: Academic Press.

Mirzoeff, N. (2013). The Visual Culture Reader. London: Routledge.

Moor, P. J. (2007). Conforming to the Flaming Norm in the Online Commenting Situation. Retrieved from http://purl.utwente.nl/essays/58838.

Moretti, F. (2013). Distant Reading. London: Verso.

Morozov, E. (2011). The Net Delusion. New York: Public Affairs.

Morozov, E. (2013). To Save Everything, Click Here. New York: Public Affairs.

Mossberger, K. (2009). Toward Digital Citizenship: Addressing Inequality in the Information Age. In A. Chadwick & P. N. Howard (Eds.), The Routledge Handbook of Internet Politics (pp. 173–185). London: Routledge.

Murray, J. H. (1997). Hamlet on the Holodeck. Cambridge, MA: MIT Press.

Nakamura, L. (2002). Cybertypes. New York: Routledge.

Nardi, B. (2005). Beyond Bandwidth. Computer Supported Cooperative Work (CSCW), 14(2), 91–130.

Naughton, J. (1999). A Brief History of the Future: The Origins of the Internet. London: Weidenfeld & Nicolson.

Negroponte, N. (1995). Being Digital. New York: Knopf.

Nielsen, M. A. (2012). Reinventing Discovery. Princeton, NJ: Princeton University Press.

Nurullah, A. S. (2009). The Cell Phone as an Agent of Social Change. Rocky Mountain Communication Review, 6(1), 19–25.

O'Neil, M. (2009). Cyberchiefs. London: Pluto Press.

O'Reilly, T. (2007). What is Web 2.0? Communications & Strategies, 65, 17–37.

Oldenburg, R., & Brissett, D. (1982). The Third Place. Qualitative Sociology, 5(4), 265–284.

Paasonen, S. (2011). Carnal Resonance. Cambridge, MA: MIT Press.

Paasonen, S. (2015). A Midsummer's Bonfire. In K. Hillis, S. Paasonen, & M. Petit (Eds.), Networked Affect (pp. 27–42). Cambridge, MA: MIT Press.

Paasonen, S., Hillis, K., & Petit, M. (2015). Introduction: Networks of Transmission. In K. Hillis, S. Paasonen, & M. Petit (Eds.), Networked Affect (pp. 1–24). Cambridge, MA: MIT Press.

Papacharissi, Z. (2010). A Private Sphere. Cambridge: Polity Press.

Papacharissi, Z. (2015). Affective Publics. Oxford: Oxford University Press.

Pariser, E. (2011). The Filter Bubble. London: Viking.

Penny, L. (2013). Cybersexism. London: Bloomsbury.

Pepperell, R., & Punt, M. (2000). The Postdigital Membrane. Bristol: Intellect.

Phillips, W. (2015). This is Why We Can't Have Nice Things. Cambridge, MA: MIT Press.

Piore, M. J., & Sabel, C. F. (1984). The Second Industrial Divide. New York: Basic Books.

Plant, S. (1997). Zeroes ones. New York: Doubleday.

Plant, S. (2001). On the Mobile. Schaumburg, IL: Motorola.

Pold, S. (2008). Button. In M. Fuller (Ed.), Software Studies (pp. 31–26). Cambridge, MA: MIT Press.

Porter, C. E. (2015). Virtual Communities and Social Networks. In L. Cantoni & J. A. Danowski (Eds.), Communication and Technology (pp. 161–179). Berlin: De Gruyter Mouton.

Postill, J. (2008). Localizing the Internet beyond Communities and Networks. New Media & Society, 10(3), 413–431.

Postman, N. (1970). The Reformed English Curriculum. In A. C. Eurich (Ed.), High School 1980 (pp. 160–168). New York: Pitman Publishing.

Postman, N. (1992). Technopoly: The Surrender of Culture to Technology. New York: Knopf.

Prensky, M. (2001). Digital Natives, Digital Immigrants Part 1. On the Horizon, 9(5), 1–6.

Price, D. J. de S. (1986). Little Science, Big Science ...and Beyond. New York: Columbia Univerity Press.

Purdam, K., & Elliot, M. (2015). The Changing Social Science Data Landscape. In P. Halfpenny & R. Procter (Eds.), Innovations in Digital Research Methods (pp. 25–58). London: Sage.

Putnam, R. D. (2000). Bowling Alone. New York: Simon & Schuster.

Qian, H., & Scott, C. R. (2007). Anonymity and Self-Disclosure on Weblogs. Journal of Computer-Mediated Communication, 12(4), 1428–1451.

Rainie, H., & Wellman, B. (2012). Networked. Cambridge, MA: MIT Press.

Reid, E. (1991). Electropolis. Unpublished honours thesis, Department of History, University of Melbourne.

Rényi,A.&Erdos,P.(1961). On the Evolution of Random Graphs. Bulletin De l'Institut International de Statistique, 38(4), 343-347.

Rettberg, J. W. (2005). Links and Power: The Political Economy of Linking on the Web. Library Trends, 53(4), 524–529.

Rettberg, J. W. (2014). Seeing Ourselves Through Technology. Basingstoke: Palgrave Macmillan.

Rheingold, H. (1993). The Virtual Community. Reading, MA: Addison-Wesley.

Rheingold, H. (2000). The Virtual Community (2nd ed.). Cambridge, MA: MIT Press.

Rheingold, H. (2002). Smart Mobs. Cambridge, MA: Perseus.

Rheingold, H. (2012). Net Smart. Cambridge, MA: MIT Press.

Rogers, R. (2005). Old and New Media. Theory & Event, 8(2).

Rogers, R. (2013). Digital Methods. Cambridge, MA: MIT Press.

Russell, M. A. (2014). Mining the Social Web. Sebastopol: O'Reilly Media.

Saldaña,J.(2015). The Coding Manual for Qualitative Researchers. Thousand Oaks, CA: Sage.

Salmons, J. (2016). Doing Qualitative Research Online. London: Sage.

Sandvig, C., & Hargittai, E. (2015). How to Think about Digital Research. In E. Hargittai & C. Sandvig (Eds.), Digital Research Confidential (pp. 1–28).Cambridge, MA: MIT Press.

Scholz, T. (Ed.) (2013). Digital Labor. New York: Routledge.

Schudson, M. (1999). The Good Citizen. Cambridge, MA: Harvard University Press. Senft, T. (2008). Camgirls. New York: Peter Lang.

Senft, T. M., & Baym, N. (2015). What Does the Selfie Say? International Journal of Communication, 9, 1588–1606.

Shackman, G., Liu, Y.-L., & Wang, G. (2002). How Societies Change. Retrieved June 4, 2016, from http://gsociology.icaap.org/report/.

Shafer, L. (2012). I Can Haz an Internet Aesthetic?!? Presentation at the Northeast Popular/American Culture Association Conference.

Shifman, L. (2014). Memes in Digital Culture. Cambridge, MA: MIT Press.

Shirky, C. (2008). Here Comes Everybody: The Power of Organizing without Organizations. London: Allen Lane.

Shirky, C. (2010). Cognitive Surplus. London: Allen Lane.

Short, J., Williams, E., & Christie, B. (1976). The Social Psychology of Telecommunications. London: John Wiley.

Simmel, G. (1910). How is Society Possible? American Journal of Sociology, 16(3),372–391.

Simmel, G. (1950). The Sociology of Georg Simmel. (K. H. Wolff, Ed.). Glencoe, IL: The Free Press.

Simmel, G. (1971). On Individuality and Social Forms. (D. N. Levine, Ed.). Chicago, IL: University of Chicago Press.

Slevin, J. (2002). The Internet and Forms of Human Association. In D. McQuail (Ed.), McQuail's Reader in Mass Communication Theory (pp. 146–156). London: Sage.

Smythe, D. W. (1977). Communications: Blindspot of Western Marxism. Ctheory, 1(3), 1–27.

Standing, G. (2011). The Precariat. London: Bloomsbury Academic.

Steinkuehler, C. A., & Williams, D. (2006). Where Everybody Knows Your (Screen) Name. Journal of Computer-Mediated Communication, 11(4), 885–909.

Stoehrel, R. F., & Lindgren, S. (2014). For the Lulz: Anonymous, Aesthetics and Affect. triplcC: Communication, Capitalism & Critique. Open Access Journal for a Global Sustainable Information Society, 12(1), 238–264.

Stoll, C. (1999). High-Tech Heretic. New York: Doubleday.

Strickland, L. H., Guild, P. D., Barefoot, J. C., & Paterson, S. A. (1978). Teleconferencing and Leadership Emergence. Human Relations, 31(7), 583–596.

Suler, J. (2004). The Online Disinhibition Effect. CyberPsychology & Behavior, 7(3), 321–326.

Sunstein, C. R. (2006). Infotopia. Oxford: Oxford University Press.

Surowiecki, J. (2004). The Wisdom of Crowds. London: Little, Brown.

Sword, H. (2012). Stylish Academic Writing. Cambridge, MA: Harvard University Press.

Tapscott, D., & Williams, A. D. (2006). Wikinomics. New York: Portfolio.

Thierer, A. (2010). The Case for Internet Optimism. In B. Szoka & A. Marcus (Eds.), The Next Digital Decade. Washington, DC: TechFreedom.

Thompsen, P. A. (1996). What's Fueling the Flames in Cyberspace. In L. Strate, R. Jacobson, & S. Gibson (Eds.), Communication and Cyberspace (pp. 297–315). Cresskill, NJ: Hampton.

Tilly, C. (1977). Getting It Together in Burgundy, 1675–1975. Theory and Society, 4(4), 479–504.

Tinworth, A. (2012). What is Post Digital? Retrieved June 4, 2016, from http://nextconf.eu/2012/01/what-is-post-digital/.

Toffler, A. (1970). Future Shock. New York: Bantam Books.

Toffler, A. (1980). The Third Wave. London: Collins.

Tolbert, C. J., & McNeal, R. S. (2003). Unraveling the Effects of the Internet on Political Participation? Political Research Quarterly, 56(2), 175–185.

To nnies,F.(1887/1974). Community and Association. London:Routledge & Kegan Paul.

Toole, B. A. (1992). Ada: The Enchantress of Numbers. Mill Valley, CA: Strawberry Press.

Tukey, J. W. (1958). The Teaching of Concrete Mathematics. The American Mathematical Monthly, 65(1), 1–9.

Turkle, S. (1995). Life on the Screen. New York: Simon & Schuster.

Turkle, S. (2011). Alone Together. New York: Basic Books.

Tyler, I. (2008). Methodological Fatigue and the Politics of the Affective Turn. Feminist Media Studies, 8(1), 85–90.

Vaidhyanathan, S. (2011). The Googlization of Everything (and Why We Should Worry). Berkeley, CA: University of California Press.

van Dijk, J. (2006). The Network Society. London: Sage.

Varnelis, K. (Ed.) (2008). Networked Publics. Cambridge, MA: MIT Press.

de Vries, I. O. (2012). Tantalisingly Close. Amsterdam: Amsterdam University Press.

Wajcman, J. (2004). TechnoFeminism. Cambridge: Polity Press.

Walther, J. B. (1996). Computer-Mediated Communication: Impersonal, Interpersonal, and Hyperpersonal Interaction. Communication Research, 23(1), 3–43.

Warner, M. (2002). Publics and Counterpublics. New York: Zone Books.

Wattenhofer, M., Wattenhofer, R., & Zhu, Z. (2012). The YouTube Social Network. Presentation at the International AAAI Conference on Web and Social Media.

Watts, D. J., Dodds, P. S., & Muhamad, R. (2003). An Experimental Study of Search in Global Social Networks. Science, 301(5634), 827–829.

Watts, D. J., & Strogatz, S. H. (1998). Collective Dynamics of 'Small-World' Networks. Nature, 393(6684), 440–442.

Weber, M. (1922/1978). Economy and Society. Berkeley, CA: University of California Press.

Webster, F. (2006). Theories of the Information Society. London: Routledge.

Wendt, B. (2014). The Allure of the Selfie. Amsterdam: Institute of Network Cultures.

Wiberg, M. (2004). The Interaction Society. Hershey, PA: Information Science Publishing.

Williams, A. A., & Marquez, B. A. (2015). The Lonely Selfie King. International Journal of Communication, 9, 1775–1787.

Williams, R. (1985). Keywords. New York: Oxford University Press.

Williams, R., & Edge, D. (1996). The Social Shaping of Technology. Research Policy, 25(6), 865–899.

Wittel, A. (2000). Ethnography on the Move. Forum Qualitative Sozialforschung, 1(1).

Wittkower, D. (2012). On the Origins of the Cute as a Dominant Aesthetic Category in Digital Culture. In T. W. Luke & J. Hunsinger (Eds.), Putting Knowledge to Work & Letting Information Play (pp. 167–175). Rotterdam: Sense Publishers.

Wolcott, H. F. (2009). Writing Up Qualitative Research. Los Angeles, CA: Sage.

Wu, T. (2010). The Master Switch. New York: Alfred A. Knopf.

Zimbardo, P. G. (2007). The Lucifer Effect. New York: Random House.

Zittrain, J. (2008). The Future of the Internet and How to Stop It. New Haven, CT: Yale University Press.

Zuckerman, E. (2015). Cute Cats to the Rescue? In D. Allen & J. S. Light (Eds.), From Voice to Influence (pp. 131–154). Chicago, IL: University of Chicago Press.

索　引

A

Aakhus,M., 马克·奥克胡斯, 208, 212

abuse,online, 网络滥用, 136

access

to the internet, 连接网络, 148–9

to social media, 使用社交媒体, 183

action frames, 行动框架, 186–8

activism, 行动主义, 142,181–2,188–91,292,298

actor–network theory, 行动者网络理论, 99,129,200

Adatto, K., 基库·阿达托, 111–12

affect, 情感, 128–31, 142

definition of, 情感定义, 129

affective gestures, 情感姿势, 143

affective intensity, 情感强度, 128–32, 142

positive and negative, 积极和消极的情感强度, 132

affective turn in social and cultural sciences, 社会和文化科学中的情感转向, 127–8

affinity spaces, 亲和(力)空间, 120

affordances of digital tools, 数字工具的可供性, 38, 293–5

Agar,J., 乔恩·阿加, 202

Ahmed,S., 萨拉·艾哈迈德, 131, 142

Albert,R., 雷卡·阿尔伯特, 165–6

algorithms, 算法, 220–4, 273

Allan,S., 斯图尔特·艾伦, 159,162

Altheide, D., 大卫·阿尔特海德, 21,25

Amazon, 亚马逊, 223

America's Funniest Home Videos, 美国家庭滑稽录像, 112

Anderson,B., 本尼迪克特·安德森, 41–2, 88

Anderson,C., 克里斯·安德森, 11

annotation of text and data, 文本和数据的注释, 254, 284

anonymity 匿名

cloak of, 在匿名的掩护下, 77–81,134,296

for informants in research, 研究中信息提供者有其匿名性, 241

Anonymous, 匿名, 23, 48, 297

anthropology, 人类学, 258, 269

AOL(America Online), 美国在线, 30

Appadurai, A., 阿尔琼·阿帕杜莱, 290

apparatgeist theory, 机器精神理论, 208, 212

approximeetings, 大致安排妥的会面, 204

Aristotle, 亚里士多德, 146

B

C

D

E

F

G

H

I

J

K

L

M

N

O

P

Q

R

S

T

U

V

W

Y

Z

译后记

2020年年初，一场“不明”肺炎骤然来袭，在查实其“人传人”病毒传播特性之后，我国第一时间做出严格的“隔离”安全防控部署。霎时，实体空间和虚拟空间之间仿若发生了倒置，公共领域与私人领域进行着更为深度的互嵌和融合，人与人之间的信息传播范式增添和突显出更多的移动性和数字化特征。大数据技术应用于查找“感染者”“无症状”“密切接触者”的网络布控，人工智能服务于患者的“无接触”医疗救治，网络直播向大众实时公开有关城市安全防护、诊疗医院搭建、医疗物资配送等环节的方方面面。

时至今日，新冠病毒仍在全球肆虐和蔓延，在“人类命运共同体”面前，没有任何一个国家、群体和个人能抽身于外。对于教育工作者而言，虽然未能像奔赴抗疫前线的医疗战士一样身先士卒地拼搏奋斗，但也时刻不敢忘记身上的职责和义务，积极投入日常抗疫防护工作和抗疫宣传活动之中。在世界格局和社会环境发生剧烈变动之时，很有幸能翻译《数字媒体和社会》这本紧密贴合技术革新和社会变迁的书。在不断汲取专业知识的同时，还能获得心灵的抚慰，片刻绝尘于喧嚣和纷扰，沉浸在理念和精神的磨炼和提高过程中。当然，也很期待能分享并助力于研究“数字社会”“网络文化”“智能传播”等领域的同仁以及有兴趣了解媒介生态转型的业界人士。

本书总体上分为理论、主题和方法三个部分。全书密切围绕媒体技术革新和数字社会变迁、学理探讨层面，在纳入全球视野的同时，有机融入政策、技术、文化、受众、社会等多个维度的考量；在引导关注“数字可见性”“数字公民”“数字权力”“移动文化”“算法和数据”等学界重点讨论的主题之时，也强调数字社会调研的科学性和工具性，介绍了“数字民族志”“数据挖掘”等前沿的网络研究方法。全书进行了严谨的文献梳理，思辨分析旁征博引，文字语句深入浅出，非常适合作为一本面向本科生和研究生群体的具有通识性质的教材读物，也可以作为一本总览综述性质的参考书，向社会大众勾勒出数字社会的广阔图景。

数字时代，随着智能媒体技术的持续性发展和革新更替，多元化、多维度的信息传播范式已经成为主流，对于互联互通、休戚与共的“地球村”遐思已然成为现实，时空的流动和压缩很大程度上促进了文化的分享和融合。此情此景之下，语言会成为信息获取和接收的壁垒吗？翻译是否还具有原初的意义？为了体现学术翻译的必要性，本书在两个方面有一定借鉴和参考意义：首先，大体方向上着力于体现译著的研究服务性。比如：对于书中的引注样式，原封不动地保留；所提到的作者、专有名词、特殊地名等术语的译文之后，都会用括号标注相应的英文原文，以便研究者可以按图索骥地进行深度查找和文献摘录；其次，语句措词方面尊重原著论述和思想精神。避免过度植入主观性的分析思考，在“通达”和“雅致”二者之间，还是更为偏重于前者，以期节约读者的宝贵时间，能快速地获得观点指引和思路共享。

习近平总书记在第75届联合国大会上发表重要讲话时指出：“新冠肺炎疫情全球大流行和世界百年未有之大变局相互影响，但和平与发展的时代主题没有变；世界退不回彼此封闭孤立的状态，更不可能被人为割裂。”诚如经济全球化大势不可更替一般，东西方的文化共进和融合也不应停止；置身于互联互通的信息传播环境中，在守住道德底线和国际规范的基础上进行良性的对话是必要的，也是符合时代发展主题和构建命运共同体需求的。望本书能为国内相关学术领域带来一些思想观念和研究实践层面的参考。

王　蕾

2020年9月19日